职业教育技能型人才培养"十二五"规划教材
国家级中等职业教育改革发展示范校建设项目成果
国家示范性中等职业学校电子商务重点支持专业建设教材

电子商务在旅游酒店业、会展服务业的应用

主 编 易建秋 罗 娟 任 磊
参 编 杨吉科 周艳艳 刘 利
　　　　郭 瑜 张 磊 安 刚

西南交通大学出版社
·成 都·

图书在版编目（CIP）数据

电子商务在旅游酒店业、会展服务业的应用 / 易建秋，罗娟，任磊主编. —成都：西南交通大学出版社，2014.4（2018.3 重印）
职业教育技能型人才培养"十二五"规划教材
ISBN 978-7-5643-2994-5

Ⅰ. ①电… Ⅱ. ①易… ②罗… ③任… Ⅲ. ①电子商务－应用－旅游饭店－高等职业教育－教材②电子商务－应用－展览会－商业服务－高等职业教育－教材 Ⅳ. ①F719.3②G245

中国版本图书馆 CIP 数据核字（2014）第 055073 号

职业教育技能型人才培养"十二五"规划教材
电子商务在旅游酒店业、会展服务业的应用
主编　易建秋　罗娟　任磊

责 任 编 辑	罗爱林
封 面 设 计	蝌蚪数媒
出 版 发 行	西南交通大学出版社 （四川省成都市二环路北一段 111 号 西南交通大学创新大厦 21 楼）
发行部电话	028-87600564　028-87600533
邮 政 编 码	610031
网　　　址	http://www.xnjdcbs.com
印　　　刷	成都蓉军广告印务有限责任公司
成 品 尺 寸	185 mm×260 mm
印　　　张	15.25
字　　　数	379 千字
版　　　次	2014 年 4 月第 1 版
印　　　次	2018 年 3 月第 2 次
书　　　号	ISBN 978-7-5643-2994-5
定　　　价	31.00 元

图书如有印装质量问题　本社负责退换
版权所有　盗版必究　举报电话：028-87600562

前 言

互联网的兴起给旅游业和会展业带来了新的契机，网络的交互性、实时性和便捷性等优势促使传统旅游业、会展业迅速融入网络浪潮之中。旅游电子商务及电子商务会展应用突破了传统的经营模式与手段，形成了线上结合线下双重模式，开辟了行业新的利润增长点，打破了传统盈利僵局，并获得企业的可持续快速发展。

"电子商务在旅游酒店业、会展服务业的应用"是旅游管理专业及涉外旅游专业的核心课程；同时，也是电子商务专业的应用型核心课程，是电子商务专业、酒店管理专业、会展策划与管理专业的平台课程。本教材根据课程要求，强调以工作过程为主线组织教学内容，根据职业行为体系的教学要求，实行教学一体化，注重学生职业技能培养。

本教材以"任务驱动，项目导向"教学方式结合课堂理论教学使学生掌握旅游电子商务及会展电子商务的基础理论知识和基本技能。

本书共七个项目，以学习者能力培养为核心，根据电子商务在当代旅游业、会展业、酒店管理业等应用的新特点，参照企业电子商务活动的基本过程和规律，结合电子商务、旅游、酒店、会展策划等行业的工作流程及岗位知识技能，系统介绍旅游电子商务体系结构、旅行社电子商务、旅游目的地电子商务、酒店电子商务及会展电子商务等相关行业中电子商务应用的基础知识，并通过学生实训环节，强化学生案例分析及专业技能能力。

教材精选具有代表意义的相关案例，从企业员工角度出发，深入浅出的进行案例分析，并列出案例中出现的知识点。目的就是将理论与现实案例结合，化抽象的理论为直观的企业员工操作，帮助理解，加深印象，提高旅游、会展服务业从业学生的技能。

本书由成都市高级技工学校电子商务专业教师策划，并与北京博导前程信息技术有限公司共同编写。成都市高级技工学校易建秋主任负责全书的框架设计、全文修订与统筹定稿；成都市高级技工学校教师罗娟、任磊与博导前程张磊、安刚等共同编写，成都市高级技工学校杨吉科、周艳艳、刘利、郭瑜等教师参与部分章节的编写与审稿。本书在编写过程中，参考引用了许多国内外作者的成果及互联网资料，在此深表感谢！

本教材初次将电子商务在旅游业、会展业的应用范围与流程进行梳理、整理与提炼，加之编写时间仓促，水平有限，书中难免存在缺点与不足之处，敬请各位专家、广大读者、同行指正赐教。

编 者
2014 年 1 月

目 录

第一部分 综合论述

项目一 电子商务、旅游业及会展业基础认知 ………………………………………… 1
    任务一 走近电子商务 …………………………………………………………………… 4
    任务二 了解旅游业 ……………………………………………………………………… 20
    任务三 认识会展业 ……………………………………………………………………… 29

项目二 电子商务在旅游业中的应用 …………………………………………………… 38
    任务一 了解旅游电子商务的基本概念 ………………………………………………… 39
    任务二 明确旅游电子商务中的技术应用 ……………………………………………… 51

第二部分 旅游行业电子商务应用

项目三 旅游目的地电子商务应用 ……………………………………………………… 64
    任务一 了解旅游目的地电子商务应用 ………………………………………………… 68
    任务二 旅游目的地电子商务体系建设 ………………………………………………… 79
    任务三 旅游目的地网络营销 …………………………………………………………… 92

项目四 酒店电子商务应用 ……………………………………………………………… 105
    任务一 了解酒店电子商务 ……………………………………………………………… 108
    任务二 酒店电子商务网站设计 ………………………………………………………… 115
    任务三 酒店电子商务客户服务与管理 ………………………………………………… 128

项目五 旅行社电子商务应用 …………………………………………………………… 138
    任务一 认知旅行社电子商务 …………………………………………………………… 141
    任务二 旅行社网站建设与运营管理 …………………………………………………… 150
    任务三 旅行社综合管理 ………………………………………………………………… 168

第三部分　会展行业电子商务应用

项目六　电子商务在会展组织方的应用 ………………………………………………… 180
任务一　认知会展电子商务 …………………………………………………………… 182
任务二　会展服务业项目策划与设计 ………………………………………………… 187
任务三　电子商务在会展策划实施中的应用 ………………………………………… 196

项目七　电子商务在会展参与方的应用 ………………………………………………… 215
任务一　信息发布与维护 ……………………………………………………………… 216
任务二　客户沟通与维护 ……………………………………………………………… 223
任务三　会展服务中的网络营销 ……………………………………………………… 227

参考文献 …………………………………………………………………………………… 237

第一部分

综合论述

教材第一部分包含项目一电子商务、旅游业及会展业基础认知，项目二电子商务在旅游行业中的应用两部分内容，以案例引导学生认识电子商务在旅游行业及生活中的应用。第一部分内容为电子商务专业基础知识，适合旅游管理专业、会展管理专业、市场营销专业等不具备电子商务理论基础或初步了解电子商务理论基础的专业作为重点教学内容，以引导帮助学生对电子商务基础知识有一定的认知并帮助其实践。其他相关专业可根据各自需要确定教材中的重点内容，教师可根据实际教学情况进行课程安排。

项目一　电子商务、旅游业及会展业基础认知

【学习目标】

一、知识目标

1. 了解互联网和电子商务。
2. 了解旅游业及其现状、发展趋势。
3. 了解会展业及其现状、发展趋势。

二、能力目标

1. 了解电子商务的形式及系统组成。
2. 明确旅游业企业角色分类。
3. 明确会展业企业角色分类。

【项目情景】

小李是某校电子商务专业的应届毕业生，对电子商务在各行业的应用十分感兴趣。在校园里，小李就积极接触互联网，经过学习，对电子商务也有一定的认识。电子商务在各行业领域涉及广泛，包含旅游业及会展业，这两个行业也是小李的兴趣所在，小李希望毕业后能从事旅游或会展相关的服务行业，所以小李通过互联网对该两种行业进行学习以便能够更快地融入到工作环境之中。

【项目分析】

一、电子商务基本常识

互联网/因特网（Internet）是由一些使用公用语言互相通信的计算机连接而成的全球网络，即广域网、局域网及单机按照一定的通讯协议组成的国际计算机网络。它是一种公用信息载体。

电子商务是基于互联网产生的交易模式，指在全球各地广泛的商业贸易活动中，在互联网开放的网络环境下，基于浏览器/服务器应用方式，买卖双方不用谋面而进行各种商贸活动，实现消费者的网上购物，商户之间的网上交易和在线电子支付，各种商务活动、交易活动、金融活动和相关的综合服务活动的一种新型的商业运营模式。

二、旅游业概述及发展状况和趋势

1. 旅游业概述

旅游业，国际上称为旅游产业，是凭借旅游资源和设施，专门或者主要从事招徕、接待游客，为其提供交通、游览、住宿、餐饮、购物、文娱等六个环节的综合性行业。旅游业务由三部分构成：旅游业、交通客运业和以饭店为代表的住宿业。

2. 旅游业的发展现状

我国旅游资源异常丰富，部分景区景点相当独特，旅游开发遍地开花，低水平重复和恶意竞争并存，企业介入热情高。看似红红火火，实际效益却不佳，黄金周的存在使得节假日热点区域人满为患，一般时段、非热点地区设施闲置浪费严重，硬件设施不全面，软件建设更为落后，但旅游市场仍然活跃，旅游环境有待改善。

3. 旅游业的发展趋势

随着我国经济的持续快速增长和人民生活水平的不断提高，在传统的观光旅游持续增长的同时，休闲度假旅游将快速发展，与现代生活方式紧密相关的旅游新业态大量涌现。城乡居民出游的选择更趋多样，旅游产品的供应更加丰富和充裕。在新的发展阶段，我国旅游业处于发展的关键期，既有重要的发展机遇，又有严峻的挑战。我国旅游业已处在"市场转型期、矛盾凸显期、管理提升期"，面临着优化产业结构、转变增长方式、提升发展质量和水平的艰巨任务，迫切需要由粗放型经营向集约化经营转变，由数量扩张向素质提升转变，由满足人们旅游的基本需求向提供高质量的旅游服务转变。为此，我国旅游业在今后一段时期要完成促进旅游产业体系建设，全面提升旅游产业素质，综合发挥旅游产业功能三大任务，以达到建设世界旅游强国、培育新型重要产业的战略目标。

三、会展业概述、发展状况及趋势

（一）会展业概述

会展是会议、展览、奖励旅游和大型活动的概称。所谓会展业，指"现代城市以必要的会展企业和会场展馆为核心，以完善的基础设施和配套服务为支撑，通过举办各种形式的会议或展览活动，吸引大批与会人员、参展商、贸易商及一般公众前来进行经贸洽谈、文化交流或旅游观光，以此带动城市相关产业发展的一种综合性产业"。通过举办各种形式的会议、展览和展销会，可以获取直接或者间接的经济效益和社会效应。新兴的会展业作为创意产业的一条分支，在现代国家的经济和社会发展中起着不可替代的重要作用。

（二）会展业发展现状

我国会展业的真正起步始于改革开放初期，是与改革开放同步发展的。从纯粹的官方行为、政府安排、不讲回报的开会到打开国门、多方办会、商业操作、专业安排、讲究效益。近年来，会展业发展迅速，每年平均以20%的速度递增，行业经济效益不断攀升。当前，我国的会展经济已经具备了一定的规模，不仅在办展数量上有了显著的增加，而且涉及的行业也越来越全面，种类越来越齐全，并且带动了酒店、餐饮、交通运输、旅游、购物等相关产业的发展，已逐步成为我国服务产业的重要组成部分。1999年，云南昆明世界园艺博览会的成功举办，开创了我国会展业大跨步发展的先河。近10年来，我国通过会展业实现外贸出口成交额达340多亿美元，内贸交易120多亿元人民币，创造了良好的经济和社会效益。同时也涌现出了一大批国内外知名的会展品牌，如万国邮联大会、上海APEC会议、海南博鳌亚洲论坛会议等国际大型会议。目前，每年在我国举办的几千个展览会都在国内外产生了巨大的反响。随着国民经济的快速发展，我国的会展业也将进入成熟期。

（三）会展业发展趋势

1. 举办会展的法律将进一步规范，并逐步向国际通行的登记制转化

目前，国家已经开始制定有关会展的法律、法规，今后几年有关会展业的法律、法规将相继出台，会展业的市场将进一步规范化。今后，举办会展审批手续将会更为简单，并将按照国际惯例逐步过渡到登记制惯例办法。这将促使会展业真正成为一个规范的市场。

2. 自律性的协会将进一步规范会展行业的行为

2002年上海组建了国际会展业协会，制定了国际展览业协会章程，旨在支持公平、平等的竞争，反对不正当竞争及欺诈行为，改善、优化展览业市场环境，以更好地协调、管理、规范会展业的市场秩序。

3. 会展业将向几个大城市集中

通过对国际会展业发展的分析发现，会展业在特定城市的发展有"通吃"效应，即会展业的发展会加速，形成更大的规模，但不可能全国遍地开花。今后，北京、上海、广州等大城市将成为我国会展业的中心。

4. 会展旅游中介组织将大批出现，会展业将成为独立的产业

今后，随着国际会展的增加，会展业培训体系的建立和国际会展人才的引进，专门从事会展的专业化中介公司将大批出现。

此外，我国的很多大型会展还垄断在一些非市场化的组织手中，这些组织自己举办国际会展，自己联系接待服务等，还没有完全市场化。今后，随着会展中介组织的完善，会展业必将成为一个专门的行业，并从那些部门独立出来，成为市场经济中的独立产业。

5. 会展旅游市场将专业化细分

目前，国际会展业已经形成了非常细致的市场分工，比如 ICCA 的市场范围包括 50 人以上的国际会议，而 UIA 则在 300 人以上。目前，我国的会展公司还处于发展初期，只要有会展就接待服务，没有形成细分化的市场。今后，随着市场的发展必将形成专业化的分工，形成专门经营展览业、会议业及其中更细分市场的格局。

6. 大型旅游企业将大批进入会展旅游市场

目前，我国的大型旅游集团如上海锦江、中青旅、春秋旅行社等已经加入了国际会展组织，开发会展旅游市场，可以预见，今后几年，我国的大型旅游集团将以其规模大、服务全、无形资产高、资金雄厚等优势进入会展旅游市场。

7. 国际会展组织和会展中介公司将大批进入中国会展旅游市场

随着中国加入 WTO，国际会展组织和经营会展的大型公司将大批涌入我国，会展旅游业将形成更加激烈的竞争局面。今后，国际会展公司将从会议、展览、组织、接待等方面全方位地进入中国市场。

电子商务的发展日趋迅速，在多个行业中都已涉足，同时包括旅游业和会展服务业。

【任务分解】

任务一：走近电子商务。

任务二：了解旅游业。

任务三：认识会展业。

下面，将分别对这些任务的目标进行确认，并对任务的实施给予理论与实际操作的指导。

任务一　走近电子商务

一、完成任务

为了完成本任务，主要有以下几个步骤：

1. 认识典型电子商务网站

步骤1：根据自己对电子商务的理解，找到两个电子商务网站。

【案例1.1】

为了将来能够胜任电子商务领域的工作岗位，小李需要对互联网、电子商务方面的知识展开进一步的提升。

电子商务一词涵盖了两个方面：一是离不开互联网这个平台，没有网络，就称不上为电子商务；二是通过互联网完成的是一种商务活动。小李认为，所谓电子商务，那么便是买卖双方通过互联网完成网上交易和在线电子支付的商务活动。小李思索到，平时浏览的网站中哪些都具有这些特点呢？很快小李便想到两个网站，携程网（www.ctrip.com）和淘宝网（www.taobao.com）（见图1.1）。

携程网是国内在线票务、酒店预订的主要平台之一，淘宝网则是国内主要购物平台，它们均是通过互联网平台完成虚拟、实体商品的在线交易，符合小李对电子商务的概念的理解。

图1.1 小李分析的电子商务网站

步骤2：对网站进行比较，分析其异同，实现对电子商务的认知。

【案例1.2】

查看携程网和淘宝网，通过对这两个网站进行比较，小李发现如下异同：

相同点：

两个网站都通过互联网实现网上交易，也可通过搜索引擎完成商品的查询、搜索，交易支付支持网银支付等在线支付手段，并均拥有各自的客服沟通平台；同时，辅以物流配送、评价等功能模块。

差异点：

小李在学校课堂中对电子商务的相关知识、行业信息有所了解，淘宝网作为线上第三方交易平台，提供了个体卖家进驻的可能性，为买卖双方实现交易给出了契机，为C2C模式。

此外，电子商务交易平台中还存B2C、B2B等模式，如京东商城（jd.com），作为3C产品主营的具有商城性质的在线交易平台，完成商品销售。

小李经过思考，认为不论企业的电子商务商业模式是B2C还是其他模式，企业选择电子商务这条道路是为了更好地宣传产品从而获得更高的销量。

阿里巴巴和大众点评网见图1.2。

图1.2 阿里巴巴和大众点评网站

【案例1.3】

在对携程网及淘宝网两个网站商业模式进行简单分析之后，小李对电子商务的概念有了初步的了解，于是小李又对其他常见的网站进行查看，发现生活中接触到的电子商务网站还有很多，如阿里巴巴、猫扑、天涯社区、58同城、赶集网等。

既然生活中有那么多的电子商务网站，那么如果需要对这些网站进行分类，该如何分类呢？从哪个角度进行分类？于是小李决定通过网络搜索对应信息，查看如何分类电子商务网站。之后小李了解到可以按照企业为客户提供的时间和信息组合服务的类型进行分类，并将这些电子商务企业划分为以下六类：

信息服务型、在线销售型、交易所型、电子社区型、门户网站型以及信息中介型企业。于是小李决定对身边的网站进行归类。

信息服务型企业的代表之一便是阿里巴巴；京东、苏宁、海尔等则为在线销售型企业；

交易所型企业代表则是淘宝及拍拍网等；电子社区型企业则以豆瓣、猫扑、天涯等网站位代表；门户网站型以网易、搜狐等为代表，信息中介型企业则以58同城、赶集网为代表。

豆瓣网和58同城见图1.3。

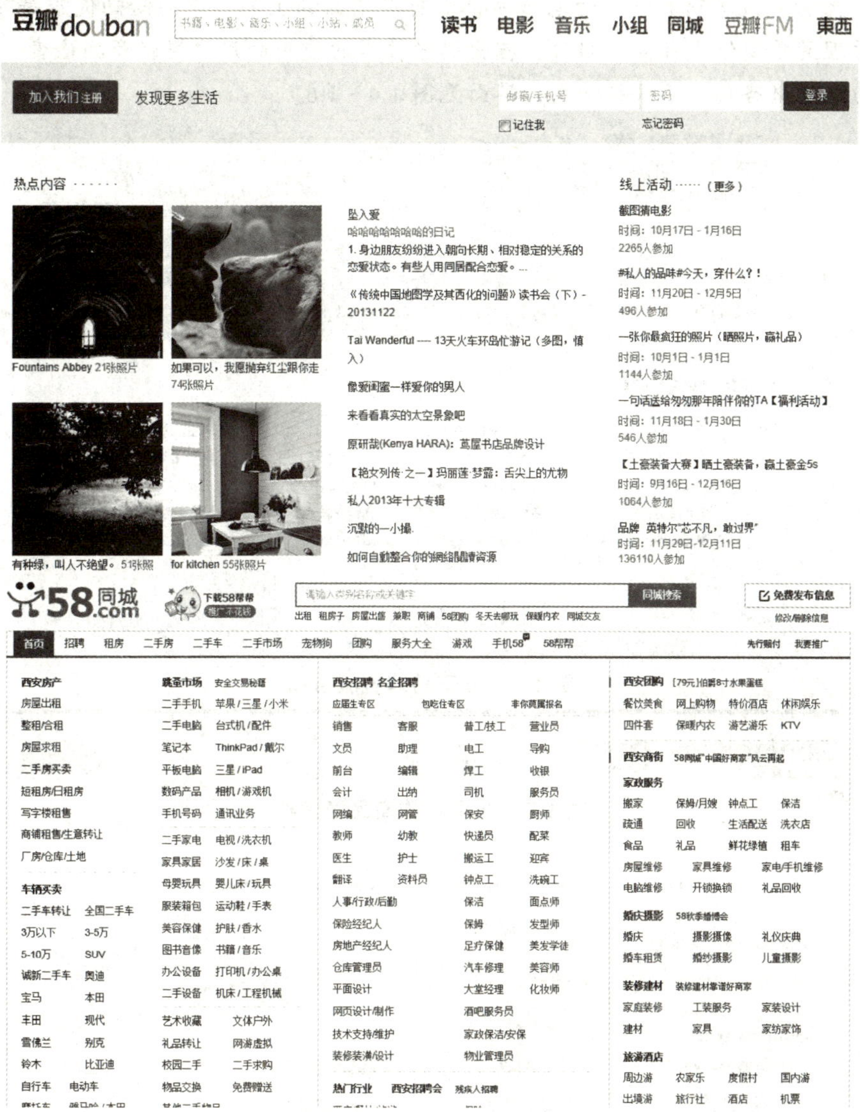

图1.3 豆瓣网和58同城

2. 确定电子商务的含义

步骤1：对网站进行深入分析，明确其商务模式的组成部分。

【案例1.4】

对电子商务有了初步的认识之后，小李决定对网站模式体系进行分析，查看电子商务模式的组成部分。他从苏宁易购网站着手进行分析，与其他销售型企业一样，销售网站即是其电子商务服务平台。苏宁易购（suning.com）官方网站即是其自身电子商务服务平台，该部分的主要作用是为电子商务系统提供公共服务，为企业的商务活动提供支持并集成一些成熟的软件产品向企业提供公共的商务服务，例如客户关系管理、企业供应链管理和涉及交易的支付及认证等。

小李认为，对于苏宁易购模式系统组成而言，其客户关系管理表现之一便是其在线客服，通过在线客服，解决了人工客服面临繁琐碎小的客服问题，极大地节约了人力资源。同时，作为电子商务行业，网上支付也是系统的组成要素之一，通过支付网关借口，完成客户和银行之间的交互，完成与商品相关的电子支付。针对商品的上架、下架活动促销等管理便是其系统内容管理的重要组成部分。同时，搜索引擎技术的使用向用户提供商品检索、查询。

苏宁易购客服咨询、搜索栏和支付界面见图1.4~1.6。

图1.4　苏宁易购客服咨询

图1.5　苏宁易购商品搜索栏

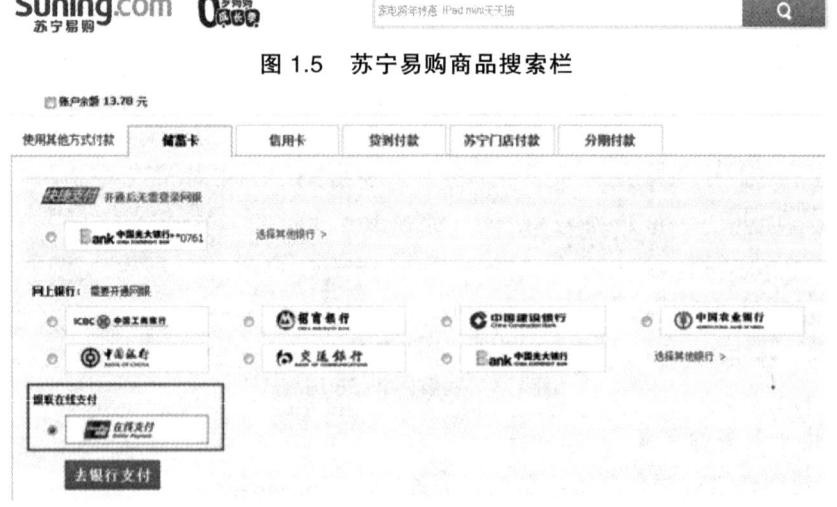

图1.6　苏宁易购支付界面

步骤2：理解电子商务的内涵。

【案例1.5】

经过对网站的分析，小李明白了什么是电子商务。电子商务是在因特网开放的网络环境下，基于浏览器/服务器应用方式，买卖双方不谋面而进行各种商贸活动，实现消费者的网上购物，商户之间的网上交易和在线电子支付，各种商务活动、交易活动、金融活动和相关的综合服务活动的一种新型的商业运营模式。

虽然电子商务在不同的领域有不同的含义,但其关键依然是依靠电子设备和网络技术进行的商业模式。随着电子商务的高速发展,它已不仅仅包括其购物的主要内涵,还应包括了物流配送等附带服务。电子商务是一种商业模式,是从业态形式来定义的,它与传统的商务形式是一个相对应的概念。随着网购市场的快速发展,人们对电子商务有了新的认识,它已经不仅仅是网购那么简单,其外延也在不断地发生着变化。从商业角度来看,电子商务包含所谓的B2C、B2B,出现了B2B2C、O2O等更多的电子商务新模式,如O2O模式(大众点评网)(见图1.7)等。

图1.7 大众点评网

二、知识要点

(一)什么是电子商务

电子商务通常指在全球各地广泛的商业贸易活动中,在互联网开放的网络环境下,基于浏览器/服务器应用方式,买卖双方不用谋面而进行各种商贸活动,实现消费者的网上购物、商户之间的网上交易和在线电子支付,各种商务活动、交易活动、金融活动和相关的综合服务活动的一种新型的商业运营模式。电子商务是利用微电脑技术和网络通讯技术进行的商务活动。各国政府、学者、企业界人士根据自己所处的地位和对电子商务参与的角度和程度的不同,给出了许多不同的定义。

（二）电子商务的特征

从电子商务的含义及发展历程可以看出电子商务具有如下基本特征：

1. 普遍性

电子商务作为一种新型的交易方式，将生产企业、流通企业以及消费者和政府带入了一个网络经济、数字化生存的新天地。

2. 方便性

在电子商务环境中，人们不再受地域的限制，客户能以非常简捷的方式完成过去较为繁杂的商业活动，如通过网络银行能够全天候地存取账户资金、查询信息等，同时使企业对客户的服务质量得以大大提高。在电子商务活动中，有大量的人脉资源有待开发和沟通。从业时间灵活，有钱有闲。

3. 整体性

电子商务能够规范事务处理的工作流程，将人工操作和电子信息处理集成为一个不可分割的整体，这样不仅能提高人力和物力的利用率，也可以提高系统运行的严密性。

4. 安全性

在电子商务中，安全性是一个至关重要的核心问题，它要求网络能提供一种端到端的安全解决方案，如加密机制、签名机制、安全管理、存取控制、防火墙、防病毒保护等，这与传统的商务活动有着很大的不同。

5. 协调性

商业活动本身是一种协调过程，它需要客户与公司内部、生产商、批发商、零售商间的协调。在电子商务环境中，它更要求银行、配送中心、通讯部门、技术服务等多个部门的通力协作，电子商务的全过程往往是一气呵成的。

6. 集成性

电子商务以计算机网络为主线，对商务活动的各种功能进行了高度的集成，同时也对参加商务活动的商务主体各方进行了高度的集成。高度的集成性使电子商务的效率进一步提高。

（三）电子商务的分类

1. ABC

ABC（agents to business to consumer），是新型电子商务模式的一种，被誉为继 B2B、B2C、C2C 模式之后电子商务界的新模式，是由代理商（agents）、商家（business）和消费者（consumer）共同搭建的集生产、经营、消费为一体的电子商务平台。

2. B2B

B2B（business to business），商家（泛指企业）对商家的电子商务，即企业与企业之间通过互联网进行产品、服务及信息的交换。通俗的说法指，进行电子商务交易的供需双方都是商家（或企业、公司），他们使用了 Internet 技术或各种商务网络平台，完成商务交易的过程。这些过程包括：发布供求信息，订货及确认订货，支付过程，票据的签发、传送和接收，确定配送方案并监控配送过程等。有时也写作 BtoB，但为了简便干脆用其谐音 B2B（"2"即"to"）。

3. B2C

B2C（business to customer），是中国最早产生的电子商务模式，以 8848 网上商城正式运营为标志。如今的 B2C 电子商务网站非常的多，比较大型的有京东商城等。

4. C2C

C2C（consumer to consumer），同 B2B、B2C 一样，都是电子商务的几种模式之一。不同的是：C2C 是用户对用户的模式，即通过为买卖双方提供一个在线交易平台，使卖方可以主动提供商品上网拍卖，同时买方可以自行选择商品进行竞价。

5. B2M

B2M（business to manager），是相对于 B2B、B2C、C2C 的电子商务模式而言，是一种全新的电子商务模式。这种电子商务相对于以上三种有着本质的不同，其根本的区别在于：目标客户群的性质不同，前三者的目标客户群都是作为一种消费者的身份出现；而 B2M 所针对的客户群是该企业或者该产品的销售者或者为其工作者，而不是最终的消费者。

6. B2G

B2G（business to government），是企业与政府管理部门之间的电子商务，如海关报税的平台、国税局和地税局报税的平台等。

7. M2C

M2C（manager to consumer），是针对于 B2M 的电子商务模式而出现的延伸概念。B2M 环节中，企业通过网络平台发布该企业的产品或者服务，职业经理人通过网络获取该企业的产品或者服务信息，并且为该企业提供产品；销售或者提供企业服务，企业通过经理人的服务达到销售产品或者获得服务的目的。

8. O2O

O2O（online to offline），是新兴起的一种电子商务商业模式，即将线下商务的机会与互联网结合在一起，让互联网成为线下交易的前台。这样，线下服务就可以用线上来揽客，消费者可以用线上来筛选服务，成交也可以在线结算。该模式最重要的特点是：推广效果可查，每笔交易可跟踪。

9. C2B

C2B（customer to business），是电子商务模式的一种，即消费者对企业。最先由美国流行起来的消费者对企业（C2B）模式也许是一个值得关注的尝试。C2B 模式的核心是，通过聚合分散分布但数量庞大的用户形成一个强大的采购集团，以此来改变 B2C 模式中用户一对一出价的弱势地位，使之享受到以大批发商的价格买单件商品的利益。

10. B2B2C

B2B2C（business to business to customers），是一种新的网络通信销售方式。第一个 B 指广义的卖方（即成品、半成品、材料提供商等）；第二个 B 指交易平台，即提供给卖方与买方的联系平台，并提供优质的附加服务；C 即指买方。卖方不仅仅是公司，还可以包括个人，即一种逻辑上的买卖关系中的卖方。

（四）电子商务的关联对象

电子商务的形成与交易离不开以下三方面的关系：

1. 交易平台

第三方电子商务交易平台（以下简称"第三方交易平台"）指在电子商务活动中为交易双方或多方提供交易撮合及相关服务的信息网络系统的总和。

2. 平台经营者

第三方交易平台经营者（以下简称"平台经营者"）指在工商行政管理部门登记注册并领取营业执照，从事第三方交易平台运营并为交易双方提供服务的自然人、法人和其他组织。

3. 站内经营者

第三方交易平台站内经营者（以下简称"站内经营者"）指在电子商务交易平台上从事交易及有关服务活动的自然人、法人和其他组织。

（五）电子商务的功能

电子商务可提供网上交易和管理等全过程的服务。因此，它具有广告宣传、咨询洽谈、网上定购、网上支付、电子账户、服务传递、意见征询、交易管理等各项功能。

1. 广告宣传

电子商务可凭借企业的 Web 服务器和客户的浏览，在 Internet 上发播各类商业信息。客户可借助网上的检索工具（search）迅速地找到所需的商品信息，而商家可利用网上主页（home page）和电子邮件（e-mail）在全球范围内做广告宣传。与以往的各类广告相比，网上的广告成本最为低廉，而给顾客的信息量却最为丰富。

2. 咨询洽谈

电子商务可借助非实时的电子邮件（e-mail），新闻组（news group）和实时的讨论组（chat）来了解市场和商品的信息、洽谈交易事务，如有进一步的需求，还可用网上的白板会议（whiteboard conference）来交流即时的图形信息。网上的咨询和洽谈能超越人们面对面洽谈的限制，提供多种方便的异地交谈形式。

3. 网上订购

电子商务可借助 Web 中的邮件交互传送实现网上订购。网上订购通常都是在产品介绍的页面上提供十分友好的订购提示信息和订购交互格式框。当客户填完订购单后，系统通常会回复确认信息单来保证订购信息的收悉。订购信息也可采用加密的方式避免客户和商家的商业信息泄漏。

4. 网上支付

电子商务要成为一个完整的过程，网上支付是重要的环节。客户和商家之间可采用信用卡账号实施支付。在网上直接采用电子支付手段将可省略交易中很多人员的开销。网上支付将需要更为可靠的信息传输安全性控制以防止欺骗、窃听、冒用等非法行为。

5. 电子账户

网上支付必需要由电子金融来支持，即银行或信用卡公司及保险公司等金融单位要为金融服务提供网上操作的服务,电子账户管理是其基本的组成部分。信用卡号或银行账号都是电子账户的一种标志,其可信度需配以必要的技术措施来保证。如数字凭证、数字签名、加密等手段的应用提高了电子账户操作的安全性。

6. 服务传递

对于已经付款的客户应将其订购的货物尽快地传递到他们的手中,而有些货物在本地,有些货物在异地,电子邮件能在网络中进行物流调配。最适合在网上直接传递的货物是信息产品,如软件、电子读物、信息服务等,它能直接从电子仓库中将货物发到用户端。

7. 意见征询

电子商务能十分方便地采用网页上的"选择""填空"等格式文件来收集用户对销售服务的反馈意见。这样能使企业的市场运营形成一个封闭的回路。客户的反馈意见不仅能提高售后服务的水平,而且使企业获得改进产品、发现市场的商业机会。

8. 交易管理

整个交易管理涉及人、财、物多个方面,企业和企业、企业和客户及企业内部等各方面的协调和管理。因此,交易管理是涉及商务活动全过程的管理。电子商务的发展,将会提供一个良好的交易管理的网络环境及多种多样的应用服务系统。这样,才能保障电子商务获得更广泛的应用。

(六)电子商务的构成要素及特征

1. 构成要素

电子商务的构成要素:商城、消费者、产品、物流。各要素之间的关系如下:

(1)买卖:淘宝网店或商城为消费者提供质优价廉的商品,在吸引消费者购买的同时促使更多的商家的入驻。

(2)合作:与物流公司建立合作关系,为消费者的购买行为提供最终保障,这是电子商务运营的硬性条件之一。

(3)服务:电子商务三要素之一的物流主要是为消费者提供购买服务,从而实现再一次的交易。

2. 特 征

从电子商务的含义及发展历程可以看出电子商务具有如下基本特征:

(1)普遍性。

电子商务作为一种新型的交易方式,将生产企业、流通企业、消费者和政府带入了一个网络经济、数字化生存的新天地。

(2)方便性。

在电子商务环境中,人们不再受地域的限制,客户能以非常简捷的方式完成过去较为繁杂的商业活动。如通过网络银行能够全天候地存取账户资金、查询信息等,使企业对客户的服务质量得以极大地提高。在电子商务商业活动中,有大量的人脉资源可开发和沟通,从业时间灵活,有钱有闲。

(3)整体性。

电子商务能够规范事务处理的工作流程,将人工操作和电子信息处理集成为一个不可分割的整体，这样不仅能提高人力和物力的利用率，也可以提高系统运行的严密性。在电子商务中，安全性是一个至关重要的核心问题，它要求网络能提供一种端到端的安全解决方案，如加密机制、签名机制、安全管理、存取控制、防火墙、防病毒保护等，这与传统的商务活动有很大的不同。

（4）协调性。

商业活动本身是一种协调过程，它需要客户与公司内部、生产商、批发商、零售商间的协调。在电子商务环境中，它要求银行、配送中心、通讯部门、技术服务等多个部门的通力协作，其全过程往往是一气呵成的。集成性电子商务以计算机网络为主线，对商务活动的各种功能进行了高度的集成，同时也对参加商务活动的商务主体各方进行了高度的集成，高度的集成性使电子商务的效率进一步提高。

（七）电子商务的盈利模式

B2B 模式的盈利方式 B2B 是我国目前盈利状况最好的电子商务商业模式。B2B 模式主要是通过互联网平台聚合众多的企业商家，形成买卖的大信息海洋，买家与卖家在平台上选择交易对象，通过在线电子支付完成交易。企业间的电子商务是电子商务三种模式中最值得关注和探讨的，因为它最具发展潜力。目前国内的 B2B 模式有两种类型：一种是大型企业自建 B2B 电子商务网站来开展电子商务，企业通过电子商务来降低成本、提高销售量，如海尔、联想等推出的网上采购和网上分销；另一种是第三方电子商务平台。我国中小企业有 3 000 多万家，由于中小企业自身条件的限制，拥有网站的只有 200 多万家。第三方电子商务平台又分为两种类型：① 综合性平台，指可服务于多个行业与领域的电子商务网站，如阿里巴巴、网盛生意宝、慧聪网、环球资源网、中国供应商等；② 行业垂直性平台，指定位于某一特定专业领域的电子商务网站，如中国化工网、中国医药网、中国服装网、中国纺织网、机电之家等。主要盈利方式为：广告、搜索、交易、增值服务、线下服务、商务合作。

B2B 模式的盈利方式 B2C 模式是我国最早产生的电子商务模式，以 8848 网上商城 B2C 模式的盈利方式的正式运营为标志。B2C 即企业通过互联网为消费者提供一个新型的购物环境——网上商店，消费者通过网络在网上购物、网上支付。由于这种模式节省了客户和企业的时间和空间，极大地提高了交易效率，特别对于工作忙碌的上班族，这种模式可以为其节省宝贵的时间。起初在网上出售的商品特征也非常明显，仅仅局限于一些特殊商品，如图书、音像制品、数码类产品、鲜花、玩具等。这些商品对购买者视、听、触、嗅等感觉体验要求较低。但是发展到现在，像服装、音响设备、香水、电脑、手机等商品也开始在网上销售。目前，B2C 电子商务的付款方式主要是货到付款与网上支付相结合，而大多数企业的配送选择物流外包方式以节约运营成本。主要盈利模式包括：销售本行业产品、销售衍生产品、产品租赁、拍卖、销售平台、特许加盟、会员、上网服务、信息发布、为企业发布广告、为业内厂商提供咨询服务。

C2C 模式的盈利方式 C2C 模式的产生以 1998 年易趣成立为标志，目前采用 C2C 模式的主要有 eBay 易趣、淘宝、拍拍等。C2C 电子商务模式是一种个人对个人的网上交易行为，目前 C2C 电子商务企业采用的运作模式是通过为买卖双方搭建拍卖平台，按比例收取交易费用，或者提供平台方便个人在上面开店铺，以会员制的方式收费。零售电子商务的三个基本要素是信息流、物流与资金流，C2C 已经基本解决，目前真正的难点在于交易信用与风险控制。

互联网突破了地域的局限,把全球变成一个巨大的"地摊",而互联网的虚拟性决定了 C2C 的交易风险更加难以控制。这时,交易集市的提供者必须处于主导地位,必须建立起一套合理的交易机制,一套有利于交易在线达成的机制。eBay 在美国能够发展得如此快速,除了 PayPal 这套支付工具外,与美国社会完善的信用体系是分不开的。在美国的 C2C 交易中,PayPal 既扮演着收单商家,又扮演了银行的角色,这种双重角色使 PayPal 聚拢了买方与卖方的大量资金,掌握着买卖双方的交易与信用状况。目前,我国电子商务网站推出的"支付宝""安付通"等支付工具以及赔付制度在很大程度上改善了这种购买信任危机,但 C2C 市场要想彻底突破这些制约仍需要较长时间的培育过程。

(八)移动电子商务

移动电子商务就是利用手机、PDA 及掌上电脑等无线终端进行的 B2B、B2C 或 C2C 的电子商务。它将因特网、移动通信技术、短距离通信技术及其他信息处理技术完美结合,使人们可以在任何时间、任何地点进行各种商贸活动,实现随时随地、线上线下的购物与交易、在线电子支付以及各种交易活动、商务活动、金融活动和相关的综合服务活动等。

移动电子商务是在无线传输技术高度发达的情况下产生的,比如经常提到的 3G 技术,技术移动电子商务的载体。除此之外,Wifi 和 Wapi 技术,也是无线电子商务的选项之一。及时利用手机快速召开电话会议的移动电话会议解决方案,借助 3G/Wifi 网络体验全新概念的移动会议,在会议的同时可随时利用手机来管理会议,最大限度地提高工作效率。

(九)中国电子商务发展历程(见图 1.8)

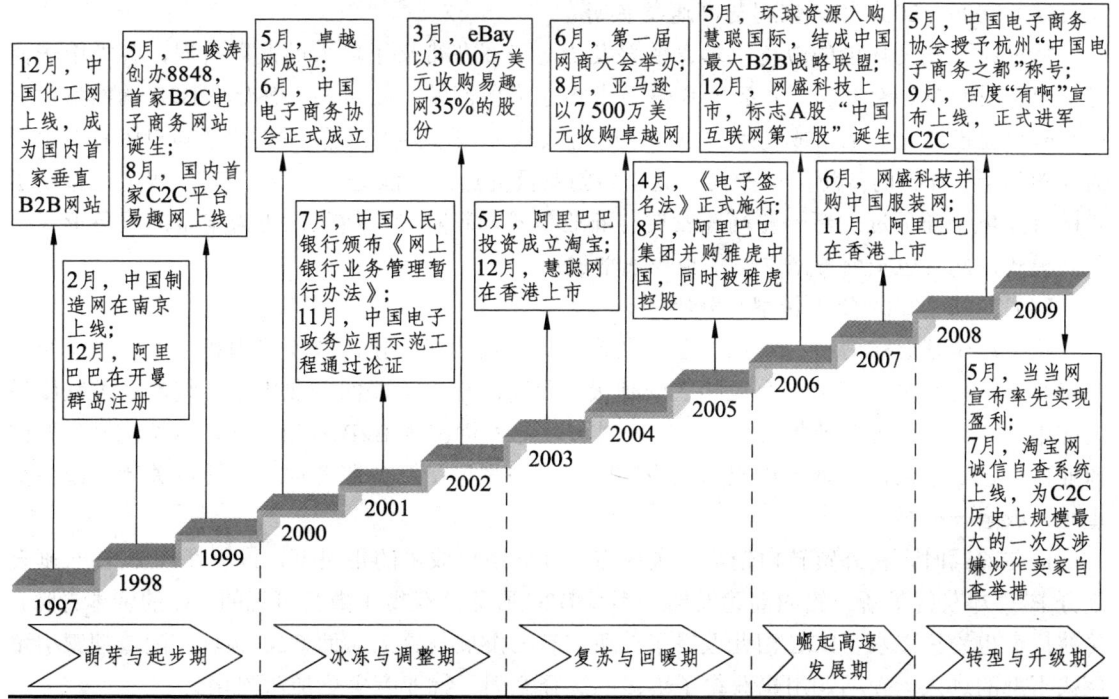

图 1.8　中国电子商务发展历程(1997—2009 年)

（1）1997—1999 年：萌芽与起步期。

特征：业内公认的说法是，国内第一批电子商务网站的创办时期是始于 1997 年起步的三年。当时，互联网全新的引入概念鼓舞了第一批新经济的创业者，他们认为传统的贸易信息会借助互联网进行交流和传播，商机无限。于是，从 1997 年到 1999 年，美商网、中国化工网、8848、阿里巴巴、易趣网、当当网等知名电子商务网站先后涌现。

数据：据中国 B2B 研究中心调查显示，在目前已经成立的电子商务网站中，有 5.2%创办于 20 世纪 90 年代。该阶段无疑是我国电子商务的萌芽与起步时期。

（2）2000—2002 年：冰冻与调整期。

特征：2000—2002 年，在互联网泡沫破灭的大背景下，电子商务的发展也受到严重影响，创业者的信心经受了严峻的挑战，尤其是部分严重依靠外来投资"输血"，而自身尚未找到盈利模式具备"造血"功能的企业，经历了冰与火的严峻考验。于是，包括 8848、美商网、阿里巴巴在内的知名电子商务网站进入残酷的寒冬阶段，而依靠"会员+广告"模式的行业网站集群，则大多实现了集体盈利，安然度过了互联网最为艰难的"寒潮"时期。

数据：据中国 B2B 研究中心调查显示，在这三年间创建的电子商务网站不到现有网站总数的 12.1%。无疑，该阶段是我国电子商务的冰冻与调整时期。

（3）2003—2005 年：复苏与回暖期。

特征：电子商务经历低谷后，在 2003 年一场突如其来的"非典"后，出现了快速复苏回暖，部分电子商务网站也在经历了泡沫破裂后，更加谨慎务实地对待盈利模式和低成本经营。

数据：据中国 B2B 研究中心调查显示，目前现有电子商务网站总数占现有网站总数 30.1%，应用电子商务的企业会员数量开始明显增加，2003 年成为不少电子商务网站尤其是 B2B 网站的"营收平衡年"，该阶段无疑是我国电子商务的冰冻与调整期。

（4）2006—2007 年：崛起与高速发展期。

特征：互联网环境的改善、理念的普及给电子商务带来了巨大的发展机遇，各类电子商务平台会员数量迅速增加，大部分 B2B 行业电子商务网站开始盈利。而专注 B2B 的网盛生意宝与阿里巴巴的先后上市成功地引发了"财富效应"，更是大大激发了创业者与投资者对电子商务的热情。IPO 的梦想、行业良性竞争和创业投资热情高涨这"三驾马车"，极大地推动了我国行业电子商务进入新一轮高速发展与商业模式创新阶段，衍生出更为丰富的服务形式与盈利模式，同时电子商务网站数量也快速增加。

（5）2008—2009 年：转型与升级期。

特征：全球金融海啸的不期而至，全球经济环境迅速恶化，致使我国相当多的中小企业举步维艰，尤其是外贸出口企业随之受到极大阻碍。作为互联网产业中与传统产业关联度最高的电子商务，也难免独善其身。受产业链波及，外贸在线 B2B 首当其冲，以沱沱网、万国商业网、慧聪宁波网、阿里巴巴为代表的出口导向型电子商务服务商，纷纷或关闭、或裁员重组、或增长放缓。

而与此同时，在外贸转内销与扩大内需、降低销售成本的指引下，内贸在线 B2B 与垂直细分 B2C 却获得了新一轮的高速发展，不少 B2C 服务商获得了数目可观的 VC 的资本青睐，传统厂商也纷纷涉水，B2C 由此取得了前所未有的发展与繁荣。而 C2C 领域，随着搜索引擎巨头百度的进入，使网购用户获得了更多的选择空间，行业竞争更加激烈化。

（6）2010—2013 年：大数据深化与碎片整合期。

（十）电子商务与网络营销的关系

电子商务、网络营销是当代信息社会中数据处理技术、电子技术及网络技术综合应用于商贸领域中的产物，或者说它是当代高新信息手段与商贸实务和营销策略相互融合的结果。电子信息和网络化环境彻底震撼和改变了传统商贸业务及实务操作赖以生存的基础，引发了信息社会中商贸实务和营销策略研究领域中一场深刻而激动人心的革命。在此背景下，探讨网络营销与电子商务之间的关系对于促进两者的发展，有一定的积极作用。

1. 相同点

（1）借助的工具是一样的。网络营销是以互联网为营销环境，传递营销信息；而电子商务是在因特网等网络上进行的，通过网络完成核心业务，改善售后服务，缩短周期，从有限的资源获得更大的收益。两者均需借助于互联网，产生的网络基础都是互联网络的崛起。

（2）网络营销与电子商务都具有无形化的特点。

① 书写电子化，传递数据化。营销双方无论身在何处，都可在世界各地进行交流、订货、交易，实现快速准确、双向式数据的信息交流。② 经营规模不受场地限制。网络可使经营者在"网络店铺"中摆放任意多的商品，而且可以方便地在全世界范围内采购、销售形形色色的商品。③ 支付手段高度电子化。现已使用的形式主要有信用卡、电子现金、智能卡等。

（3）网络营销与电子商务都能实现低成本。

① 距离越远，在网络上进行信息传递的成本相对于信件、电话、传真而言就越低。此外，时间的缩短与减少重复的数据录入也降低了信息成本。② 没有库存压力。互联网使买卖双方及时沟通供需信息，使无库存生产和无库存销售成为可能，从而使库存成本接近零或降为零。③ 很低的作业成本。网络具有极好的促销能力，其"货架上"的商品同时又有广告宣传的作用，经营者不需要再负担促销广告费用，而且可以利用服务器，将多媒体化的商品信息动态存储起来，既可以主动散发，又可以随时接受需求者的查询。

（4）网络营销与电子商务都能改观企业内部的运作方式。

由于 Internet 大大缩小了时间和空间距离，企业内部部门和员工之间的沟通模式有很大变化。在内部工作和业务流程的控制方面，企业会主动地大量采用网络营销或电子商务模式进行交流。无论该项业务涉及的员工或经理是否在同一物理位置或网络上，业务的处理都将会同样顺利进行。

（5）两者的交易效率都很高。由于互联网将贸易中的商业报文标准化，使商业报文能在世界各地瞬间完成传递与计算机自动处理，将原料采购、产品生产、需求与销售、银行汇兑、保险、货物托运及申报等过程无需人员干预而在最短的时间内完成。

2. 不同点

（1）概念不同。网络营销指借助于联机网络、电脑通信和数字交互式媒体来实现营销目标的一种市场营销方式，有效地促成了个人和组织交易活动的实现。而电子商务指系统化地利用电子工具，高效率、低成本地从事以商品交换为中心的各种活动的全过程。

（2）实现的目的有所不同。网络营销是企业为实现其营销目标的一种市场营销方式，而电子商务实现的是企业与企业之间、企业与消费者之间的各类商贸活动。网络营销的目的除了商贸活动，还在于能够加强与客户的关系，形成良好的口碑，拥有稳固的顾客资源。

(3)原理不同。进行网络营销的原理如图1.9所示。

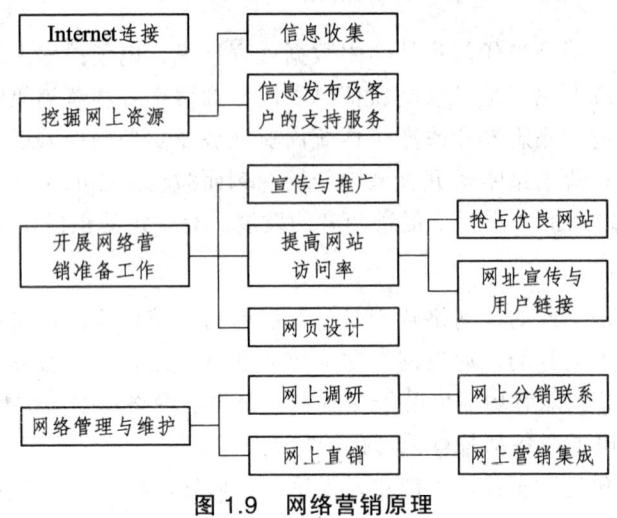

图1.9 网络营销原理

而电子商务进行的原理如图1.10所示。

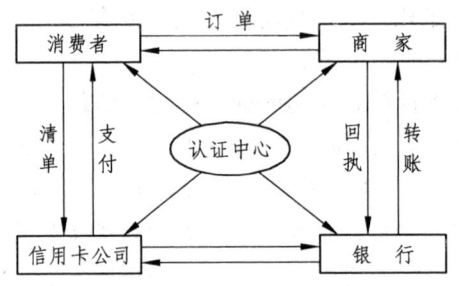

图1.10 电子商务原理

综合两图还可以发现,电子商务涉及的关系方有五家:消费者、商家、银行、信用卡公司和认证中心,而网络营销主要涉及的关系方是企业与客户两家。

(4)是否有交易行为发生是网络营销与电子商务的主要分界线。网络营销是企业整体营销战略的一个组成部分,无论传统企业还是互联网企业都需要网络营销,但网络营销本身并不是一个完整的商业交易过程。IBM公司认为,电子商务是采用数字化电子方式进行商务数据交换和开展商务业务活动,比较强调交易的基础。尽管IBM公司等对电子商务定义的侧重各有千秋,但最基本的一点就是交易方式的电子化或称电子交易。可见,为最终产生网上交易所进行的推广活动属于网络营销的范畴;而仅当一个企业的网上经营活动发展到可以实现电子化交易和程度,就认为是进入了电子商务阶段。

(5)发展的环境有所不同。互联网的市场营销环境与企业的现实环境共同构成了企业网络营销活动的二元环境。而电子商务发展的环境则要苛刻得多,包括安定的社会政治环境、法律环境、市场经济环境、安全认证体系、协同作业体系、网络运行环境、人文环境和国际环境。

3. 联 系

(1)从Internet的商业应用类型上讲,电子商务覆盖了网络营销。网络营销不仅仅是营销部门的市场经营活动方面的业务，它还需要其他相关业务部门如采购部门、生产部门、财务部门、人力资源部门、质量监督管理部门和产品开发部门与设计部门等的配合。因此，局限在营销部门的 Internet 的商业应用已经不能适应 Internet 对企业整个经营管理模式和业务流程管理控制方面的挑战。电子商务是从企业全局出发，根据市场需求来对企业业务进行系统的重新设计和构造，以适应网络经济时代数字化管理和数字化经营的需要。

（2）网络营销作为促成商品交换的企业经营管理手段，是企业电子商务活动中最基本、最重要的 Internet 上的商业活动。有时将网上商务活动和电子贸易统称为电子商贸活动。此外，还指如何利用 Internet 来重组企业内部经营管理活动，与企业开展的电子商贸活动保持协调一致。最典型的是供应链管理，它从市场需求出发，利用网络将企业的销、产、供、研等活动串在一起，实现企业网络化、数字化管理，最大限度地适应网络时代市场需求的变化。

三、任务实训

（一）实训目标

了解什么是电子商务，企业电子商务网站包含哪些特点，可划分为哪几类？

（二）实操描述

教师提供多个网站，学生通过具体网站分析获得对电子商务活动的感性认识，体会电子商务专业知识的具体运用，了解电子商务专业知识的作用，完成以下任务：
（1）明确电子商务的定义。
（2）对电子商务网站进行准确分类。

（三）考核标准

（1）准确把握电子商务的定义。
（2）准确完成对多个网站电子商务类别的划分。

（四）实训报告

结合以上相关知识和应用情况，完成工作任务，并填写实训工作单。

实训工作单

授课班级		授课教师	
小组成员			
项目名称			
工作任务			
任务理解			

续表

<table>
<tr><th rowspan="5">网站归类</th><th>序号</th><th>网站名称</th><th>网站特点</th><th>网站分类</th><th>备注</th></tr>
<tr><td>1</td><td>天猫商城</td><td></td><td></td><td></td></tr>
<tr><td>2</td><td>拍拍网</td><td></td><td></td><td></td></tr>
<tr><td>3</td><td>阿里巴巴</td><td></td><td></td><td></td></tr>
<tr><td>…</td><td></td><td></td><td></td><td></td></tr>
</table>

任务二 了解旅游业

一、完成任务

1. 典型旅游企业认知

步骤1：根据自己的理解，找三家旅游企业。

【案例1.6】

小李对电子商务定义了解之后，希望对旅游业有所认识，于是小李通过互联网在搜索引擎中输入"旅游"一词，他发现出现以下界面，如图1.11所示。

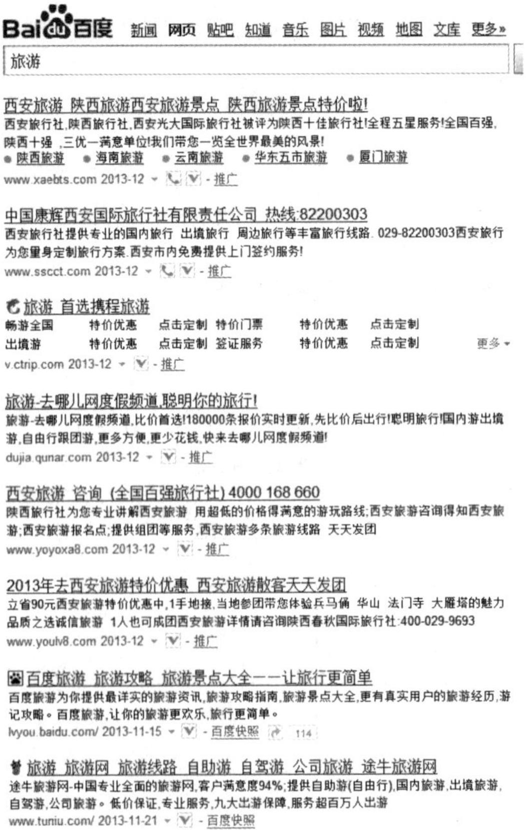

图1.11 百度搜索结果

于是小李首先打开了"陕西旅行社"这个网站，打开该旅行社网站后，小李选择了其中一项旅游项目，项目明细中包含出发半期、参考行程、费用说明、预订须知、温馨提示以及预订流程。此外，小李在确定购票前需要选择出行时间、出行人数，购买成功后，并提示小李提前预订酒店及机票、高铁等事宜。旅行社旅游项目页面如图1.12所示。

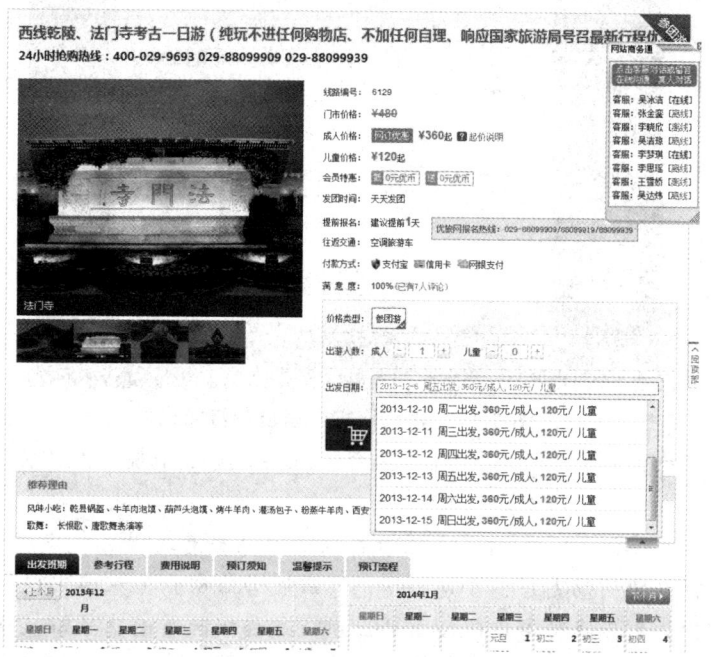

图 1.12　旅行社旅游项目页面

之后，小李点击携程推广链接，进入携程网旅游专题页面。小李在选择了一项旅游项目后，进入该项目预订界面，如图1.13和1.14所示。

图 1.13　携程网旅游项目页面

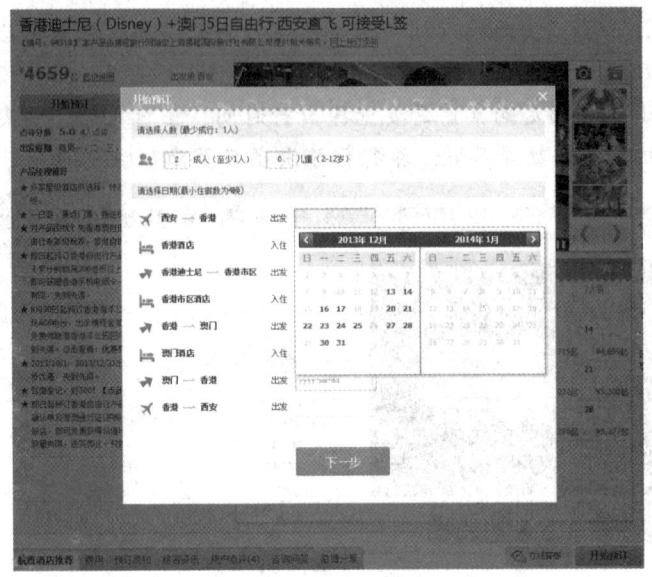

图 1.14　携程网旅游项目预订窗口

随后，小李点击预订，弹出预订选择界面，同样需要小李确定航班出发日期、入住酒店等信息。

小李完成两个网站浏览后，打算去旅游目的地网站查看其模式，凤凰古城是目前国内旅游目的地做得比较好的网站之一，于是小李进入凤凰古城网站（见图1.15），通过了解，该网站是凤凰古城文化旅游投资股份有限公司为凤凰古城提供的全面的旅游信息平台。

图 1.15　凤凰古城首页

作为旅行社网站，其旅游项目较少，且更多的是以地方旅游项目为主线。而携程网等旅游中间商则包含较多的旅游项目，且用户可根据个人情况自行安排出行计划及路线选择。作为目的地网站，其自身更多的是介绍景点及其周边旅游信息，只提供景区门票预订等业务，无法完成交通票务等直接选择并支付。

步骤2：该旅游企业的商业模式分析。

【案例1.7】

小李再次对搜集的三个企业网站进行分析，从平台性质判断可以将三家平台划分为旅行社、中间商以及旅游目的地。旅行社为了在虚拟网络市场中获得一席之地，以满足客户需求为导向、快速满足当前旅游者个性化需求而搭建的电子商务平台，从而让旅游者了解旅行社的旅游信息以及相关旅游产品的预定、定制、购买和支付。旅行社的商业模式如图1.16所示。

携程网的目标用户以商旅客户为主，将互联网和传统旅游无缝结合，以旅游中间商的身份出现，完成上游企业酒店、票务、旅行社及下游用户即携程会员之间的沟通，旅游资讯是携程为会员提供的附加服务，通过目的地指南覆盖景区周边景点、交通、饮食、住宿、购物娱乐等资讯信息。携程网的商业模式如图1.17所示。

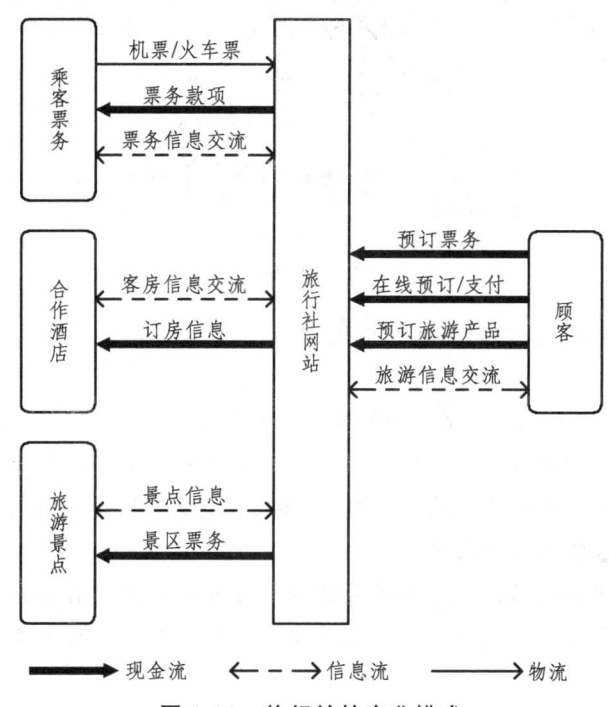

图1.16　旅行社的商业模式

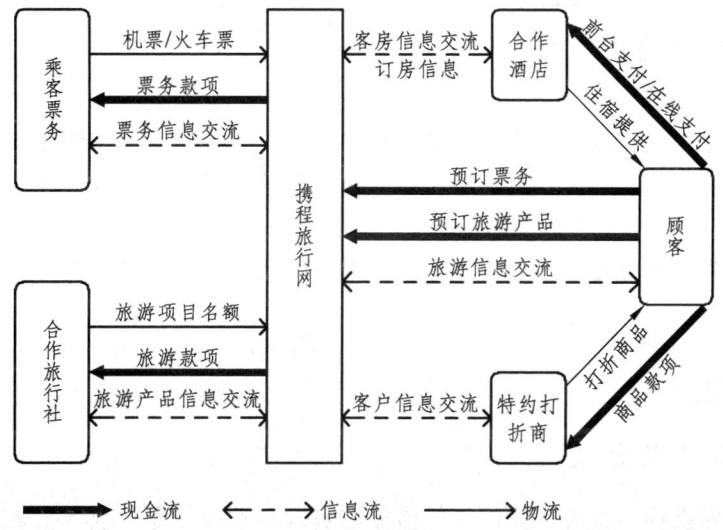

图1.17　携程网的商业模式

作为旅游目的地电子商务的凤凰古城官网，其主旨便是让旅客通过互联网了解本地旅游产业相关信息，包含目的地接待服务设施、交通类型与便捷性等详细信息。旅游目的地不仅是一个特定的旅游区域可利用的旅游产品和服务综合体，而且也是由统一的目的地管理机构进行旅游业管理和营销的区域。作为旅游目的地的管理组织方，主要负责目的地的促销、营销与旅游产品相关活动以及电子商务战略培育与实施。旅游目的地商业模式如图 1.18 所示。

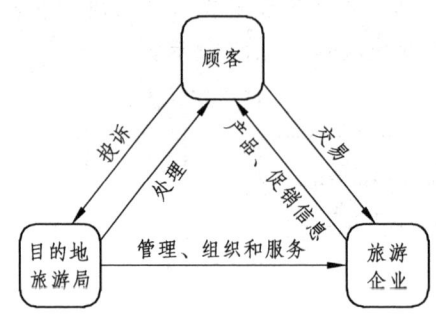

图 1.18 旅游目的地的商业模式

步骤 3：对比并整理、汇总，分析它们的差异。

【案例 1.8】

完成了对三家企业的简短分析后，小李决定对该三家企业进行比较，查看其相同点及差异。

由于这三家企业均拥有自己的营销网站，电子商务网站是一个企业电子商务化的标志。从类型上看，三家企业电子商务模式均为 B2C 模式。游客在选择项目景点后，都需要自行选择并完成出游方式、入住酒店等操作。

携程网等类似企业存在的价值主要表现在两个方面：一是所有跟旅游相关的产品，包括机票、酒店景点等，都能以自由组合的方式呈现给顾客。二是采用"直销"模式，减去中间环节，顾客可直接与供应商交流。

旅游目的地直接提供景点信息及景区特色，更多类似于信息发布平台，通过平台让用户对旅游景区有所了解。旅游目的地不直接提供出行票务、住宿等信息。

2. 明确旅游业的含义

【案例 1.9】

经过小李的分析，作为旅游业，游客、旅游景点、出行方式、入住地点的选择是游客的主要考虑因素，旅游业、交通客运业和以饭店为代表的住宿业是旅游业的三大支柱。除此之外，旅游场所经营部门以及各级旅游组织成为旅游业的五大部门。

旅游业是以旅游者为对象，为其旅行活动创造便利条件并提供所需商品和服务的综合性产业。

二、知识要点

（一）旅游业的定义

旅游业，国际上称为旅游产业，是凭借旅游资源和设施，专门或者主要从事招徕、接待游客，为其提供交通、游览、住宿、餐饮、购物、文娱等六个环节的综合性行业。

（二）旅游业的组成要素

旅游资源、旅游设施、旅游服务是旅游业赖以生存和发展的三大要素。

旅游资源，包括自然风光、历史古迹、革命遗址、建设成就、民族习俗等，是经营旅游业的吸引能力。

旅游设施，包括旅游交通设施、旅游住宿设施、旅游餐饮设施、旅游游乐设施等。

旅游服务，包括各种劳务和管理行为相结合的经营旅游业的接待能力。

（三）旅游活动的三要素

旅游活动的主体：游客。

游客是促进旅游活动进行的主体要素，游客参与旅游活动并为旅游活动提供助推力，帮助旅游行业活动顺利进行。

旅游活动的客体：旅游资源。

分布在各地的旅游资源为旅游活动主体——游客提供了活动基础，旅游资源的提供是对游客活动的支持，丰富的旅游资源是旅游行业维持并发展的根基。

旅游活动的介体：旅游业。

包括旅游行业政策与政府对旅游业的支持。旅游业成为旅游活动介体协助旅游主体与旅游客体共同推动旅游活动的顺利进行。

（四）旅游业的特点

旅游业主要通过劳动服务的劳务形式，向社会提供无形的效用，以满足旅游者进行旅行游览的消费需要。其行业的基本特征是非生产性的，所以又可以称为无烟工业。从整体上看，旅游业并非实现商品流通的经济部门，而是凭借旅游资源，利用旅游设施，提供食、住、行、游、娱、购的劳务活动，去满足旅游者游览消费的需要。所以据此总结出其基本特征：

（1）旅游业的依赖性。
（2）旅游业的综合性。
（3）旅游业的脆弱性。
（4）旅游业的波动性。
（5）旅游业的季节性。
（6）旅游业的带动性。
（7）旅游业的涉外性。
（8）旅游业是资金密集型和劳动密集型产业。

（五）旅游业的发展历史

现代旅游业的真正崛起，是在第二次世界大战以后。国际关系的总体缓和，各国人民对和平的渴望，中产阶级在战后的迅速成长，现代科技发展所带来的交通工具的突飞猛进，有力地促进和保障了现代旅游业的发展。1946年10月，国际官方旅游组织联合会（世界旅游组织的前身）在瑞士的日内瓦应运而生。到1950年，旅游观光事业已经成为世界上的一个新兴产业。

据社会学家分析表明：人类需求有三大类，即生存需求、享受需求和发展需求，人只有在生存需求得到基本满足以后才能把享受需求和发展需求提上议事日程。而旅游活动既是享受需求，也是发展需求。随着世界经济社会的发展进步，已有越来越多的人群摆脱了生存需求的羁绊，旅游行为已经成为现代社会人们生活方式中不可或缺的一部分。鉴于此，我们可以断言，只要世界经济社会是发展进步的，社会秩序总体是安定的，旅游业就会不断兴旺发达，所以它是永远的"朝阳产业"。

与此同时，旅游业也是一个与时俱进的产业。在现代旅游业起步以来的200年中，特别是在最近50年大发展的历程中，从旅游经营到旅游管理，从旅游产品到旅游促销，都已经历过一系列的变革和创新。

（六）旅游业的类型及特点

1. 观光旅游

观光旅游是旅游的基本类型和主体形式，其特点表现为：

（1）旅游者对旅游吸引物（自然风光、文物古迹、民族风情、都市风貌等）以静态观赏为主，缺乏旅游活动中的参与性和交流性。

（2）旅游者喜欢知名度高的旅游地。

（3）旅游者在旅游地的活动空间范围和自由度大，但逗留的时间短并且重游率低。

（4）由于旅游者流动性大，因此，在旅游地实现的消费量较少。

（5）受气候的影响大，旅游的旺季和淡季十分明显。

2. 文化知识型旅游

根据不同的性质，文化知识型旅游还可以细分为科技交流旅游、工业旅游、文艺交流旅游、农业旅游、考古旅游、军事旅游、文化知识型旅游、生物考察旅游、院校旅游、电影节、音乐节旅游、宗教旅游、民族风貌考察旅游、博物馆旅游、专业学习旅游和寻根旅游。

文化知识型旅游的主要特点为：

（1）旅游者一般具有较高的文化修养，求知欲望强。

（2）多数旅游者具有某些方面的特殊兴趣和某种专长，希望在旅游活动中能安排同行与自己交流。

（3）需要相对特殊的服务和接待方式，对导游服务的水平要求较高。

3. 保健型旅游

根据不同的性质，保健型旅游还可以细分为：

疗养旅游（温泉康复、医疗保健）、 保健型旅游体育旅游（水上、滑雪、武术）。

保健型旅游的主要特点为：

（1）旅游者的目的性十分明确，即：以保健身体为主，以观光、娱乐为辅。

（2）旅游者对旅游地的自然环境条件有明确的选择，如：疗养旅游者讲究气的疗养，一般会选择气候温和、阳光充足、环境幽雅、空气清新、远离噪音的地方。

（3）旅游者带有明显的年龄和身份构成，如：疗养旅游者一般以中老年为主，并且收入一般较高；体育旅游者一般以中青年为主。

（4）旅游者对旅游地的设施有较高的选择，十分注重旅游地是否有相关的健身、疗养、运动场所和设备。

(5) 旅游者在旅游地逗留的时间较长，同时重游率较高，消费水平一般较低，属经济型旅游者。

4. 公务旅游

公务本身就是与旅游有关的活动。如：旅游经营者对旅游地或旅游线路的实地考察；科技工作者对与自己业务有关的自然保护区的风景、环境、地貌的考察；历史文化工作者对各地的风土人情的了解和收集等；其最常见的类型就是以从事公务为主要目的，附带进行旅游活动，比如：会议旅游。

公务旅游的主要特点为：

（1）旅游者一般具有一定的身份和地位，对价格不敏感。

（2）一般在旅游地逗留的时间较长。

（3）会议旅游的计划性强，所需的床位、餐桌位、交通工具、活动日程等可事先做出安排。

（4）一般要求接待服务单位具备良好的活动场所、设施、通讯、交通条件。

5. 娱乐消遣型旅游

娱乐消遣型旅游是指以松弛精神、享受临时变换环境所带来的欢愉为主要目的旅游。

其主要特点为：

（1）对旅游产品的质量、价格等比较敏感。

（2）旅游的季节性强：第一，几乎都选择在旅游地最好的季节；第二，在职人员几乎都利用带薪假期。

（3）在旅游地停留的时间一般较长。

（七）旅游产业链

传统意义上的旅游产业要素就是人们经常提到的"食住行游购娱"，如今的旅游产业要素已扩展为"食、住、行、游、购、娱、体、会（会议）、养（养生）、媒（媒体广告）、组（组织）、配（配套）"，他们相互交织组合，形成了以下九个类别的行业，构成了一个紧密结合的旅游产业链。

游憩行业：包括景区景点、主题公园、休闲体育运动场所、产业集聚区、康疗养生区、旅游村寨、农场乐园等的经营管理和运作的行业。

接待行业：旅行社、酒店、餐饮、会议等。

交通行业：包括旅游区外部的公路客运、铁路客运、航运、水运等，也包括景区内部的索道等小交通。

商业：集购物、观赏、休闲和娱乐等于一体的购物休闲步行街、特色商铺、创意市集等。

建筑行业：园林绿化、生态恢复、设施建造、艺术装饰等。

生产制造业：车船交通工具生产、游乐设施生产、土特产品加工、旅游工艺加工、旅游衍生品加工、信息终端及虚拟旅游等设备制造。

营销行业：旅游商务行业（包括电子商务）、旅游媒介广告行业、展览、节庆等。

金融业：旅行支票、旅行信用卡、旅游投融资、旅游保险、旅游衍生金融产品等。

旅游智业：规划、策划、管理、投融资、景观建筑设计等咨询行业以及相关教育培训行业。

一个旅游项目，从最初策划到规划、设计、建设，再到对外营业，游客来游玩，需要以上各个环节的紧密配合。旅游产业具有跨行业的综合复杂性以及多环节配合的服务消费特性，旅游产品之间的相互依赖非常强，需要服务链各个环节的提升与质量保障。因此，旅游产业更多地表现为一种"以旅游业本身所包含的行业为基础，关联第一产业、第二产业及第三产业中的卫生体育、文化艺术、金融、公共服务等相关行业的泛旅游产业结构"。

三、任务实训

（一）实训目标

了解旅游中的角色划分，什么是旅游业，不同旅游业企业的商业模式。

（二）实操描述

教师提供多家旅游企业名称，学生通过互联网搜索，查看该旅游企业的详细资料，通过互联网，了解其商业模式组成，了解旅游专业知识，完成以下任务：

（1）明确旅游中的角色划分，从而明确什么是旅游业。
（2）对教师提供的旅游企业进行分析，并进行分类划分，了解旅游企业模式。
（3）通过互联网，对旅游电子商务有初步的认识。

（三）考核标准

（1）明确旅游中的角色划分，准确描述旅游业的概念。
（2）准确完成对多个旅游企业的分类。

（四）实训报告

结合以上相关知识和应用情况，完成工作任务，并填写实训工作单。

实训工作单

授课班级				授课教师		
小组成员						
项目名称						
工作任务						
任务理解						
网站归类	序号	网站名称	网站特点		网站分类	备注
	1	携程				
	2	去哪儿				
	3	欢畅国际				

任务三 认识会展业

一、完成任务

1. 典型会展企业认知

步骤1：根据自己的理解，找到两个会展企业案例。

【案例1.10】

提到会展业，小李首先联想到的便是广交会，广交会的全称为"中国进出口商品交易会"即"广州交易会"，创办于1957年春季，每年春秋两季在广州举办，迄今已有五十余年历史，是中国目前历史最长、层次最高、规模最大、商品种类最全、到会客商最多、成交效果最好的综合性国际贸易盛会，有"中国第一展"的美誉。

广交会从传统展会转变为线下传统展会及网络展会相结合的模式，利用现代网络技术和电子手段为企业搭建交流、交易的多元化平台。广交会已经建立了以广交会网站为龙头，包括商贸通参展企业展示平台、广交会宣传光盘、BEST采购商电子服务平台、参展易捷通服务平台以及网上广交会在内的，涵盖会前、会中、会后，结合现场和网上的电子商务服务体系。

网上广交是广交会承办机构——中国对外贸易中心在商务部信息化司指导下建立的电子商务洽谈平台（见图1.19）。网上广交会凭借"中国第一展"的品牌优势，利用广交会数十年积累的参展商展品数据库和客商数据库资源，建立高效便捷的网上贸易渠道，促进国内企业的出口成交。网上广交会创建以来，通过与现场广交会业务的紧密结合，实现"网上洽谈，现场成交"，成为每届广交会现场成交的有力补充，也是电子商务在会展中使用表现。

从广交会案例中小李发现会展业中参与的角色主要有主办者、与会者以及承办者，承办者既可以为主办方内部或外部人选，也可为第三方提供会议承办的服务公司，这个第三方公司从事的行业便是服务业。

图 1.19 网上广交会

广交会是由中国对外贸易中心举办,在非广交会期间,其主办和承办各种展览会、博览会、洽谈会,如中国(广州)国际家具博览会、中国(广州)国际汽车展览会等。

对广交会有所了解后,小李想要对会展企业进行了解,查看其主要业务内容及业务流程,于是小李在阿里巴巴上搜索相关企业,小李输入"展会举办"进行查看,如图1.20、1.21所示。

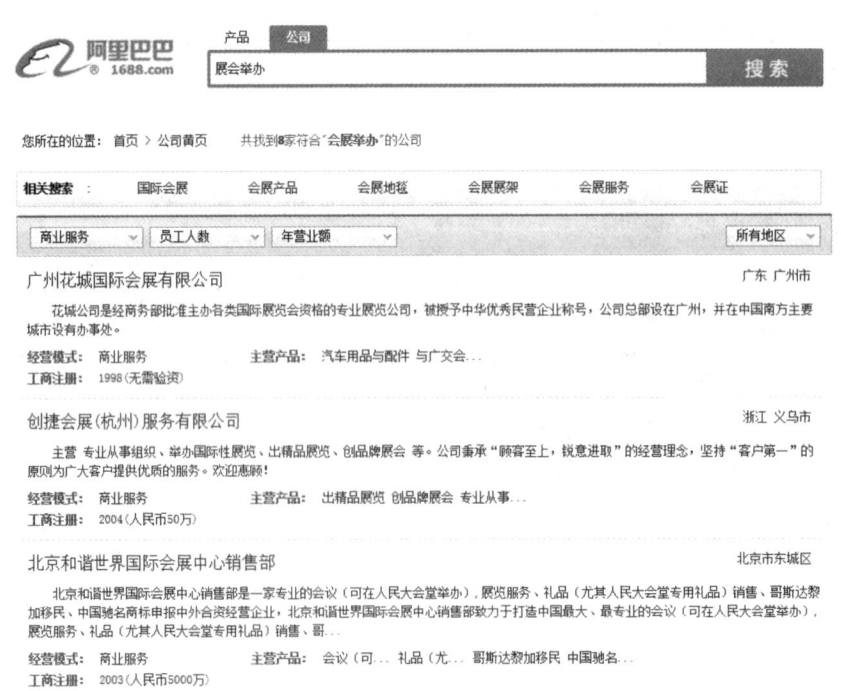

图 1.20 展会举办搜索结果

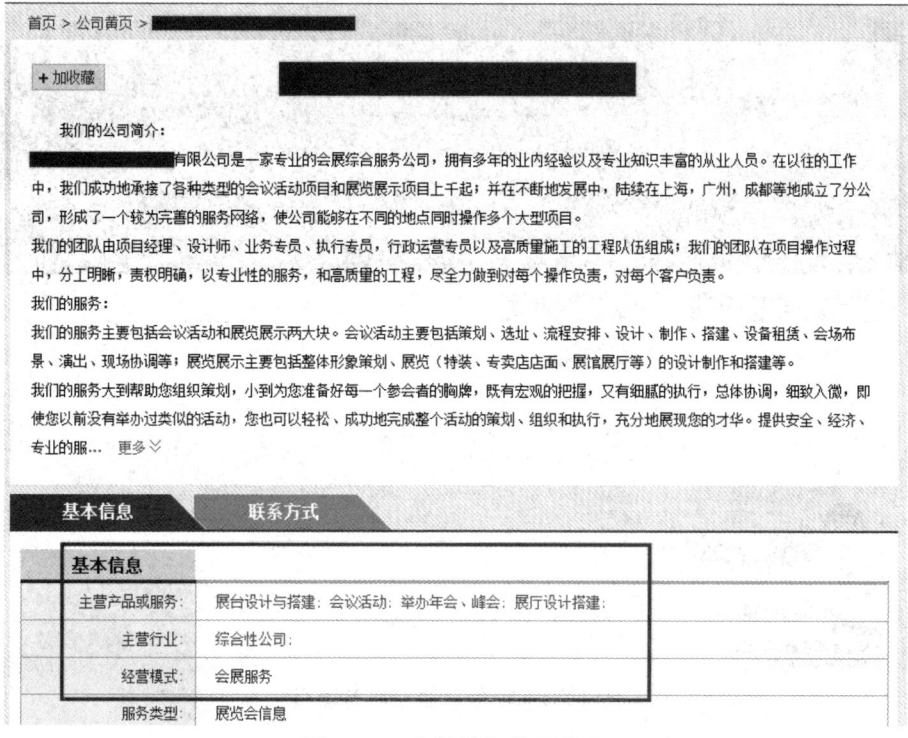

图 1.21 会展服务公司业务

小李通过公司简介看到，会展企业的服务内容包含会议活动和展览展示两大块，于是小李决定找两家企业分别从会展及会议方面对会展业公司业务进行了解。小李通过阿里巴巴找到两家会展企业，企业 A 主营会展服务，企业 B 主营会议活动服务，之后小李进入企业官网进行详细查看，如图 1.22、1.23 所示。

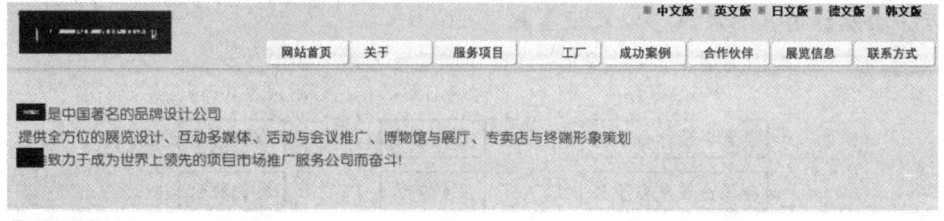

图 1.22　企业 A 企业服务项目

图 1.23　企业 B 企业服务项目

步骤 2：对企业服务项目进行分析，查看其差异与联系。

【案例 1.11】

小李进入官网后，点击企业对应的项目服务栏目，小李看到企业 A 服务项目主要包含展览会设计与承建、会展巡展策划服务、会议与项目推广、专卖店/展示厅设计、展览配套服务、办公环境设计与装潢。企业 B 服务项目主要包含会议活动、展览展示、礼仪庆典、营销渠道、会议酒店、会后旅游、拓展服务以及设备租赁。

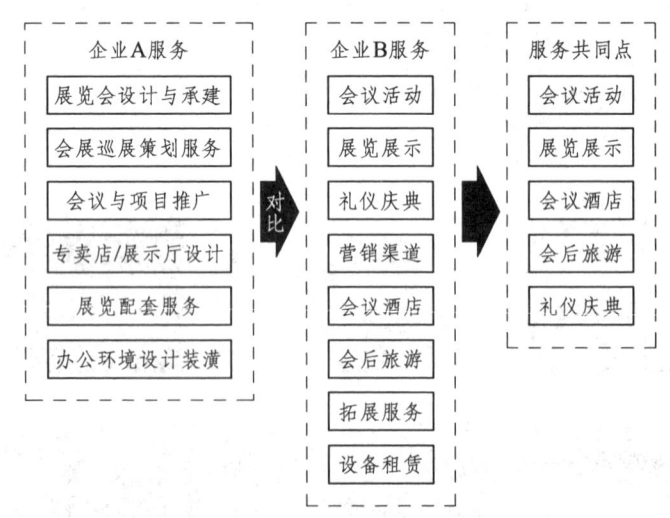

图 1.24　企业 A、企业 B 业务对比

小李看到在服务项目中，共同部分都包含展览会设计、会议活动，其中会议酒店、会后旅游、旅游庆典都属于会议活动部分，因此小李可以明确展会设计与会议活动则是服务业的主要业务。

2. 明确会展的含义

步骤1：根据会展企业案例，对会展有一个初步的认知。

【案例1.12】

在对两家企业服务项目进行查看并分析后，明确了会展与会议是会展企业服务的主要项目，那么为什么要将会展与会议同样归类于会展业呢？小李思考到。

从会展形式来看，所谓"展"就是陈列、展示，从展览角度来说，就是会展的参与者。通过物品或图片的展示，集中向观众传达各种信息，实行双向交流，扩大影响，树立形象，实现交易、投资教育观众的目的。

而会议更多的是人们在发布信息、学习交流做出决定而召开会议，在会议上，各种不同的目标团体和公众都可以获得相应的信息资源。

由于展览的一个显著特点是它常常与会议、各种"节庆"相结合，所以现在意义上的展览并不再是孤立的"展"或"展览"，而是将展览与会议、各类贸易、旅游、艺术节等相结合。一方面是展览与会议、节事的内在联系使然；另一方面也体现了主办者对展览会比较重视，希望更隆重有效地举行，因此大大丰富了展览的内容，提高了展览的档次。

步骤2：明确会展的定义。

【案例1.13】

在对会展企业有所了解之后，小李对会展业的业务范畴及定义有了较为深入的了解，会展组织者以展会为媒体，为展商与贸易商提供有效的交流平台，客观上是以集群与时空结合的方式，为行为主体创造交流的环境。会展业便是会展服务项目的统称。

结合分析，小李明确了，会展业是会议业和展览业的总称。会展，指多个人或是多个群体怀着各自相同或是不同的目的需要以及可能需要在同一地点或通过网络方式进行的相互活动。

这样定义会展的概念就使其涵盖面更加广泛，更加接近生活，让人更容易理解什么是会展，以及会展会有什么样的发展前景，这也是会展业作为一种独立行业的发展趋势。它不仅局限于展览、展销、会议、招商会等方面，还延伸到各种节庆活动、体育赛事、文化活动、民间婚礼、丧、各种酒席等。

现实中，如世界贸易组织会议，我国的广交会、世园会、高新技术展览会、旅游节等都属于会展的范围。

二、知识要点

（一）广交会

中国进出口商品交易会即广州交易会，简称广交会，英文名为canton fair。创办于1957年春季，每年春秋两季在广州举办，迄今已有五十余年的历史，是中国目前历史最长、层次最高、规模最大、商品种类最全、到会客商最多、成交效果最好的综合性国际贸易盛会。

（二）会 展

会展是会议、展览（exhibition，trade show，exposition，trade fair或trade events等）、大

型活动等集体性的商业或非商业活动的简称。具体指在一定地域空间,许多人聚集在一起形成的、定期或不定期、制度或非制度的传递和交流信息的群众性社会活动,其概念的外延包括各种类型的博览会、展销活动、大中小型会议、文化活动、节庆活动等。特定主题的会展指围绕特定主题集合多人在特定时空的集聚交流活动。狭义的会展仅指展览会和会议;广义的会展是会议、展览会、节事活动和各类产业/行业相关展览的统称。

(三)会展业的特点

会展业作为"无烟工业"和服务贸易的主要组成部分,已成为促进技术进步和贸易交流的重要环节,发展十分迅猛。会展经济具有很大的发展空间和强大的魅力,其带来强大的经济集聚和辐射效应,成为经济和社会发展的双引擎,并且这已得到各方人士的普遍认同。尽管世界各国的经济发展速度不同,但经济全球化进程的不断加快已经成为一个不可逆转的趋势。经济全球化的加速发展对世界会展业产生着重大影响,促使会展业呈现出以下特点:

1. 市场化的特点进一步强化

诞生在市场条件下的会展业,在发展过程中,其市场化运作体系已经形成,并且随着经济全球化进程的加快和经济资源在世界范围内的优化配置,其市场化特点更趋明显,运行机制也更加市场化。如行业规则的制定、法律法规的完善,政府和行业协会对会展市场进行的调控、管理和规范,都是按照市场化原则来进行的,并且市场主体的行为也是按照市场规律来进行运作的。同时,会展业对市场的导向功能也日趋强化。

2. 专业化的特点更加明显

激烈的市场竞争,使会展企业更加注重运行效率及效果,从而促进了会展业的专业分工。首先是会展组织的专业化。越来越多的行业协会把自己的展会转让给会展公司经营,或者与专业会展公司合资组成公司进行合作经营,由规范的专业会展主体运作,使其分工更加细化。同时,在运作机构、运作体制、机制等方面更趋专业化。其次是会展项目的专业化。随着经济的发展和科技的进步,专业性的会展具有较大的需求潜力和发展前景,越发受到重视,市场份额呈逐步扩大的态势。

3. 规范化的会展主体

会展主体的规范化和集团化,会展规模的大型化和品牌化的特点进一步强化。国际上知名的会展公司都是按照规范的企业化管理方式去运营的,其规范化程度不断提高。由于市场竞争对展会的要求不断提高,需要会展公司在资金、人力资源、建立国际网络等方面加大投入,这就迫使会展公司之间不断进行合并、兼并和整合,向集团化方向发展。受市场规律的影响,在长期的市场竞争中,经过优胜劣汰,一些展会消失了,一些展会越办越好,越办越大,形成了国际知名的展会,使展会向大型化和品牌化发展。

4. 会展业的综合化

展会的综合服务功能进一步加强,成功地举行展会需要交通、旅游、餐饮、广告、购物及其他方面的综合服务。组办展会是对会展公司综合组织能力的全面考察,也是对一个城市会展功能和综合服务的考察。这就要求办展的公司具有能把社会上的优势资源整合在一起的能力。因此,会展业的发展要求其综合服务功能进一步加强。

5. 会展业的国际化特点越来越明显

经济的全球化使发展中国家的市场不断开放，各国市场相互连接。作为经济开放的使者，在市场开放过程中，会展业要走向国际市场，各个国家的会展业互相渗透、拓展、国际化将是一个很明显的特点。

（四）会展业的类型

1. 会 议

会议是人们为了解决某个共同问题或出于不同的目的聚集在一起进行讨论、交流的活动。当今，会议已成为人们经济政治生活中主要的沟通形式。在国际经济迅猛发展的年代，每天都在举行内容迥异的各种会议，全世界每年召开的有一定规模和影响力的会议就达数十万个。如各类公司会议、协会会议、商务型会议、文化交流型会议、专业学术会议、论坛型会议、研讨型会议、政治型会议等。

2. 展 览

展览，从字面上分析，可直接理解为有"展"有"览"的活动，即把产品陈列出来让人参观。展览是一种具有一定规模和相对固定日期，以展示组织形象和产品为主要形式，以促成参展商和参观者之间交流洽谈的活动。

这里要注意区别展览会、展销会和博览会。展销会主要指市场交换场所，具有直接进行商品交换的特性，而展览侧重于商品展示，博览会是"弥补展销会和展览之间差异的纽带"。博览会一般由政府部门组织或企业团体在政府帮助下组织，其目的是商贸促销，制造商、贸易商、零售商和批发商应邀来展示商品。博览会上通常不进行直接的商品买卖，参展的目的是为了促进将来的销售。在会展业中，展销会、展览会和博览会三个术语经常交叉使用。在北美和欧洲，展览会和博览会两个术语的使用频率较高。

3. 节 事

节事顾名思义是节庆活动和特殊事件活动的总称。它包括了各种传统节日和新时期的创新节日以及具有纪念性的事件。目前，节事研究的典范之作——Getz 的 *Festival, Special Eventand Tourism*，把经过策划的事件分为八种类型：文化节庆（包括节日、狂欢节、宗教事件、历史纪念活动）、文艺娱乐事件（音乐会、文艺展览、授奖仪式）、商贸及会展（展览会、博览会、会议、广告促销）、体育赛事（职业比赛、业余比赛）、教育科学事件（研讨班、专题学术会、学术讨论会、教课发布会）、休闲事件（游戏和趣味体育、娱乐事件）、政治/政府事件（就职典礼、授职仪式、群众集会）、私人事件（周年纪念、家庭事件、社交事件）。

节事一般都有特定的主题，譬如风情特产、文化、宗教、民俗、体育、政治以及自然景观等。由于节事是群众性的休闲娱乐活动，大众的参与性很强，所以，目前节事活动呈现出一片热闹景象。目前也被许多城市列为发展自身经济和提高城市形象的突破口。

4. 奖励旅游

奖励旅游管理协会（SITE）对奖励旅游（incentive）的定义是："奖励旅游是一种向完成了显著目标的参与者提供旅游作为奖励，从而达到激励目的的一种现代管理工具。"

从奖励旅游的定义我们可以看出，奖励旅游的对象（如员工、经销商、代理商）必须能够达成甚至超越企业个别或者总体业绩。奖励旅游的形式通常是由企业提供一定的经费规划假期，委托专业旅游公司精心设计的非比寻常的旅游活动。奖励旅游的目的是犒劳创造运营佳绩的有功人员，并借此增加参与者对企业的向心力。

作为一种有效的管理手段，奖励旅游在国外早已风行一时。奖励旅游作为企业普遍的奖励方式，已经使越来越多的出色员工得到了满意的补偿。

奖励旅游中的团体娱乐活动，有助于企业文化建设，给员工和管理者创造了一个比较特别的接触机会，同事们可以在比较放松的情景中进行交流，从而增强企业的亲和力和凝聚力。奖励旅游以其综合效益高、客人档次高，引起了各大旅游公司的注意。

三、任务实训

（一）实训目标

了解会展业。

（二）实操描述

通过互联网访问阿里巴巴，搜索以会展业为主营业务的企业名称，完成后查看会展企业的主营业务，并登陆广交会官方网站，查看网络会展要素。学生需要完成以下任务：

（1）根据会展业企业的主营业务，确定会展业的定义。

（2）了解网络会展的要素。

（三）考核标准

（1）根据会展企业主营业务明确会展业的定义（包含会展及会展相关）。

（2）网络会展中企业信息要素。

（四）实训报告

结合以上相关知识和应用情况，完成工作任务，并填写实训工作单。

实训工作单

授课班级					
小组成员					
项目名称					
工作任务					
任务理解					
任务步骤	序号		任务操作步骤		备注
	1		登陆阿里巴巴，查找会展企业		
	2		总结会展企业的主营业务		
	3		访问广交会网站，查看网络会展要素		
	…				

【本章小结】

本章是本教材的引导章节，力求帮助学生建立系统化的思维导引，从理解电子商务、理解旅游业、理解会展业开始，初步对相关行业、企业有一定的了解和认识。通过企业案例，了解日常中的电子商务、旅游业及会展业，从而帮助学生对电子商务在旅游业及会展业中的应用打下基础。本章的重点是电子商务、旅游业及会展业的认知与了解。

本章既是后续章节学习的基础，也具有系统的导引作用，是了解和掌握电子商务在旅游业、会展业中应用的入门。

【课后习题】

一、单选题

1. 电子商务是一种（   ）。
   A. 贸易行为　　　　　B. 商业运营模式　　　C. 综合支撑　　　　D. 网上购物行为
2. 电子商务分类有（   ）。
   A. B2B/B2C/P2D　　　B. C2C/B2B2C/O2O　　C. P2D/B2M/M2C　　D. ABC/P2D/C2C
3. 2004年属于中国电子商务的（   ）。
   A. 萌芽阶段　　　　　B. 冰冻阶段　　　　　C. 转型阶段　　　　D. 复苏阶段
4. 以下不属于现在旅游业三大支柱的是（   ）。
   A. 旅行社　　　　　　B. 交通　　　　　　　C. 住宿业　　　　　D. 互联网
5. 以下不属于会展范围内的活动有（   ）。
   A. 广交会　　　　　　B. 世园会　　　　　　C. 赏花会　　　　　D. 旅游节

二、填空题

1. 现代旅游业的三大支柱是_____、_____和_____。
2. _____、_____、_____是旅游业的三大要素。
3. _____、_____和_____简称为会展。
4. _____模式是中国最早产生的电子商务模式。
5. 会展业可分为_____、_____和_____三种类型。

三、简答题

1. 简述电子商务的定义。
2. 简述旅游业的定义。
3. 简述会展的定义。

【后续展望】

在对电子商务知识、旅游业及会展业基本概念及企业服务项目有所了解后，根据目前常见的企业案例进行学习，让同学们深入了解电子商务在各行业中的应用。

项目二　电子商务在旅游业中的应用

【学习目标】

一、知识目标

1. 了解旅游电子商务。
2. 了解旅游电子商务交易模式和应用主体。
3. 了解旅游电子商务的功能。
4. 了解旅游电子商务的现状及发展趋势。
5. 了解旅游电子商务中的技术应用。

二、能力目标

1. 明确旅游电子商务功能。
2. 掌握旅游电子商务体系构建。

【项目情景】

小王是某校电子商务专业的应届毕业生，毕业后希望能从事旅游方面的工作，为了毕业后能更快地融入到旅游电子商务工作中，小王通过互联网了解到，电子商务在旅游业中应用得也较为广泛，因此小王决定对电子商务在旅游业中的应用进行系统性学习。

【项目分析】

1. 旅游电子商务的定义

旅游电子商务，指以网络为主题，以旅游信息库、电子化商务银行为基础，利用先进电子手段运作旅游业及其分校系统的商务体系。

2. 旅游电子商务的三种形式

目前我国旅游电子商务大致分为三种形式：第一类是传统旅行社建立起来的旅行社网站，如中青旅网、春秋旅游网；第二类是综合信息服务类网站，如新浪网、搜狐、网易和中华网的旅游频道等；第三类是支持服务类网站，如携程旅游网、华夏旅游网、艺龙网等。

3. 旅游电子商务体系

旅游电子商务是在旅游商务活动中引入了现代网络技术、信息技术而形成的一个不同于传统商务活动的交易平台,在旅游电子商务活动中,旅游者、旅游营销机构和旅游企业是交易的直接参与者;而他们需要使用的信息交换平台实际上是一个网络信息系统,所以网络服务提供商是一个间接参与者。旅游电子商务中涉及的实物传递比较少,但还不能完全避免,所以物流配送企业也是一个间接参与者。交易的达成必然涉及支付结算,有些结算可以在提供服务时实现现金支付。

由以上各方组成了电子商务活动的主要部分,可以形成市场运作,但是旅游企业是一个对外部环境影响非常敏感的行业,包括整个社会的经济环境、技术环境、社会环境,政府的政策、法规等都对旅游活动的展开有着很重要的作用。图2.1展示了旅游电子商务体系的各主要因素。

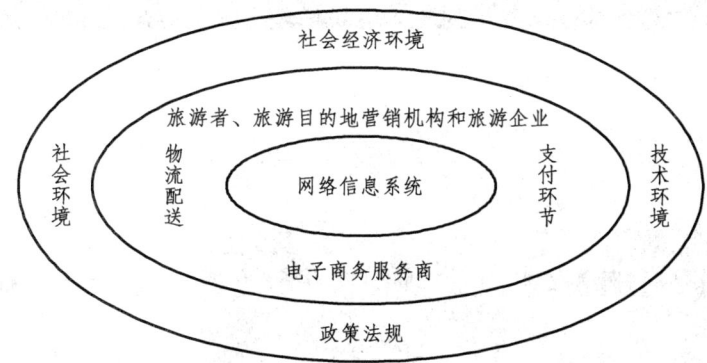

图 2.1 旅游电子商务体系

4. 旅游电子商务体系的构成

旅游电子商务体系是一个复杂的系统,由多种因素组成。主要包含作为旅游电子商务的基础信息平台的网络信息系统,提供技术和网络支持的电子商务服务商,作为参与主体的旅游者、旅游目的地营销机构和旅游企业,起到规范和推动作用的旅游信息化组织,以及现代支付体系和物流配送体系。

【任务分解】

任务一:了解旅游电子商务的基本概念。

任务二:明确旅游电子商务中的技术应用。

下面,将分别对这些任务的目标进行确认,并对任务的实施给予理论与实际操作的指导。

任务一 了解旅游电子商务的基本概念

一、完成任务

为了完成本任务,主要有以下几个步骤:

1. 典型旅游电子商务网站分析

步骤1:找到三个旅游电子商务网站。

【案例 2.1】

电子商务在旅游业中应用的主要表现便是旅游电子商务网站，于是小王结合生活中常见的旅游网站、旅游专栏，对旅游电子商务进行认知。

小王首先想到的便是旅游门户网站，如新浪旅游（见图 2.2）、搜狐旅游等门户频道。国内几大综合门户网站中，旅游频道属于综合信息服务类旅游电子商务网站，属于第三方服务机构，其主要服务职能在于旅游商情发布和面向旅游企业的营销推广。目前，这类网站由专业互联网企业运营，在网络营销方面具有丰富的行业经验以及庞大的用户基数，该类机构在旅游电子商务发展进程中担任着重要角色。

图 2.2　新浪旅游频道

旅行社、交通客运业和以饭店为代表的住宿业是旅游业的三大支柱，支持服务类旅游电子商务网站，也属于第三机构，如携程网（见图 2.3）、去哪儿网以及艺龙网，其直接接入旅游服务环节，提供酒店预订、票务预订等服务，其主要职能在于旅游服务支持与增强。支持服务类旅游电子商务网站的存在将旅游业三大支柱紧密联系在一起。

旅行社是旅游业中三大支柱之一，那么旅行社电子商务网站便是旅游电子商务的另一个分支，小王通过搜索引擎输入"旅游"便可以看到许多旅行社的推广活动。旅行社企业运营的电子商务网站属于第二方电子商务服务机构，通过线上交易，使得传统旅游企业拜托线下高成本运作困局，现代旅行社定义已经摆脱门店等实体商铺，通过线上网站等网络平台建设而形成各种经营管理活动。欢畅国旅（见图 2.4）便是传统旅游业打破传统僵局的最好案例之一。

项目二 电子商务在旅游业中的应用

图 2.3 携程旅游页面

图 2.4 欢畅国旅官方网站

步骤 2：归纳各自的特点、核心业务与盈利模式。

【案例 2.2】

小王通过互联网找到了以上三个旅游电子商务网站案例，接下来小王决定对三者进行详细的分析，主要从核心业务、盈利模式等方面进行对比分析。

同为第三方服务机构的旅游门户专栏新浪旅游和携程网，新浪旅游（见图 2.5）频道主要为旅游提供信息的搜索、发布、网络推广等服务，第三方可直接编辑旅游文章或攻略等软文营销方式进行网络推广，也可直接通过网络广告在该平台上进行推广。

图 2.5　新浪旅游发布页面

而携程网则是为他营的旅游产品和服务提供第三方支持服务，如机票、客房、旅游线路的在线预订，旅游信息检索和导航，以及自助旅游。携程网的模式可以归结为"酒店和机票的网络分销平台"，因此携程网的主要盈利来源于代理返利或差价收益，如酒店预订代理费、机票预订代理费、商旅服务费用等。

2010—2012 携程各业务的经营收入结构见图 2.6。

传统旅游企业运营的网站是其开展网上经营的平台，除此之外，淘宝等 B2C、C2C 平台也相继出现了旅游商品店铺。在线旅行社负责信息的供给，然后旅客自行安排旅游行程，比传统旅行社更具弹性，剩了不少人力。通过在线旅行社，游客通过网络这个中介完成与旅游企业的项目成交，避免了烦躁的中间过程，减少了信息失真，节约了交易费用，从而降低和弱化了传统旅行社提供信息智能。欢畅国旅旅行社通过自己的官方网站为自营的旅游产品进行网上宣传推广、网上景点门票预订、房间预订、结算支付等服务，其主要收入来源于线路及门票预订。通过互联网，欢畅国旅已经完全摆脱了线下业务，走在了国内其他旅行社的前面。

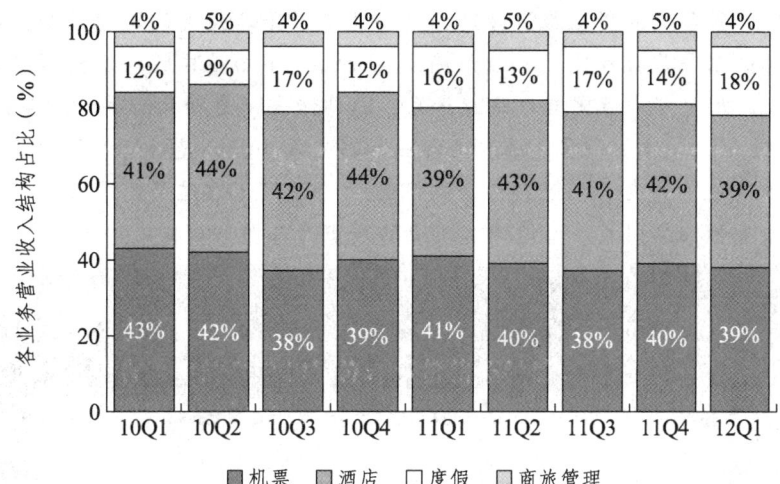

图 2.6　2010—2012 携程各业务营业收入结构

欢畅国旅天猫店铺见图 2.7。

图 2.7　欢畅国旅天猫店铺

作为综合信息服务类的新浪旅游频道，主要优势便是其强大的搜索引擎，巨大的旅游信息库，以及庞大的用户基数和流量，但该频道主要面向市场推广服务。携程网信息沟通速度快，沟通层次少，用户可个性化自订旅游产品，随意组合，自助旅游并完成在线交易。

对于携程网（见图2.8）而言，旅游主营业务覆盖面小，只是停留在辅助业层面。携程网的旅游产品在很多地方并没有拍照，所谓的"自助游"只是通过整合了酒店和机票业务，盈利模式依旧是酒店和机票佣金，而传统意义上的度假产品盈利模式就与传统旅行社一样。

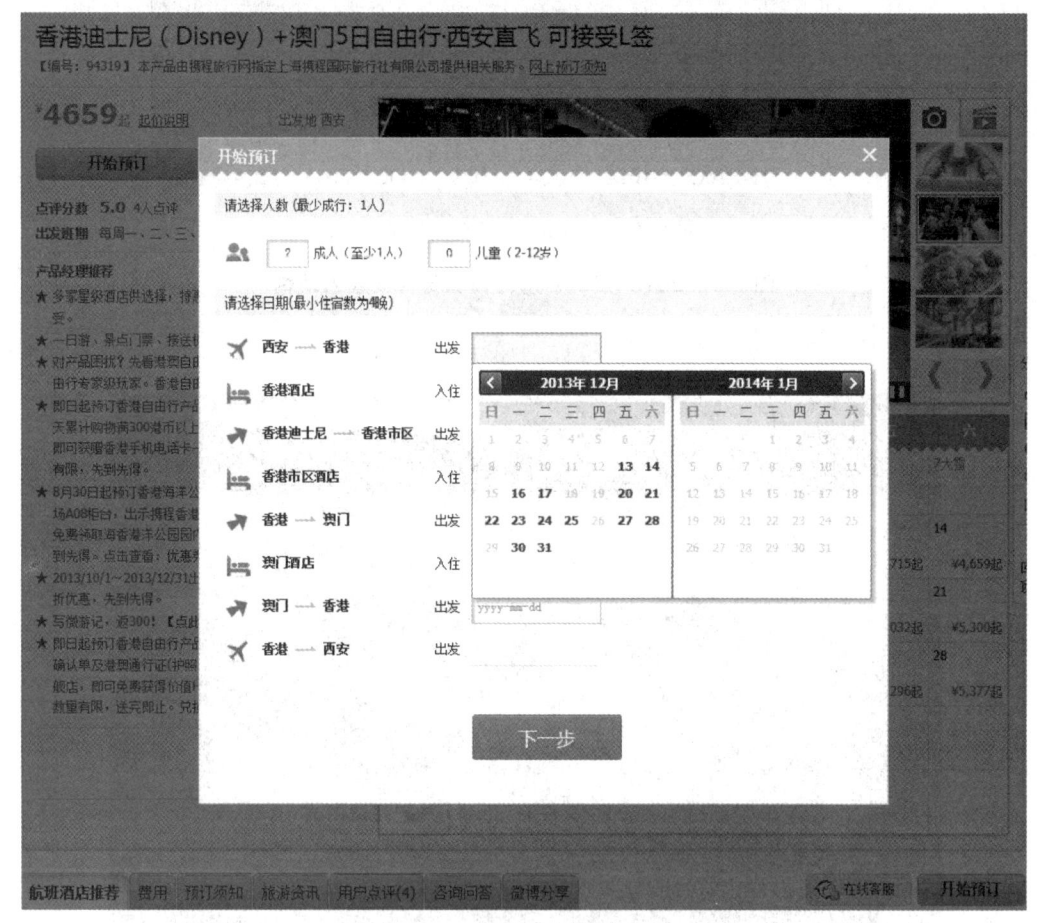

图2.8 携程网旅游自助选择

那么旅行社电子商务有哪些优缺点呢？小王思考到，点开欢畅国旅旅行社官网，欢畅国旅抛弃了线下业务，其主营业务均在其天猫店铺中。从这点就可看到，其客户群体覆盖面较小，但长期的用户积累给其品牌带来的知名度、美誉度和顾客忠诚度使其拥有优惠的产品价格。

2. 确定旅游电子商务的含义

步骤1：通过对不同旅游电子商务站点的分析，确定他们之间的联系。

【案例2.3】

电子商务是以现代互联网技术为依托进行物品和服务交换的商业活动。从网站来看，旅游电子商务的表现是面向市场，通过网上发布旅游信息、网上旅游交易、网上支付、售后服务等。小王思考到，在之前三个案例中，电子商务在旅游业务中的主要应用都有哪些呢？

通过对网站再次进行分析，小王得到了答案。电子商务在旅游业务中的主要应用如下：

（1）信息查询服务。不论是第三方综合门户、携程网或旅行社等旅游服务机构，其均包含旅游信息查询服务，如饭店、旅行社、机票、旅游景点信息以及旅游线路信息。

（2）在线预订服务。通过电子商务网站，旅游机构提供酒店客房、机票、旅行社旅游线路等方面实时、动态的在线预订业务，如携程网、艺龙网等以酒店、机票为主营业务机构。

新浪旅游、携程预订界面见图2.9。

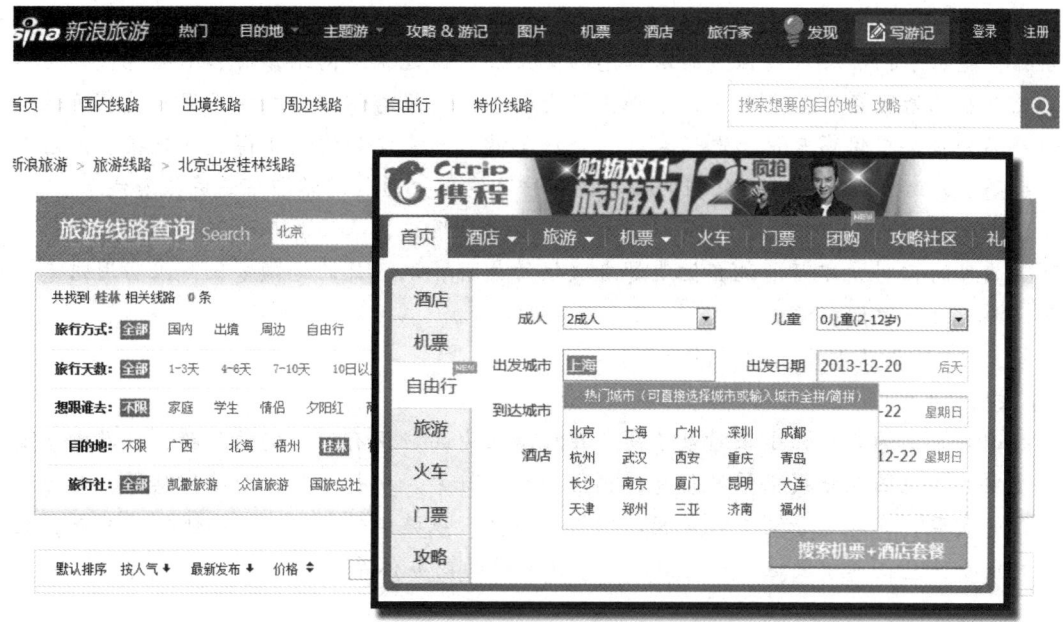

图2.9　新浪旅游、携程预订界面

新浪旅游页面点击酒店预订时直接跳转至携程网酒店预订页面。

（3）客户服务。旅游服务企业提供可实施互联网在线旅游产品预订的客户端应用程序，顾客通过这种程序，如TQ、淘宝旺旺等，可直接与客服进行沟通。

欢畅国旅、携程网客服在线见图2.10。

图2.10　欢畅国旅、携程网客服在线

(4)旅游广告与网上促销服务。通过网络平台，旅游机构、企业提供旅游广告服务，在开展广告宣传、网络营销的同时加入产品促销服务，充分展示旅游产品和服务的全方位信息。

(5)网上支付。旅游电子商务不存在实物产品发展电子商务过程必须面临的费时费力的物流配送问题，与旅游相关的各种票据、单证都可以通过多种方式解决，如电子机票等。在支付环节，通过互联网在线支付，为游客和旅游服务企业带来了极大的便利。

通过分析小王认识到，电子商务在旅游业中的应用具有十分明显的优势。首先简化了旅游票据和支付手段。其次增强了旅游信息的交互性。通过旅游网站，游客迅速地找到各种旅游信息和旅游服务，旅游电子商务提供了全面丰富的旅游信息，减少了用户的盲目性。对旅游产品和服务提供商来说，电子商务使企业与游客的交流和沟通变得更加直接。最后电子商务提高了旅游服务质量，互联网的出现使用户足不出户通过网站即可完成旅游线路、景点、饭店、交通等信息。这些信息通畅以图文方式呈现给用户，从而真正达到"足不出户，畅游天下"的目的，用户亦可通过其他消费者提供的旅游资讯、目的地预览、商旅实用信息的查询等，为其决策做出参考。

步骤2：明确旅游电子商务的含义。

【案例2.4】

经过对案例的分析让小王对电子商务在旅游业中的应用有了一定的了解，旅游电子商务企业主要业务范围包括提供旅游信息，预订酒店、机票、旅行线路及商旅信息等。结合其主要应用的表现，旅游电子商务就是指以网络为载体，以旅游信息库、网络银行为基础，利用先进的电子信息技术手段运作旅游业及其分销系统的商务体系。

二、知识要点

（一）旅游电子商务模式分类

1. B2B交易形式

在旅游电子商务中，B2B交易形式主要包括以下几种情况：

(1)旅游企业之间的产品代理，如旅行社代订机票与饭店客房，旅游代理商代售旅游批发商组织的旅游线路产品。

(2)组团旅行社之间相互拼团，也就是当两家或多家组团旅行社经营同一条旅游线路，并且出团时间相近，而每家旅行社只拉到为数较少的客人时，旅行社征得游客同意后可将客源合并，交给其中一家旅行社操作，以实现规模运作的低成本。

(3)旅游地接旅行社批量订购当地旅游饭店客房、景区门票。

(4)客源地组团旅行社与目的地接待旅行社之间的委托、支付关系，等等。

旅游业是一个由众多子行业构成、需要各子行业协调配合的综合性产业，食、宿、行、游、购、娱各类旅游企业之间存在复杂的代理、交易、合作关系，旅游B2B电子商务有很大的发展空间。

旅游企业间的电子商务可分为两种形式：

一是非特定企业间的电子商务，即在开放的网络中对每笔交易寻找最佳的合作伙伴。一些专业旅游网站的同业交易平台提供了各类旅游企业之间查询、报价、询价直至交易的虚拟市场空间。

二是特定企业之间的电子商务,指在过去一直有交易关系或者今后一定要继续进行交易的旅游企业之间,为了共同经济利益,共同进行设计、开发或全面进行市场和存量管理信息网络,企业与交易伙伴之间建立信息数据共享、信息交换和单证传输。如航空公司的计算机预订系统(CRS)就是一个旅游业内的机票分销系统,它连接航空公司与机票代理商(如航空售票处、旅行社、旅游饭店等)。机票代理商的服务器与航空公司的服务器在线实时链接在一起,当机票的优惠和折扣信息有变化时会实时地反映到代理商的数据库中。机票代理商每售出一张机票,航空公司数据库中的机票存量就会发生变化。B2B 电子商务的实现大大提高了旅游企业间的信息共享和对接运作效率,也提高了整个旅游业的运作效率。

2. B2E 交易模式

此处,B2E(business to enterprise)中的 E,指旅游企业与之有频繁业务联系,或为之提供商务旅行管理服务的非旅游类企业、机构和机关。大型企业经常需要处理大量的公务出差、会议展览、奖励旅游事务。他们常会选择与专业的旅行社合作,由旅行社提供专业的商务旅行预算和旅行方案咨询,开展商务旅行全程代理,从而节省时间成本和财务成本。也有一些企业与特定的机票代理商、旅游饭店保持比较固定的业务关系,由此享受优惠价格。

3. B2C 交易模式

B2C 旅游电子商务交易模式,也就是电子旅游零售。交易时,旅游散客先通过网络获取旅游目的地信息,然后在网上自主设计旅游活动日程表,预定旅游饭店客房、车船机票等,或报名参加旅行团。对旅游业这样一个旅客高度地域分散的行业来说,旅游 B2C 电子商务能方便旅游者远程搜寻、预定旅游产品,克服距离带来的信息不对称。通过旅游电子商务网站订房、订票,是当今世界应用最为广泛的电子商务形式之一。另外,旅游 B2C 电子商务还包括旅游企业对旅游者拍卖旅游产品,由旅游电子商务网站提供中介服务等。

4. C2B 交易模式

C2B 交易模式指先由旅游者提出需求,然后由企业通过竞争满足旅游者的需求,或者是由旅游者通过网络接成群体与旅游企业讨价还价。

旅游 C2B 电子商务主要通过电子中间商(专业旅游网站、门户网站旅游频道)进行。这类电子中间商提供一个虚拟开放的网上中介市场,提供一个信息交互的平台。上网的旅游者可以直接发布需求信息,待旅游企业查询后双方通过交流自愿达成交易。

旅游 C2B 电子商务主要有两种形式。第一种形式是反向拍卖,是竞价拍卖的反向过程。由旅游者提供一个价格范围,求购某一旅游服务产品,由旅游企业出价,出价可以是公开的或是隐蔽的,旅游者将选择认为质价合适的旅游产品成交。这种形式,对于旅游企业来说吸引力不是很大,因为单个旅游者的预订量较小。第二种形式是网上成团,即旅游者提出他设计的旅游线路,并在网上发布,吸引其他相同兴趣的旅游者。通过网络信息平台,当愿意按同一条线路出行的旅游者汇聚到一定数量时,他们再请旅行社安排行程,或直接预订饭店客房等旅游产品,这样能增加与旅游企业议价和得到优惠的能力。

旅游 C2B 电子商务利用了信息技术带来的信息沟通面广和成本低廉的特点,特别是网上成团的运作模式,使传统条件下难以兼得的个性旅游需求满足与规模化组团降低成本有了很好的结合点。旅游 C2B 电子商务是一种需求方主导型的交易模式,它体现了旅游者在市场交易中的主体地位,对帮助旅游企业更加准确和及时地了解客户的需求,对实现旅游业向产品丰富和个性满足的方向发展起到了促进作用。

（二）旅游电子商务中的不同角色

人是旅游的主体，成功的旅游电子商务离不开在其中充当不同角色的主体的共同努力。其中，包括旅游电子商务运营者、旅游企业从业人员、旅游目的地居民、旅游者。四者缺一不可，对旅游电子商务来说，都起着决定性的作用。

1. 旅游电子商务运营者

旅游电子商务运营者是旅游电子商务中的重要角色之一。

首先，旅游电子商务运营者要建立旅游电子商务系统，做好带有自身符号企业文化的网站，还要兼顾网站功能对游客是否便于操作等事宜。其中如何设计出切合自己企业形象的网站页面尤为重要，因为网页是旅游者了解企业文化的最直接方式，也是最能够体现企业文化精神和目标定位的一种手段。

其次，网站要建有旅游者交流互动社区，让不同的人群进行交流和学习，带给网站活力。旅游电子商务运营者要通过社区来了解旅游者的需要，分析他们的心理等，并根据分析情况，制定营销策略。

最后，网站还要注重网络推广与线下服务，在线指导服务。网站推广是要壮大自身的知名度、影响力；线下服务指旅游活动；在线指导服务指旅游者在网站上进行自由组合的过程，如当旅游者存在不熟悉网站的使用方法，不会操作，或者不懂如何挑选产品的情况时，网站的工作人员就应给予必要的帮助，协助其完成整个旅游产品的订购。

2. 旅游企业从业人员

旅游企业从业人员，指为旅游者提供服务和帮助的相关人员，虽然从业人员来自不同部门，如旅游景点、酒店、旅行社、交通等部门，但是他们的宗旨都是一样的，就是全心全意地为旅游者服务，保证旅游活动的顺利完成。旅游从业人员是旅游者直接的接触者，他们的服务方式和质量直接影响着旅游者的体验水平。

3. 旅游目的地居民

旅游者到旅游目的地进行旅游，必定会与当地居民发生联系与交往，这会对旅游目的地居民的日常生活带来影响，在这些影响中，有好的，也有负面的。虽然旅游活动会给当地带来经济收入，但如果旅游活动影响了当地居民的正常生活，就易形成不安定因素。所以要考虑好如何平衡旅游者和当地居民的利益关系，这也是企业未来能否长远发展的重要因素之一。

4. 旅游者

旅游者是旅游活动的核心，旅游企业和从业人员都要围绕旅游者来进行工作。随着旅游电子商务的发展，越来越多的旅游者选择旅游电子商务。例如，携程网，有着强大的酒店客房预定系统和机票预定系统。旅游者可以通过搜索，找到旅游目的地同一标准的最便宜的酒店，同时，还可以预定同一时间内最便宜的机票。

（三）旅游电子商务应用归类

旅游电子商务的网络信息系统中必须具备一些有交互功能的信息终端，使信息资源显示出来被人们利用，同时接受用户向电子商务体系反馈的信息。按信息终端形式划分的旅游电子商务可分为以下几种：

1. 网站电子商务（W-commerce）

用户通过与网络相连的个人电脑访问网站实现电子商务，是目前最通用的一种形式。Internet 本身是一个全球性媒体，是宣传旅行和旅游产品的一个理想媒介，其集合了宣传册的鲜艳色彩、多媒体技术的动态效果、实时更新的信息效率和检索查询的交互功能，并且其平均成本和边际成本极为低廉。其最大的特色就是当某些目的地营销组织在运用其他手段进行营销时，预算会随着地理覆盖范围的增加而增加，而互联网与地理因素毫无关系，在全球宣传、销售成本与在本地销售的成本并无差别。

2. 语音电子商务（V-commerce）

语音电子商务，特指人们利用声音识别和语音合成软件，通过任何固定或移动电话来获取信息、进行交易的商务活动。

常见的两种语音商务的模式为：

（1）由企业建立的单一应用程序和数据库，用以作为现有的交互式语音应答系统的延伸。这种应用程序和数据库可以通过网站传送至浏览器，转送到采用无线应用协议（WAP）的小屏幕装置，也可以利用声音识别及合成技术，由语音来转送。

（2）利用 Voice XML 进行网上冲浪。Voice XML 是一种新的把网页转变成语音的技术协议，它主要由语音浏览器、语音识别、语音合成和 Voice XML 网关等部分组成，可以方便地建立各种基于 WEB 的语音应用系统。

3. 移动电子商务（mobile-commerce）

移动电子商务，指利用移动通信网和 Internet 的有机结合来进行的一种电子商务活动。相对网站电子商务以个人电脑为主要界面的特性而言，移动电子商务，是通过手机、PDA（个人数字助理）这些方便携带的终端来完成商务活动，集金融交易、安全服务、购物、招投标、拍卖、娱乐和信息等多种服务功能于一体。由于移动通信、数据通信和 Internet 技术的发展，三者的融合越来越紧密。就旅游业来说，旅游者是流动的，所以移动电子商务在旅游业中会有广泛的应用是必然的。

4. 多媒体电子商务（multimedia-commerce）

多媒体电子商务一般由网络中心、呼叫处理中心、营运中心和多媒体终端组成，它将遍布全城的多媒体终端通过高速数据通道与网络信息中心和呼叫处理中心相接，通过具备声音、图象、文字功能的电子触摸屏计算机、票据打印机、POS 机、电话机以及网络通信模块等，向用户群提供动态、24 小时不间断的多种商业和公众信息，还可以通过 POS 机实现基于现有金融网络的电子交易，并提供交易后票据打印工作，接自动售货机、大型广告显示屏等。

而作为为旅游服务的多媒体电子商务，其一般被配置在火车站、飞机场、饭店大厅、大型商场（购物中心）重要的景区景点、旅游咨询中心等场所，它可根据不同场合咨询对象的需求来组织和定制应用系统。它以多媒体的信息方式，通过采用图像与声音等简单而人性化的界面，生动地向旅游者提供范围广泛的旅游公共信息和商业信息，包括城市旅游景区介绍、旅游设施和服务查询、电子地图、交通查询、天气预报等。有些多媒体电子商务终端还具有出售机票、车票、门票的功能，旅游者可通过信用卡、储值卡、IC 卡、借记卡等进行支付，并得到打印输出的票据。

（四）旅游电子商务的发展历史

我国旅游电子商务起步较晚，经过十多年的摸索和积累，已有相当一批具有资讯服务实力的旅游网站，主要包括地区性网站、专业网站和门户网站的旅游频道三类。比较成功的专业网站主要有携程旅游网、艺龙网等。这些网站可以提供比较全面的服务，主要涉及旅游的食、住、行、游、购、娱等方面的网上资讯服务，现已成为旅游服务的重要媒介。虽然旅游电子商务在这些年取得了一定的发展，但是由于电子商务的基础薄弱，各项配套设施和相关法律制度还不健全，目前还在借鉴国外旅游电子商务发展的经验和模式，在摸索中前进。

1. 萌芽阶段（1996—1998）

我国旅游网站的建设最早可以追溯到1996年。1997年由国家旅行总社参与投资的华夏旅游网是中国旅游电子商务预订网兴起的引人注目的先声。此后，各类旅游预订网站如雨后春笋纷纷建立，行业规模逐渐扩大。

2. 起步阶段（1999—2002）

1999年5月，携程旅行网（简称"携程"）成立，可以说，这是这一阶段的一个标志。携程是一家吸纳海外风险投资组建的旅行服务公司，在当时被称为一个"没有门店的旅行社"。它将信息技术、现代运作管理理念与传统旅游业相结合，打造了具有极强竞争力的服务价值链，形成了全新的服务和业务模式。这种全新的模式和理念，拓展了旅游电子商务的发展模式，适应了旅游业的发展要求，对旅游业的发展起到了巨大的推动作用。

3. 发展阶段（2003—2004）

该阶段以2003年携程在美国纳斯达克成功上市为标志，当时也是互联网全面复苏的时期。在这个阶段，中国旅游电子商务市场还处于探索和摸索的阶段，携程上市客观上加速了我国旅游电子商务市场服务水平的提升。

4. 完善阶段（2005—2008）

2005年，我国第三方支付平台——支付宝的出现，为解决网上支付这一瓶颈问题提供了非常好的解决方案，更重要的是为消费者建立了网上支付的信心，开启了旅游电子商务在线交易的新纪元，特别是对于机票产品，越来越多地实现了在线支付。

5. 新探索阶段（2009至今）

2009年1月，千橡互动以1 850万美元收购艺龙5 283 202股流通股，占后者总流通股本的23.7%。千橡互动收购艺龙这一事件表明，在中国旅游电子商务市场日益发展的前提下，web 2.0应用正在探索与旅游业结合的有效模式，未来在盈利模式方面需要形成具有中国特色的突破点。

三、任务实训

（一）实训目标

（1）认识旅游电子商务。

(2) 了解旅游电子商务的基本概念。

（二）实操描述

利用互联网搜索旅游电子商务的概念，并对搜索结果进行筛选和分类：
(1) 搜索关键词：旅游电子商务或其他相关关键词，查看搜索结果。
(2) 讨论搜索结果是如何体现旅游电子商务的概念的。
(3) 分组讨论自己对旅游电子商务概念的理解。

（三）考核标准

(1) 对目标关键词搜索的把握，是否能按照要求搜索到目标内容。
(2) 能准确地分析互联网中旅游电子商务概念的体现表现在什么地方。
(3) 对旅游电子商务具有自己独到的见解。

（四）实训报告

本实训的方案即可作为实训报告。

实训报告

实训名称	旅游电子商务的概念
任务	通过互联网关键词搜索了解旅游电子商务的概念
分析对象	互联网搜索结果
分析要素	互联网特定关键词的搜索结果 旅游电子商务在互联网中的体现 对旅游电子商务概念的初步理解

任务二 明确旅游电子商务中的技术应用

一、完成任务

1. 电子支付在旅游中的应用

步骤1：分析典型旅游电子商务网站的支付方式。

【案例 2.5】

小王已经对旅游电子商务有了一定的认知，那么接下来，小王想要具体分析旅游电子商务中都使用了哪些技术。

小王再次查看之前收集的三个案例，首先小王查看各网站的支付方式。由于新浪旅游频道属于门户网站，其酒店搜索、旅行社搜索等直接跳转至携程，所以小王不对其进行分析。小王点开携程官网，选择订单后，点击支付，进入支付页面。（见图2.11～2.12）

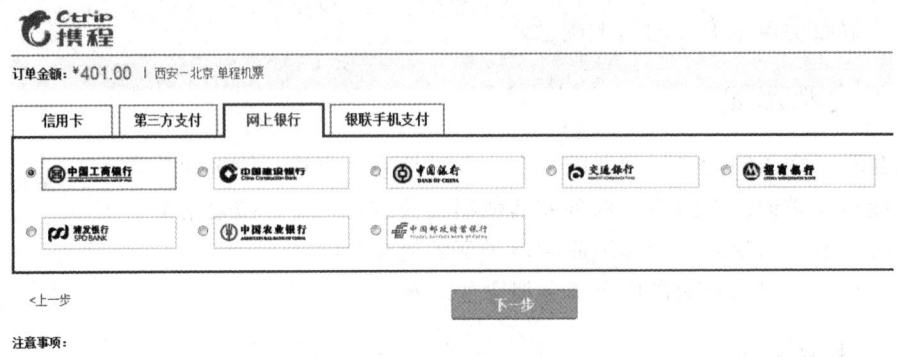

图 2.11　携程网线上支付

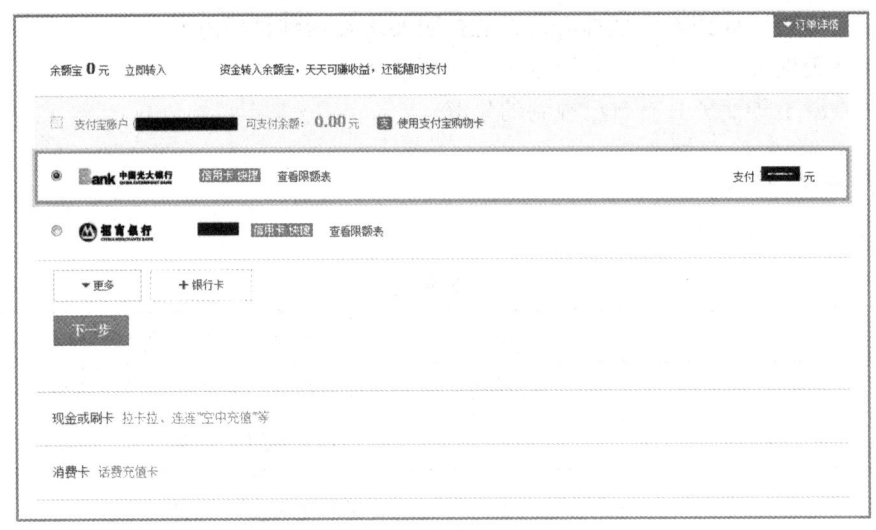

图 2.12　欢畅国旅天猫支付页面

同样的，小王点开欢畅国旅天猫店铺页面。从对比来看，线上支付均包含信用卡、第三方支付（财付通、支付宝）网上银行以及手机支付。相对传统交易方式的复杂、费时，在线支付使支付方式发生了巨大的改变。网上交易逐渐被人们所接受和推崇。目前，电子支付方式主要为网络银行在线支付、第三方转账支付、电话银行、手机银行等。正如小王搜集的三个网站一样，各个网站采用的支付方式也有所不同。但随着互联网技术与网络支付技术的成熟，主流的网上在线支付手段已经在各大平台通用。

那么，到底什么是电子支付？电子支付指单位或个人通过电子终端，直接或间接地向银行金融机构发出支付指令，实现货币支付与资金转移的行为。

步骤2：电子支付方式归类与特点。

【案例 2.6】

在对电子支付方式有了大致了解后，接下来小王对支付方式进行进一步分析。案例中，小王看到电子支付的方式主要分为网银在线、第三方支付以及手机银行。那么到底什么是网银在线，什么是第三方支付，什么是手机银行，它们都包含哪些方式，严格的定义是什么。通过对案例支付方式进行一一查看后，小王对电子商务的支付方式也有了一定的认识。

用户可以通过自己所用的借记卡、信用卡的银行，申请开通网上支付。其基本支付流程为：用户通过购物网站提供的接口，将购买物品的费用直接转入到商家对应的银行账户，转入成功后并通过 Email 或电话方式通知商家。在支付环节中,网上银行支付可通过手机验证或邮件验证方式提醒用户,以保证交易的安全性。网上银行支付界面和流程见图 2.13 和图 2.14。

图 2.13　网上银行支付界面

图 2.14　网上银行支付流程

小王在携程第三方支付的选项卡中看到,第三方支付包含支付宝、银联在线支付以及财付通,如图 2.15 所示。

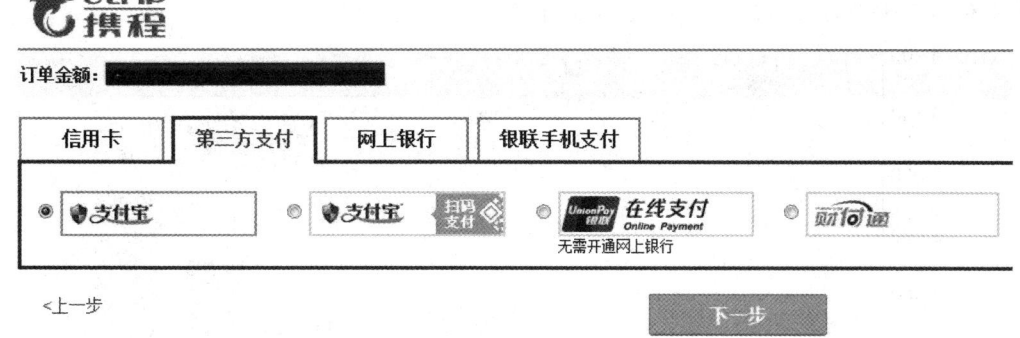

图 2.15　第三方支付

支付宝、财付通是第三方转账支付的代表。第三方支付平台让买家买得放心,从而让卖家获得了更多的信任,起到支付缓冲作用,让买卖双方都获得了保障,降低了 C2C 交易信用风险。第三方转账支付的模式为,用户和卖家在平台上,通过平台在各个银行的接口,将购买货物的货款转到第三方平台账户中,如支付宝、财付通。平台程序在收到银行到款通知后,将信息发送给卖家,卖家确认后发送货物给客户,待买家确认收货无误后,买家确认发送信息到平台,平台将买家的货款再转入卖家账户,如图 2.16 所示。

第三方支付平台解决了中国电子商务支付过程中的安全问题、信用问题以及成本问题，在支付环节中所占的比例日益壮大。

银联手机支付是移动支付的一种。移动支付是一种允许移动用户使用其移动终端对消费的商品或服务进行账务支付的支付方式，又称为手机支付，但其只适用于小额买卖，受限于手机话费。

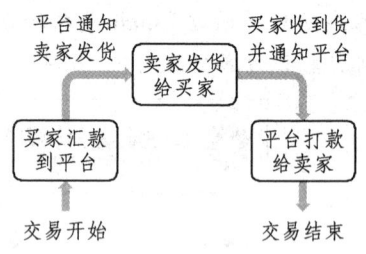

图 2.16　第三方支付平台交易流程

小王对支付方式有了了解之后，并分析了各种支付方式的特点。（见表 2.1）

表 2.1　各支付方式对比

名称	担保	可否取消交易	安全性	备注
网上银行	无	不可	中	商户在使用时需要缴纳一定服务费，用户无需缴纳
第三方支付平台	有	可以	高	部分第三方平台对商户收取一定的服务费用，用户无需缴纳
移动支付	无	不可	中	只适合于小额支付，避免银行卡是否支持的结算麻烦
信用卡网上支付	无	可以	中	网上银行需要在所在银行申请开通，开通收取服务费用，用户在使用网上银行时不需要支付任何手续费

小王通过整理的表格看到，无论什么样的方式，商户都需要支付一定的费用。在考虑多项因素后，采用第三方平台支付和网络银行借口的支付方式对于商家来说较为合适。此类方式在用户使用和商户支付费用上均比其他支付方式具有优势，这也是旅游电子商务中应用最多的支付方式。

第三方支付平台解决了中国电子商务支付过程中的安全问题、信用问题以及成本问题，其在支付环节中所占的比例日益壮大。（见图 2.17）

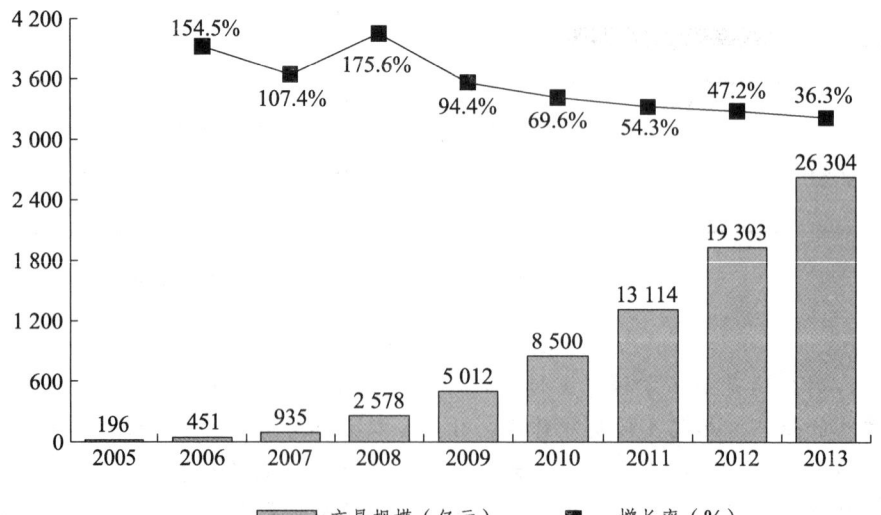

图 2.17　2005—2013 第三方网上支付交易额规模

在第三方平台支付中，国内较为知名的有支付宝、财付通等，依托于其各自强大的 C2C 网店淘宝网及拍拍网而成为我国第三方支付中的佼佼者。

2. 客户关系管理

步骤1：携程网客户关系管理系统分析。

【案例 2.7】

旅游电子商务分为两个层次：一是面向市场，以市场活动为中心，包括促成旅游电子商务交易实现的各种商业行为和实现旅游交易的电子贸易活动。二是利用网络充足和整合旅游企业/机构内部的经营管理活动，实现旅游企业内部电子商务。电子支付属于前者，那么后者的具体表现便是客户关系管理。

以网站为中心的旅游电子商务，充其量只是最初级的电子商务，无法发挥电子商务的优势，从而导致旅游业网上市场空间运营的无效性。只有对不同层次的客户提供不同的个性化服务，才能体现传统销售方式的不同，即客户关系管理。那么作为我国最大第三方旅游服务机构的携程网，其客户关系管理的基本构架是什么呢？

于是小王对携程网客户关系管理模式进行调查分析。通过互联网搜索并浏览携程网网站，小王发现携程网客户关系系统的功能可以归纳为三个方面：呼叫系统、网站及后台数据管理。携程网呼叫系统即电话、短信等服务，提供旅游票务信息咨询，手机客户信息等。网站中包含个人旅游业务营销，企业商旅管理解决方案以及携程社区、论坛。后台数据管理是每个网站强大数据管理的必备平台。携程网后台数据管理则包含客户管理、组团资源整合模块以及针对客人消费、市场以及旅游线路分析的决策分析，如图 2.18 所示。

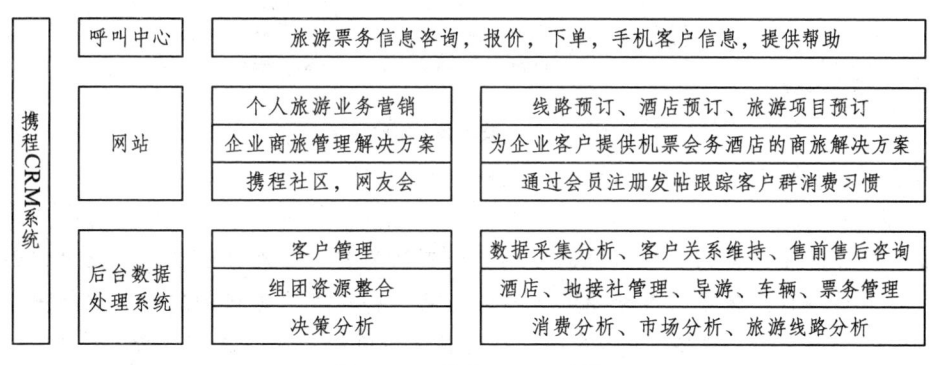

图 2.18　携程 CRM 系统

从图 2.18 可以看到，携程网 CRM 系统分为了三个模块：第一个板块是呼叫中心。呼叫中心实现了以下功能：信息咨询、总机查号、投诉处理、电话录音、传真应用、外拨应用。坐席代表分类受理，并将信息派发到相应的责任部门，保证了订单处理的准确性和高质量的服务。外拨应用功能通过电话和短信形式及时对客户进行满意度回访，实现了呼叫中心的 CRM 的闭环流程处理，提高了客户的满意度，减少运营成本的同时还便于管理。

第二板块为携程网站（www.ctrip.com）。在网站中，为客户提供了大量实用信息，特别是景点、酒店、旅游路线方面的信息，同时还有各种优惠和折扣。携程通过在门户网站上刊登广告提高了各大搜索引擎上的排名。由网站上大量的旅游信息，可以想象到在网站深度上，携程网建立的大型数据库。携程为注册用户提供个性化服务，提供网上网下的消费优惠。

第三个板块为后台数据处理系统。通过强大的呼叫系统与网站和后台数据处理相结合，携程将自己的业务提供与顾客价值很好地结合起来，做到细分客户群体，了解客户的需求。

携程的呼叫中心是携程旅行网网站、客户关系管理系统（CRM）、管理信息系统（MIS）等的重要组成部分（见图2.19）。

图2.19　携程网客服中心

步骤2：明确客户关系管理在旅游电子商务中的具体应用。

【案例2.8】

通过对携程网客户关系管理系统的分析，小王认为客户管理系统从功能上可以归纳为三个方面：对销售和客户服务两部分业务流程的信息话；与客户进行沟通所需要的手段的集成和自动化处理，如电话、网络及Q&A等；对信息化后所积累的信息的分析、加工、处理，为企业战略目标决策提供数据依据。

健全的客户管理系统可以分为四大模块：客户信息管理、销售机会管理、客户增值服务以及投诉管理。

客户信息管理系统在旅行社等旅游机构的日常业务处理中，可以很方便地收集与挖掘客户信息和企业单位信息。针对"潜在客户"与"成交客户"提供具有针对性的宣传资料、服务于关怀，巩固客户，增加消费。

销售机会是客户管理系统的重要部分，掌握客户的信息，促成交易的诞生。

增值服务就是对客户的一种关注服务，这会使客户感觉为"个性化"服务，可以增加客户对旅游机构的友好性。将客户的相关活动记录等信息收录系统，对重要信息采取提醒功能。除此之外，积分等奖励机制也是用户增值服务的一种表现，如在携程网购买机票及酒店等消费即可获得积分，用户通过积分兑换对应商品或服务（见图2.20）。

图 2.20　携程网积分页面

投诉管理，能处理好"客户投诉"的旅游机构肯定会受到好评，从而得到更多客户，并针对客户投诉问题进行备份进行统计，简单问题形成 Q&A，减少投诉，从而节省人工时间。

3. 其他技术

【案例 2.9】

旅游电子商务中是否还包含其他技术应用呢？小王通过互联网搜索后了解到，旅游电子商务中的技术应用还包含数据库技术、电子商务网站建设技术以及提高网站及交易安全性的技术。

数据库技术是电子商务的意向支持技术，他对电子商务的支持是全方位的，从底层数据基础到上层的应用都涉及数据库技术。数据库技术对于电子商务的支持可以概括为以下几部分：

（1）进行数据的收集、存储和组织。

对于参与电子商务的企业而言，数据不仅仅来自企业内部管理信息系统，还包括大量的外部数据。数据是企业的重要资源，是决策的依据，是进行各类生产经营活动的基础和结果。

（2）提供决策支持。

决策是关系到企业未来成败的关键，而数据库存储的数据是决策的依据。对于参与电子商务的企业而言，它们的信息更灵通、过程更规范，这就为决策支持打下了良好的基础。如果商务系统缺少好的决策支持功能，一方面是对电子商务海量数据资源的一种浪费，另一方面也是对从事电子商务企业的损失。

（3）对 EDI 的支持。

EDI 是电子商务的重要组成部分。想要成功地实现 EDI，企业的基础设施建设是关键，而数据库系统的建设是重要环节，EDI 的最大特点就是将各种贸易单证电子化和标准化。而数据库系统也是把数据管理规范化和标准化，因此，就可以比较容易地实现数据库系统的业务数据与 EDI 的单证之间的自动转换，与手工制作电子单证相比，提高了效率、减少了错误、降低了成本。

（4）与 Web 技术相结合。

网站是企业电子商务化的一个标志，是企业从事电子商务活动的基础平台，随着技术的发展，Web 技术和数据库技术结合在一起，产生了 Web 数据库。目前，Web 上的数据主要以 HTML 方式提供。

电子商务应用的前提是企业管理信息系统的广泛应用，而数据库技术是企业管理信息系统的核心技术之一。所以电子商务作为新型的企业经营管理模式，当然也离不开数据库技术的支持。

除此之外，小王发现，在日常网站购物时，网站会提醒安全支付协议，如图 2.21 所示。

这是电子商务安全支付协议的一种，也是网站安全性技术中最重要的环节。小王通过对上面旅游电子商务案例的学习，了解到旅游业应用电子商务，一般是在互联网上建立电子商务网站，将自己的数据中心建立在数据服务器上，把相关信息放置在网站主页上，选择流行的浏览器作为主界面，与消费者进行网上交易，实现网上预订与网上支付的统一。

这就要求，首先，旅游电子商务系统具有安全性。防止各种手段网络的攻击，阻止以破坏系统和信息为目标的网络犯罪。其次，提供安全的网上支付条件。与传统的现金交易支付手段不同的是，B2C 和 B2B 交易可采用网上银行等方式。网上支付系统一定要对信息的机密性、支付过程的完整性、商家及客户身份的合法性提供保证。

图 2.21　支付宝安全支付协议

通过互联网搜索，小王了解到电子商务系统既不是单纯的商务系统，也不是单纯的计算机系统，而是建立在计算机网络系统上的商务系统，或者说电子商务系统是由物理技术系统和商务逻辑系统所构成。相应的，电子商务的安全问题也分为两个层次：

（1）网络安全。

针对物理技术系统的安全问题，需要保障网络设施的正常运行，同时避免受到外界的恶意攻击。

网络安全方面的对应措施，我们往往可以通过可靠安装、维护管理平台，并设置服务器防火墙、杀毒软件以防止病毒入侵。

（2）商务信息安全。

针对商务逻辑系统的安全问题，主要对信息保密、信息完整、身份认证、不可抵赖，并保证信息的有效性。我们往往通过加密技术、数字认证以及安全应用系统方式进行保护。图 2.22 为电子商务安全技术组成。

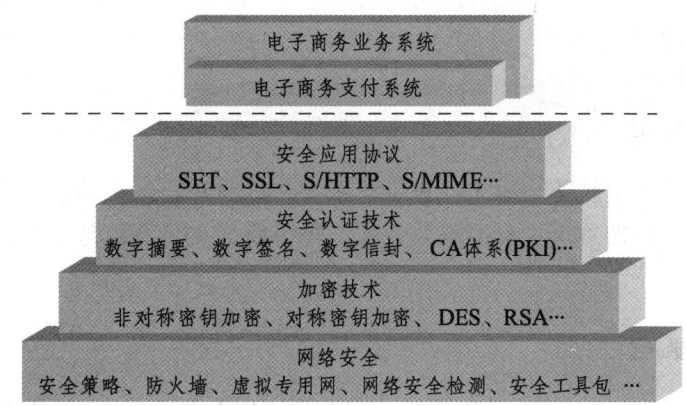

图 2.22　电子商务安全技术组成

除此之外，随着移动电子商务的流行，手机端移动 APP 成了移动互联网的主流。App 移动服务，就是针对手机这种移动连接到互联网的业务或者无线网卡业务而开发的应用程序服务。简单地说，就是手机或无线工具的应用服务。携程网、艺龙等旅游机构也发布了自己的移动 APP 产品（见图 2.23）。

图 2.23　携程移动 APP

除了传统的机票、酒店、度假等产品外，携程移动 APP 还整合了目的地指南、旅行分享与点评功能，尝试整体闭环的旅行计划、预订与分享。随着移动智能终端的广泛应用，移动终端正向功能增强化、多模化、定制化、平台开放化的方向发展，而移动终端营销（APP）作为 SNS 新的开拓渠道，正逐渐崭露头角。

旅游电子商务中的技术应用还包含电子商务网站建设技术，我们将在第四章旅行社电子商务中对数据库技术以及提高网站安全性的技术进行讲解。

二、知识要点

（一）电子支付

电子支付是指电子交易的当事人，包括消费者、厂商和金融机构，使用安全电子支付手段，主要通过网络进行的货币支付或资金流转。电子商务支付系统是电子商务系统的重要组成部分。

（二）网上银行

网上银行（internetbank or e-bank），包含两个层次的含义：一个是机构概念，指通过信息网络开办业务的银行；另一个是业务概念，指银行通过信息网络提供的金融服务，包括传统银行业务和因信息技术应用带来的新兴业务。在日常生活和工作中，被提及的网上银行，更多的是第二层次的概念，即网上银行服务的概念。网上银行业务不仅仅是传统银行产品简单从网上的转移，还使其他服务的方式和内涵发生了一定的变化。

（三）支付宝

支付宝（alipay）最初作为淘宝网公司为了解决网络交易安全所设的一个功能，该功能为首先使用的"第三方担保交易模式"，由买家将货款打到支付宝账户，由支付宝通知卖家发货，买家收到商品确认后指令支付宝将货款放于卖家，至此完成一笔网络交易。

（四）财付通

财付通（tenpay）是腾讯公司于2005年9月正式推出的专业在线支付平台，其核心业务是帮助在互联网上进行交易的双方完成支付和收款，致力于为互联网用户和企业提供安全、便捷、专业的在线支付服务。个人用户注册财付通后，即可在拍拍网及20多万家购物网站轻松购物。财付通支持全国各大银行的网银支付，用户也可以先充值到财付通，享受更加便捷的财付通余额支付体验。

（五）客户关系管理

客户关系管理（customer relationship management，CRM）是一个不断加强与顾客交流，不断了解顾客需求，并不断对产品及服务进行改进和提高以满足顾客需求的连续的过程。其内含是：企业利用信息技术（IT）和互联网技术实现对客户的整合营销，是以客户为核心的企业营销的技术实现和管理实现。客户关系管理注重的是与客户的交流，企业的经营是以客户为中心，而不是传统的以产品或以市场为中心，更多的是为方便与客户进行沟通，并且客户关系管理可以为客户提供多种交流渠道。

（六）数据库系统的体系结构

数据库系统管理的体系结构式数据库系统的一个总体的框架，绝大多数数据库系统在体系结构上都具有三级模式的结构特点，如图2.24所示。

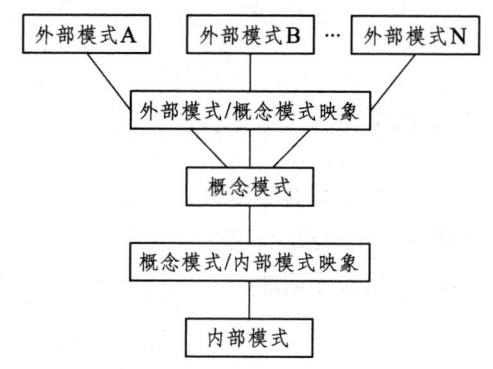

图 2.24 数据库系统的体系结构

概念模式又称数据库模式,是数据库中全部数据的逻辑结构和特征的描述。它仅仅对数据库结构进行描述,而不是数据库本身,通常以某种数据模型为基础。

外部模式又称用户模式或子模式,是概念模式的子集,它是用户的数据视图,即与某一应用有关的数据的逻辑表示。

内部模式又称存储模式,用来定义数据的存储方式和物理结构。

外部模式/概念模式映象对应于同一概念模式,可以有任意多个外部模式。外部模式/概念模式映像定义某个外部模式和概念模式之间的对应关系,这些映像定义通常包含在外部模式中。

概念模式/内部模式映像定义数据逻辑结构和存储结构之间的对应关系。

(七)移动 APP

application 是应用程序的简称。App 移动服务,就是针对手机这种移动连接到互联网的业务或者无线网卡业务而开发的应用程序服务。

随着移动智能终端的广泛应用,移动终端正向功能增强化、多模化、定制化、平台开放化的方向发展,而移动终端营销(APP)作为 SNS 新的开拓渠道,正逐渐崭露头角。

三、任务实训

(一)实训目标

(1)了解旅游电子商务在线预订流程。
(2)了解旅游电子商务在线支付方式。
(3)了解旅游电子商务在线客户关系管理系统。

(二)实操描述

要求学生通过对艺龙网或去哪儿网的浏览、操作,完成票务预订或酒店在线预订流程,并通过对预订流程的操作了解常见的在线支付方式与操作规范。

(1)打开艺龙网或去哪儿网,找到票务预订或酒店预订。
(2)按照网站提示及任务二所掌握的知识进行票务预订或酒店预订的操作。
(3)发现预订流程中的在线支付方式。

(4) 通过对前台的操作，分析网站客户管理系统的功能或在互联网上寻找目标网站客户管理系统功能。

（三）考核标准

（1）对网站票务或酒店预订流程的准确操作。
（2）能准确地发现网站预订流程中的在线支付方式。
（3）全面总结目标网站客户管理系统功能。

（四）实训报告

本实训的方案即可作为实训报告。

实训报告

实训名称	旅游电子商务中的技术应用
任务	通过对网站预订流程的操作发现旅游电子商务网站支付方式，并准确分析网站客户管理系统功能
分析对象	旅游电子商务网站
分析要素	旅游电子商务网站票务预订流程分析；旅游电子商务网站预订支付方式分析；旅游电子商务网站客户管理系统功能分析

【本章小结】

本章主要介绍了什么是旅游电子商务以及旅游电子商务中运用的信息技术的基础知识。其中，互联网是旅游电子商务的运行平台，网站是进行电子商务活动的前端主要技术，电子支付、客户关系管理、数据库、网站安全技术则是旅游电子商务中的必需技术基础。

本章既是对旅游电子商务的基本概述，也为后续学习电子商务在旅游业中的表现打下了基础。

【课后习题】

一、单选题

1. 旅游电子商务相对于电子商务，（　　）的功能发生了弱化。
   A. 物流　　　　　　B. 信息流　　　　　C. 资金流　　　　　D. 人员流
2. 以下不属于旅游电子商务交易模式的是（　　）。
   A. B2B　　　　　　B. B2C　　　　　　C. G2G　　　　　　D. B2E
3. 支付宝"先验货，再付款"担保服务方式遵循的流程是（　　）。
   a. 支付宝将货款划至卖家的实际账户
   b. 买卖双方达成付款意向后，由买方将款项划转在其支付宝账户
   c. 支付宝发送电子邮件通知卖家发货，卖家发货给买家，买家收货后通知支付宝
   A. bca　　　　　　B. cba　　　　　　C. bac　　　　　　D. abc

4. 旅游产品的（　　）使其最适合网上销售。
A. 可储存性　　　　B. 易逝性　　　　C. 灵活性　　　　D. 超越时空性
5. 企业生存的基础是（　　）。
A. 客户　　　　　　B. 业务　　　　　C. 企业自身的优势　D. 政府

二、填空题

1. 旅游电子商务在旅游饭店、旅游交通以及_____和_____行业中应用较广。
2. 旅游电子商务的应用主体包括旅游目的地组织、旅游企业、旅游信息化组织以及_____。
3. 网上支付系统的构成：_____、电子商务交易主体、支付网关、银行系统、认证中心、法律和诚信体系。
4. 企业与消费者之间的电子商务简称为_____。
5. 旅游企业常见交易模式主要有：_____、旅游资源整合和合作。

三、简答题

1. 什么是旅游电子商务？
2. 简述旅游电子商务网站的分类和特点。
3. 旅游电子商务体系中主要涉及哪些因素？

【后续展望】

旅游电子商务不但为旅游者提供了不间断、跨地域的信息和其他服务，同时也对应用电子商务的旅游企业和整个旅游业的发展起到了优化资源、提高效率的作用，使传统旅游业走向信息化和现代化。

通过对旅游电子商务的学习，学生们对电子商务在旅游业中的基础应用有所认知、了解，从而展开详细的旅游电子商务的学习、认知。

第二部分

旅游行业电子商务应用

教材第二部分包含项目三《旅游目的地电子商务应用》、项目四《酒店电子商务应用》、项目五《旅行社电子商务应用》,在第一部分理论知识教学的基础上对旅游行业电子商务应用进行扩充。本部分从旅游目的地、酒店、旅行社三方面对电子商务在旅游行业的应用进行分解学习,旅游管理专业、市场营销专业教学应以第二部分为教学重点,以帮助学生从不同层面提高对旅游行业电子商务的认知程度,由浅入深,利用成熟企业案例的方式进行教学引导,形象生动的进行授课。其他相关专业可根据各自需要确定教材中的重点内容,教师可根据实际教学情况安排课程。

项目三 旅游目的地电子商务应用

【学习目标】

一、知识目标

1. 了解旅游目的地的电子商务。
2. 明确旅游目的地电子商务的实施方法。
3. 明确旅游目的地电子商务的体系建设。

二、能力目标

1. 掌握旅游目的地电子商务的应用。
2. 掌握旅游目的地电子商务网站建设。

3. 掌握旅游目的地电子商务的营销方法。

【项目情景】

小刘以前是做销售的,在求职过程中被黄龙洞投资股份有限公司录用,并被分配到旗下凤凰古城文化旅游投资股份有限公司就职。黄龙洞投资股份有限公司与凤凰县人民政府鉴定了《湖南省凤凰县八个旅游景区(点)经营权转让合同》。依据合同,凤凰古城文化旅游投资股份有限公司负责经营开发凤凰八大旅游景区(点),因此,小刘必须了解旅游目的地电子商务,但他对此并不清楚,于是他对旅游目的地电子商务展开学习。

【项目分析】

一、了解旅游目的地电子商务的应用

(一)认识旅游目的地

旅游目的地是具有特定性质的旅游资源,是吸引旅游者在此短暂停留、参观等一系列旅游活动的特定区域。也有学者认为,"旅游目的地是旅游活动的中心"。他们认为,旅游目的地把旅游的所有要素,包括需求、交通、供给和市场营销都集中于一个有效的框架内,可以被看作是满足旅游者需求的服务和设施中心。

现代旅游业的发展改变了人们的旅游方式和旅游目的地的管理重点,所以旅游目的地的概念也在不断变化。人们对旅游目的地概念的认识与旅游需求的内容有关,旅游需求的变化导致对目的地内涵与外延认识的不断调整,目的地的管理重点和营销重点也随之发生变化。

旅游目的地是旅游整个体系中最为重要的一个领域,是满足旅游者需求的服务和设施中心,是旅游活动中最重要和最有生命力的部分,也是游客接待的载体。

旅游目的地是一个内涵非常深刻而丰富的集合体,不同文化、经济、环境组成了世界上形形色色可供选择的目的地。旅游目的地通常由下述核心部分组成:旅游吸引物,以住宿、餐饮、娱乐、购物品零售为主体的旅游接待设施,当地的交通体系和进入通道,各类辅助性服务设施和组织机构。这些设施和服务的组合可以为旅游者提供完整的旅游体验。

(二)旅游目的地电子商务

旅游目的地电子商务就是旅游目的地电子商务网系统,以网络为主体,以旅游目的地的信息库、电子化银行为基础,利用最先进的电子信息手段运作目的地及分销系统的商务体系,我国现在有很多地方已经开展了电子商务活动,如九寨沟、华山、云南等旅游地。目前,我国旅游目的地采取的是政府主导型的运作模式,政府在旅游目的地营销中的作用得到充分的发挥。

旅游目的地电子商务业务一般由 DMO、本地旅游服务企业、旅游中间商等实体活动组成,不断增加目的地对旅游者的吸引力、促成旅游者前来消费、拉动区域经济的良性发展是 DMO 永远不变的第一任务。从宏观上看,旅游目的地电子商务的一般业务流程如图 3.1 所示。

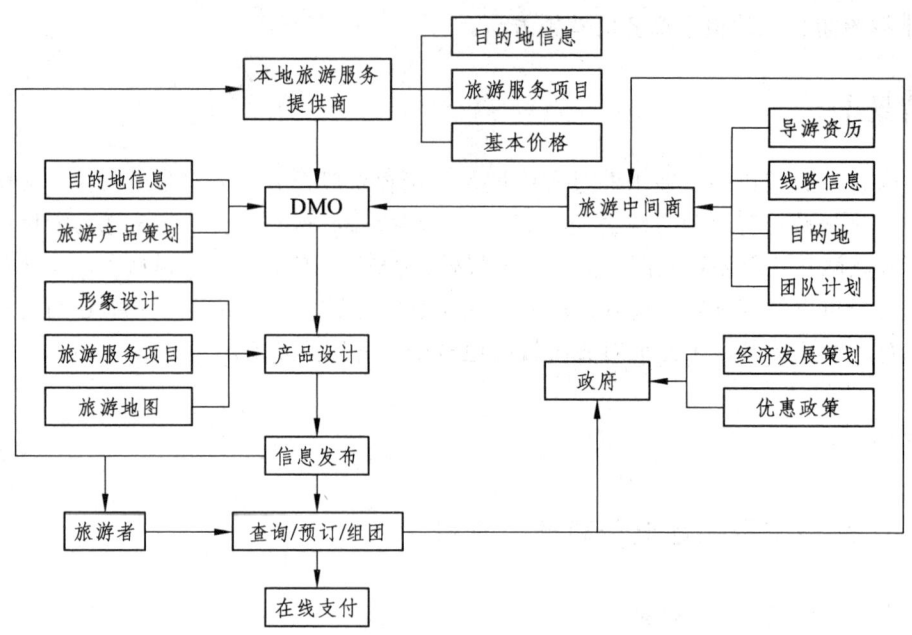

图 3.1　旅游目的地电子商务业务流程

旅游目的地电子商务系统的构成要素可以分为四个部分，即人的要素、物的要素、财的要素和信息要素。其中，人的要素是系统的核心，包括旅游目的地管理部门、旅游目的地企业、旅游行业协会、旅游目的地社区、互联网服务提供商、信息化专业组织；物的要素是系统的基础，包括计算机网络设备、各种服务软件、旅游目的地信息管理系统；财的要素是系统的保障，包括建设资金、运行和维护资金；信息要素是系统的精髓，包括旅游产品信息、旅游者信息、旅游目的地信息。旅游目的地电子商务系统是一个多层次、多要素的复杂系统，它经常用来整合旅游目的地的供给，具有很强的战略管理和营销管理功能。一个突出的表现就是在对旅游目的地利益群体的协调上，该系统能使旅游目的地以更低的成本、更高的效率在市场上进行营销和推广。

二、旅游目的地电子商务体系建设

随着信息技术的迅速发展，特别是互联网的普及和应用，人们的传统行为和观念受到巨大的冲击和影响，一种新型的商务运作模式电子商务应运而生并迅速运用到各种贸易领域。与信息业同处朝阳产业地位的旅游与电子商务的结合更成为一种必然趋势，旅游目的地为旅游经济活动的一大支撑，对旅游发展起着基础性的作用，需要在发展的过程中不断地进行系统的更新与完善。因此在旅游电子商务快速发展的产业背景下，旅游目的地通过电子商务体系建设实现营销创新势如破竹。

（一）旅游目的地电子商务体系构建要素

（1）信息发布系统。信息发布系统是旅游目的地电子商务网络构建的最基本的要素，它的作用和功能是整合旅游目的地的信息资源，实施全面的目的地信息管理，提供旅游资源信息库、旅游产品信息库、旅游促销信息库、旅游企业信息库等多项内容，信息全面、知识权威，同时根据目的地的资源变化及时跟新。

(2) 网络支持系统。网络支持系统是旅游目的地电子商务网络构建不可缺少的技术要素，包括一系列与电子交易有关的软件和设施，它的作用在于支持旅游目的地产品的交易系统，并支持多渠道的管理，为目的地旅游信息的有效互动、匹配、信息营销和产品分销提供操作的平台。

(3) 服务管理系统。服务管理系统是旅游目的地电子商务网络实施客户关系管理的关键要素，它包括地旅游者和对企业两个服务系统。服务旅游者的管理系统支持网络与旅游者的交流，使旅游者获得有效的定制化信息，从而促进目的地产品的销售；服务企业的管理系统支持与旅游企业的交流，为企业提供展示的平台和有效的资源开发信息，从而获取企业的广泛参与。

(4) 形象显示系统。形象演示系统是旅游目的地电子商务网络支持旅游目的地营销的重要系统，它的作用与功能在于利用网络手段，打造旅游目的地的整体形象，并通过网络的虚拟化演示向外界宣传与推广，使电子商务在完成旅游产品交易的同时，实现目的地整体营销，将旅游目的地城市推向全球。

(二) 旅游目的地电子商务体系构建原则

(1) 个性化原则。旅游目的地电子商务体系在构建中应充分展示目的地的特色，有个性的旅游地容易在客户或者潜在客户心目中留下深刻的印象。

(2) 协调的原则。在规划的指导下，统一各要素的构建步伐与构建风格，协调电子商务体系中的各要素之间的关系，是网络信息发布系统、网络支持系统、服务管理系统和形象演示系统在共同突出网络整体个性的同时发展各自的特色。

(3) 兼容的原则。旅游目的地电子商务体系建设遵循兼容的原则主要体现两方面：一是构建系统的兼容；二是各项交易功能的兼容。

(4) 效能的原则。旅游目的地电子商务体系建设中要使各系统的整体效能得到最大的发挥。即整合旅游目的资源，优化信息发布内容，合理选择目标市场，在网络技术的支持下，通过定制化的服务手段，实现目的地产品电子交易的最大化，同时树立目的个性鲜明的旅游形象。

(三) 旅游目的地营销系统

旅游目的地营销系统（DMS）是旅游目的地旅游管理部门进行网络营销的重要平台，能够做到对内行业管理和对外营销宣传。目前，旅游目的地营销系统在英国、新加坡、西班牙、澳大利亚、芬兰等发达国家和地区已经得到较为成熟的应用，有效地将网络和传统营销业务相结合，明显地提高了旅游营销的效果。我国各级旅游管理部门也正积极筹建旅游目的地营销系统，以整合旅游目的地营销资源，实现资源共享、市场共拓、信息共通，实现共赢。

三、旅游目的地网络营销

旅游业属于信息密集和信息依托型产业，而国际互联网则是信息传播的主要途径，所以旅游业以网络作为营销工具和手段是必然的。旅游网络营销是适应网络技术发展与信息网络时代社会变革的新生事物,已经成为新世纪旅游营销的重要手段和方式。

旅游目的地网络营销是指旅游目的地管理部门运用互联网技术来了解旅游者的需求和愿望,为旅游者提供旅游目的地的信息和个性化、定制化服务,开展旅游目的地宣传推广活动,实现旅游业产品交易,吸引更多的旅游者来旅游目的地的过程。它以网络为基础,继承了旅游目的地传统营销的基本特点,又有其自身优势,能有效提升旅游目的地的市场知名度和竞争力。旅游目的地网络营销是旅游目的地旅游管理部门进行宏观管理的重要工作,也是旅游目的地旅游管理部门开展旅游营销的重要内容,更是旅游目的地旅游管理部门提供公共产品和服务的重要体现。旅游目的地旅游管理部门可以借助网络媒体开展网络营销,以此推动当地旅游业的发展,增加旅游收入和旅游人数,提升旅游目的地旅游形象,增强旅游目的地竞争力,促进旅游目的地社会经济等各项事业的发展。

【任务分解】

任务一:了解旅游目的地电子商务应用。
任务二:旅游目的地电子商务体系建设。
任务三:旅游目的地网络营销。
下面,将分别对这些任务的目标进行确认,并对任务的实施给予理论与实际操作的指导。

任务一 了解旅游目的地电子商务应用

一、完成任务

为了完成任务,主要有以下几个步骤:

1. 分析典型旅游目的地电子商务应用

步骤 1:查看典型旅游电子商务网站,分析其目的地建设。

【案例 3.1】

小刘为了了解旅游目的地电子商务的应用,在互联网搜索旅游电子商务网站找到了大连旅游官方网站(见图 3.2)。

首先小刘看见网站右方有大连旅游局官方微信平

图 3.2 大连旅游官方网站

台，用微信扫描二维码加关注后会出现图 3.3 中的内容，在平台功能介绍中写道"大连市旅游相关资讯推广宣传"，小刘意识到这是大连旅游目的地宣传的一种途径，内容中涉及微博认证、热线电话、投诉电话等。

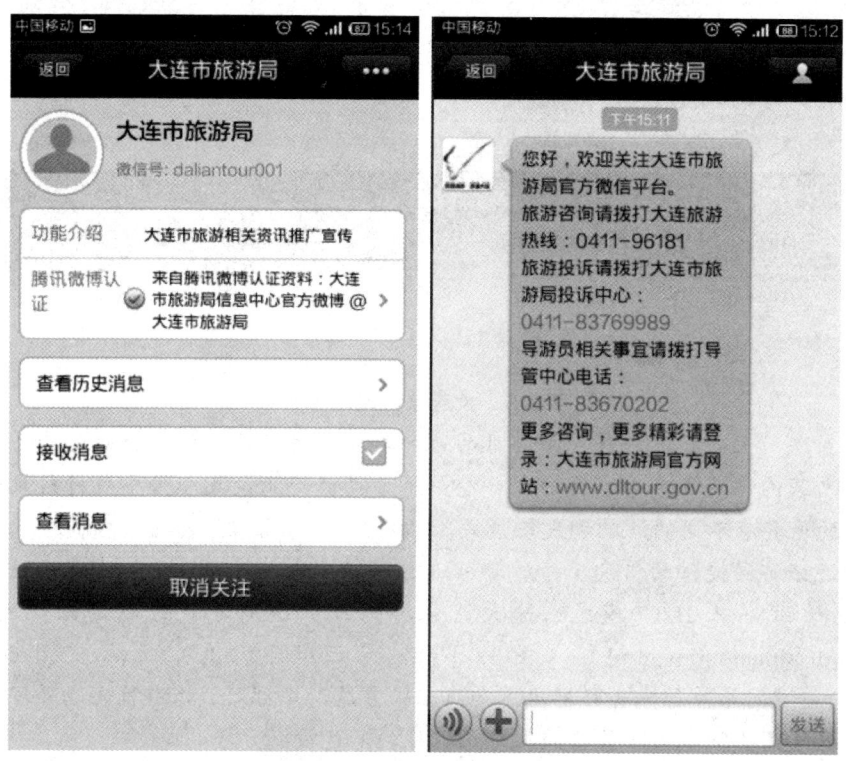

图 3.3　大连旅游局官方微信

从首页中可以看到网站顶部和其他网站不同，没有导航条，整个网站的导航放在首页的最下面并且以一个页面展示如图 3.4 所示。

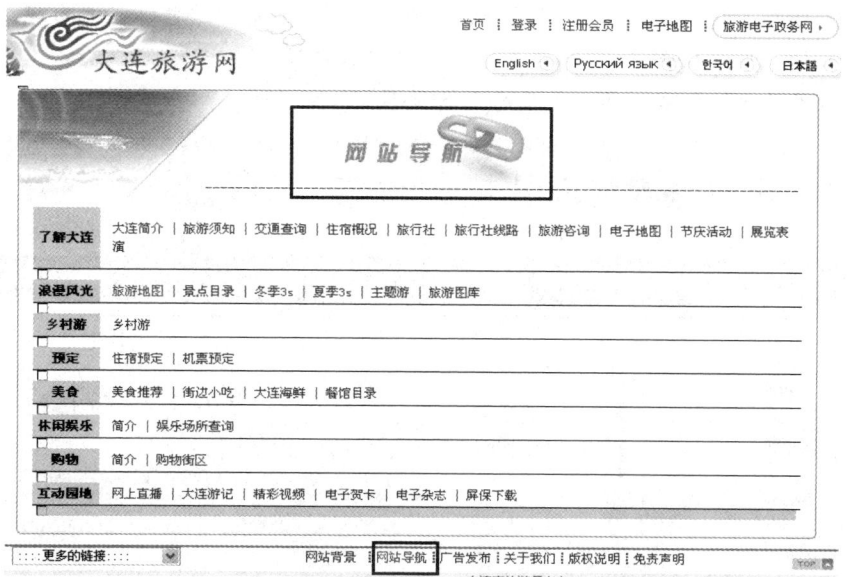

图 3.4　大连旅游网站导航

从图 3.4 可以看出，网站将整个大连旅游分为八个板换，内容包括住宿、餐饮、交通、旅游咨询等，凡是和旅游目的地相关的信息全部都有介绍，其中"了解大连"在整个网站中内容占据最多。在网站的最左边还标有"中国最佳旅游城市，浪漫之都，时尚大连"的标语（见图 3.5），由此可知，大连主要以城市为主，其他产业为辅来发展旅游业。

图 3.5　大连旅游网站标语

小刘从互联网上得知，这属于旅游目的地分类中的城市核心型，除此之外还有景区主体型如黄山、九寨沟、千岛湖等，区域复合型如昌黎县，产业聚集型如中关村科教旅游区。不同的旅游目的地具有不同的结构和发展模式。

根据大连旅游网提供的信息，旅游者可以自助安排旅游线路。小刘通过互联网了解到，这种属于电子商务中 B2C 模式，除大连旅游网外，小刘还找到济南旅游网（http：//www.jnta.cn/dtssjinan/index.html）（见图 3.6）和 C2C 酒店网（http：//www.c2cjd.com/）（见图 3.7）。在济南旅游网站导航中有旅游优惠和商旅服务这两个栏目，旅游目的地管理者和当地的旅游企业、电子商务服务商合作共同推广旅游目的地建设。

C2C 酒店网则是通过 IT 技术给旅行者们提供一个灵活自由以及个性化的专业平台。

小刘在浏览这三个网站时发现，每个网站上或多或少都会出现"预订、在线预订、旅游预订、门票预订、支付方式"等关键词，有景区、酒店、火车票、机票预订界面，通过网银、支付宝等方式在线支付。除此之外，"登录、注册、会员、服务"这些词汇也出现在醒目位置，如大连旅游网的"信息服务中心"、济南旅游网的"商旅服务、旅游服务热线"、C2C 酒店网的"会员、服务协议"都在强调客户服务的重要性。

图 3.6　济南市旅游局官方网站

项目三 旅游目的地电子商务应用

图 3.7　C2C 酒店网

步骤 2：归纳其特点和模式。

【案例 3.2】

小刘通过对三个网站的浏览总结出它在目的地建设上的特点和模式：

（1）以互联网为平台向游客展示旅游信息。互联网是旅游目的地宣传和交流的窗口，通过互联网，旅游目的地管理机构提高了与各种类型客户的沟通，同时它在旅游目的地的促销与经营方面起到了更重要的作用。

（2）除 C2C 酒店网外，其他两个网站都由政府机构建设，也就是当地的旅游局。

网站背景见图 3.8。

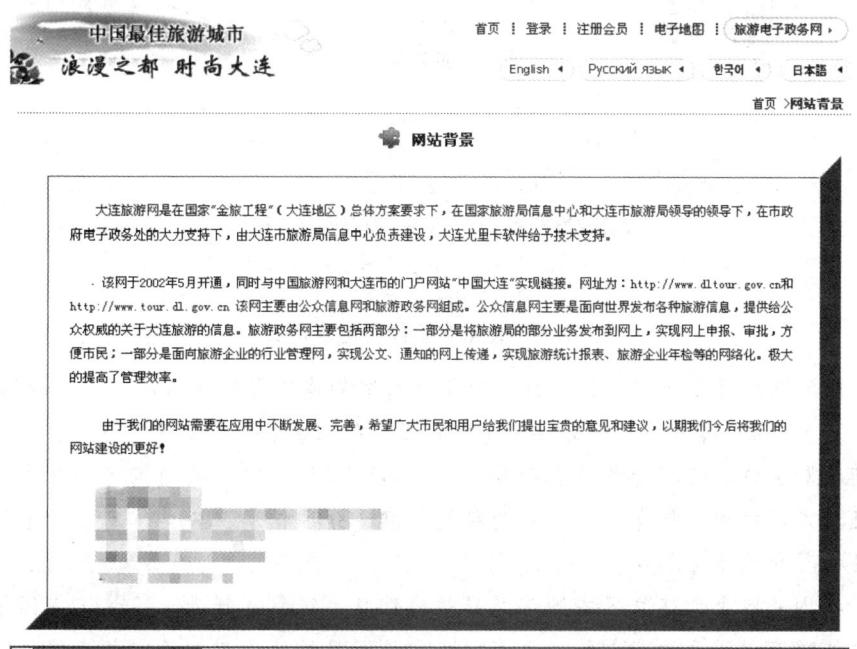

图 3.8　网站背景

（3）网站首页信息量非常大，像大连旅游网在首页中有旅游动态、热点追踪、旅游线路、图说大连等。

（4）有的网站使用微信、微博等推广方式。

（5）网站都有在线预订功能，不管是景区门票还是住宿、交通。

（6）网站都有在线注册、登录、服务等页面，注重客户关系的管理。

（7）大连网站通过自己的平台向旅游者展示属于电子商务中的B2C模式。

（8）济南旅游网与其他商家合作推广旅游地属于电子商务中的B2B模式。

（9）C2C酒店网光从网名称上就可以看出，网站属于电子商务中的C2C模式。

2. 认知旅游目的地电子商务应用体系

步骤1：通过典型旅游目的地站点，了解旅游目的地电子商务构架。

【案例3.3】

小刘从大连旅游网站的背景得知，大连旅游网站是大连市旅游局构建的大连市旅游目的地营销系统，它属于"金旅工程"国家级目的地营销系统中的一个组成部分，是大连旅游局为旅游企业进行电子化服务以及大连旅游企业进行电子商务的一个平台。网站由金旅雅途信息科技有限公司提供技术支持，图3.9是该公司的运营模式。

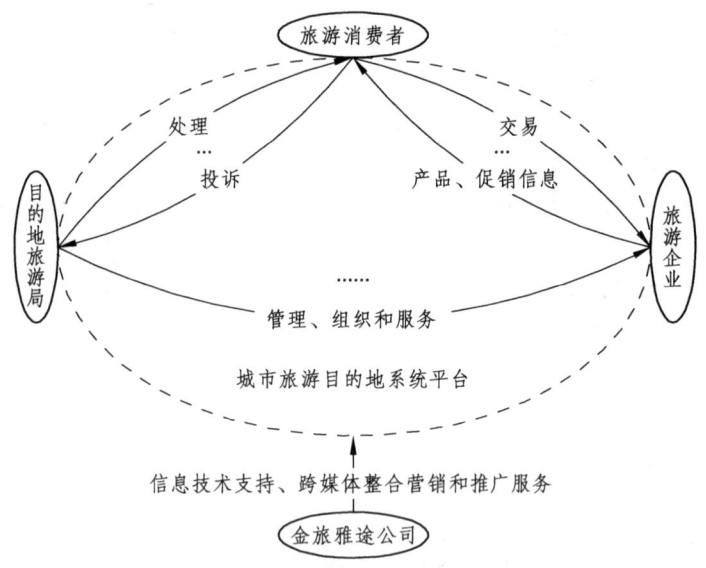

图3.9　金旅雅途公司运营模式

小刘通过互联网还了解到，大连目的地营销系统构建的发展战略是"走出网站做网站"，具体策略是"一开发三合作"。开发指在目的地营销系统这个主干上开发与其相关的产品；三合作指与其他局合作、与旅游相关企业合作、与传统媒体合作，共同宣传和开发目的地营销系统。大连旅游网提供的信息主要可分为环境信息、分区信息、分类信息、动态信息、旅游指南、产品推荐和反馈信息等。

目前，各国基本上都建立了本国旅游目的地信息系统，如丹麦、芬兰、中国等，这些目的地信息系统既有以国家为中心的，也有以主要旅游目的地为中心的。大连就是以旅游目的地为中心建立的信息系统，一般旅游目的地信息系统模式如图3.10所示。从图中可以看出，旅游目的地信息系统主要由三个部分组成。

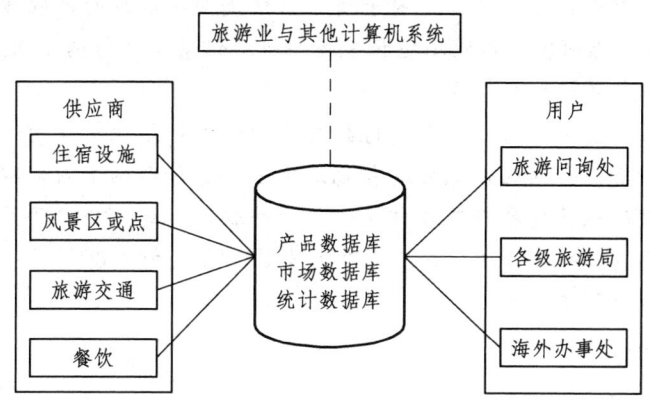

图3.10 旅游目的地信息系统

信息供应商可以是和旅游目的地相关的所有设施，包括酒店、景区、交通、餐饮，这些信息汇聚到计算机系统上的数据库中，数据库将其分为产品、市场、统计三部分，再通过互联网传递给需要的用户。

简单地说，电子商务应用体系就是一个信息管理系统，在系统中用户可以对相应的电子商务网站进行浏览并在网站上进行一系列的交易并完成交易。与此同时，系统内部将对用户需求进行分析并将准确信息反馈给用户。

步骤2：通过总结，明确旅游目的地电子商务结构。

【案例3.4】

小刘通过互联网搜索了解到，旅游目的地电子商务由三个部分组成：

1. 旅游目的地管理组织

旅游目的地管理组织是负有管理旅游目的地或负有营销旅游目的地责任的组织。案例中的大连旅游局就属于旅游目的地管理组织，它可分为三种类别：① 国家级旅游组织（简称NTOs）；② 区域性、省级或者州级旅游目的地管理组织；③ 地方旅游目的地管理组织。对外它具有旅游目的地的促销、营销的功能，对内具有旅游目的地的开发功能。

2. 旅游目的地营销组织

旅游目的地营销组织是指旅游目的地营销活动的组织管理和实施主体，旅游目的地营销组织的功能是向旅游客源市场宣传、推广、营销整个目的地。

3. 旅游目的地营销系统

我国金旅工程将旅游目的地营销系统定义为目的地城市旅游信息化建设完整解决方案，它通过一系列的信息技术产品和相应的支持服务来实现城市旅游信息化。对旅游目的地与消费者而言，旅游目的地营销系统可以提供以下功能：

（1）旅游目的地的行业门户网站。

（2）网络广告商。

（3）电子零售商。

（4）旅游目的地的内容提供商。

（5）目的地市场创建者。

（6）社区服务商。

小刘从以上知识得出，旅游目的地电子商务系统是由旅游目的地管理机构组织建设的以互联网为基础，由目的地内各种不同类型和规模的旅游信息系统与网站组成的大型信息系统，按照网络机构可分为内部网和外部网。

内部网是以互联网技术建立的可以支持旅游目的地管理组织机构内部业务处理和信息交流的网络信息系统，实现信息的快速传递和无纸化办公。外部网是内部网的延伸，外部网可以支持旅游目的地管理机构发展与其合作伙伴之间的联系，建立合作关系，有效地帮助目的地的利益群体采取协调统一的行动，更好地制定政策、法规和计划。

二、知识要点

（一）旅游目的地划分标准

不同的划分标准可以将旅游目的地划分为不同的类型。根据旅游目的地的资源性质和特点，可以将旅游目的地分为观光型和度假型两种不同类型；根据旅游目的地的结合方式，可以将旅游目的地分为点线型和板块型；根据空间范围大小，可以将旅游目的地划分为目的地国家、区域性旅游目的地、城市旅游目的地和景区四种类型。

（二）旅游目的地类型

1. 旅游目的地国家

旅游目的地国家一般由一个或多个区域旅游目的地组成。旅游目的地国家的突出功能是建立与世界主要客源地之间的国际航空交通，并具有向各个区域性旅游地分散客流的功能。在旅游目的地国，本地旅行社的不断发展对当地招商引资、保护历史文物、完善基础设施建设等起到了重要的推动作用，同时也为各国的文化交流与合作搭建了桥梁。

2. 区域性旅游目的地

区域性旅游目的地是从一个国家的空间范围来划分的，通常由多个城市旅游目的地组成。这是由于在一国内，旅游资源的分布与组合的地域差异是客观存在的，区域性旅游目的地的划分就是反映这种客观存在的研究方法。区域性旅游目的地是以国内航空港以及铁路中转交通为中心建立起来的旅游服务体系。在这个体系中，包括多个旅游城市、若干个旅游景区，而良好的进入条件、方便的客源分流体系是区域性旅游目的地的主要经济特征。按照旅游资源的形成、分布、区域组合的相似性和差异性程度，可以将一国划分为不同的区域旅游目的地。分析各区域型旅游目的地的形成和分布及发展特点、潜力与开发利用空间，以及切实保护旅游资源的正确途径，可为当地的经济发展提供切实可行的指导。

3. 城市旅游目的地

城市旅游目的地是从一个特定区域空间范围来划分的。城市旅游目的地不但具有供旅游者参观、游览及观光等旅游景区具有的功能，还具有完备的住宿、餐饮为主体的接待功能，并以便捷的交通条件作为保障。

4. 景区

景区指"经县级以上（含县级）行政管理部门批准成立，有统一管理机构，范围明确，具有参观、游览、度假、娱乐、求知等功能。其中，游览是核心吸引要素；娱乐是延长游客在景区滞留时间的前提条件；畅通合理的道路布局是保证游客满意的基本因素；食、住、购是提高游客满意度的辅助条件，与核心要素相互作用、相辅相成。因此，景区经营管理必须有全局观、整体观。

（三）旅游目的地市场细分

旅游目的地的市场细分是目的地旅游产品潜在消费者的细化分析，以解决潜在消费者及其个性化特征等问题，从而定制相关的沟通，满足其消费。旅游目的地市场细分可分为：

1. 需求细分

需求是一切经济活动的起点，打造旅游目的地的市场细分必须从需求细分开始。旅游需求既有生理的（如徒步、攀登），也有心理的。从本质上看，主要是心理的、精神的。随着社会的发展，人们旅游的需求也具多样化。探索和审美也从最初以所谓"名山大川""风土人情"为对象演化为包括"名山大川""风土人情"在内的美食、文化欣赏以及修学、交流、健体、休养以及体验新的生活方式等多种需求，旅游活动也逐渐从观光娱乐型向休闲体验型转化。对于旅游目的地，旅游者不仅具有共同的核心需求，同时也具有多样化的旅游需求。

2. 地域细分

旅游心理研究表明，旅游者出游，首先考虑的是距离。在资源级别相当的情况下，距离越近，对旅客的吸引力越强；距离越远，对游客的吸引力越弱。

3. 出游方式细分

目前，主要出游方式有：团游（包括自助游）、公务（商务）游、散游（自驾游、骑游）和其他（探亲、就业等）。它们构成了不同的市场，具有不同的市场价值。

4. 时节细分

时节细分主要是春夏秋冬四季、法定节假日、传统民俗节日和特殊时机（如旅发大会、省运会等）。时节是重要的旅游要素，对于不少旅游目的地，不同的时节有不同的卖点。作为旅游市场的开发，必须深入发掘不同时节的不同机会，要重点开发不受季节影响的旅游市场机会，重视和创造各个季节的市场机会，充分利用法定节假日、传统民俗节假日和特殊时机的市场机会。

5. 消费水平细分

消费水平细分是研究低端和高端市场所占有不同份额的机会，适当地进行旅游目的地形象的定位策划，旅游资源和产品的开发中如何兼顾不同的消费水平、营销推广中如何针对不同消费群体进行宣传，以同时满足最大的市场需求，保证客源量，获取最大的经济效益。

（四）旅游目的地电子商务

旅游电子商务指以网络为主体，以旅游信息、电子化商务银行为基础，利用最先进的电子手段运作旅游业及其分销系统的商务体系。旅游电子商务就为广大旅游业同行提供了一个互联网的平台。

旅游目的地的旅游电子商务就是旅游目的地的电子商务网系统。我国旅游目的地的电子商务网系统大多由新闻、预订中心、目的地指南、旅游论坛、帮助中心五大板块构成。新闻包括站点公告、景区动态、旅游新闻三个小板块。站点公告提供个人、旅行社具体业务的最新信息。景区动态包括宣传和公共活动，这也是景区营销活动的一个重要组成部分。旅游新闻发布是国内重要的旅游业新闻。预订中心可以预订景区门票、观光车票即时在线支付，为旅客和旅行社提供方便。如：现在比较常见的电子商务——B2C旅游电子商务经营模式，是目前国内旅游电子商务的主流。

与此同时，旅游电子商务也存在一些问题。主要问题是信息传播不能更好地反映旅游企业或其他各方的利益，而且如果信息不及时更新，信息将不再具备准确性。系统功能的有限性，不能满足个别旅游者的需求。

现如今，我国旅游电子商务的迅猛发展，是因为旅游行业较少涉及实务运输。而旅游产品本身就具有季节性和地域性。旅游产品适合在网络上销售，相比较传统的旅游销售，旅游电子商务网信息更丰富、经营方式更合理、反映速度更快捷。

（五）旅游目的地综合服务平台的数据内容建设

在旅游信息化的发展进程中，围绕旅游目的地的信息化建设一直以来是我国各级旅游管理机构最为重视的工作之一，并将其定义为支撑区域旅游产业联合发展和提升旅游服务质量的有效举措。随着旅游863工程的逐步深入，以"规范和整合旅游目的地公共服务资源信息"为主要导向的旅游目的地综合服务平台建设，在智慧旅游发展的大潮中，正越来越成为各地旅游管理机构升级和完善旅游目的地服务体系的首要任务。

从全国各地的建设情况来看，旅游目的地综合服务平台的建设虽然还处于初级发展阶段，但已经展现出"加强区域旅游资源整合应用、促进旅游目的地产业协作"的支撑作用，其所形成的数据集聚与传播服务功能对旅游业服务中心的建设奠定了坚实的基础，围绕该综合服务平台所开展的区域营销推广效率得到进一步增强，区域资讯网站集群的构建得以快速形成和内容性整合。

根据我国旅游信息化"十二五"的发展规划目标和智慧旅游的产业驱动要求，今后一段时间，旅游目的地综合服务平台将在包括电子商务平台在内的旅游信息社会化开发利用方面发挥更加积极的作用，特别是其作为旅游目的地服务体系中的信息组织和传播的核心载体，将在旅游资源数据库的服务效率和内容覆盖等方面建立更加完善的应用机制。因此，在旅游目的地综合服务平台新一轮的建设或升级完善过程中，需要对平台的主要动力——数据服务信息，做好数据内容规划、采集管理制度和应用服务环境等几项工作。

结合旅游行业的特点，实现对旅游各环节和要素的数据内容的规划全覆盖。根据旅游目的地综合服务平台广泛开放性、服务公益性的原则，以旅游行为诉求和旅游行业管理的信息表达为主，按照旅游目的地、旅游产品推介、消费者权益保护、旅游管理机构、旅游行业监管、旅游服务类资讯等方面规划相应的数据内容。其中，旅游目的地方面具体包括旅游目的地的旅游资源、旅游介绍、旅游动态、旅游新闻、旅游设施、旅游景点、旅游环境等；旅游产品推介方面具体包括旅游产品的内容、主题宣传、图片资料、推介信息、合作政策、促销活动等；消费者权益保护方面具体包括旅游管理条例、相关行政管理办法、纠纷案例解读、常见知识、法律援助等；旅游管理机构方面具体包括旅游管理机构的职能设置、管理职责、行政服务事项、管理动向（如发展规划）、政策执行（含信访、行政审批、复议、咨询等）、热线电话、行政监督等；旅游行业监管方面具体包括旅游景区、旅行社、旅游饭店、导游以及在线网络经营商等在内的相关企业信息、经营动态、市场执法、违规公示、资质和资格的申报与审查、质量评比等；旅游服务资讯方面涉及旅游城市面向消费者发布的基本服务类资讯（主要涉及地方景点、地方美食、地方交通、地方住宿、地方特产、地方人文风俗等信息）和自主性服务资讯（包括旅游小说、旅游故事、旅游日记、旅游路线、旅游行程规划、旅游景点点评、旅游购物经历等在内的个性体验描述性信息）两类数据。

按照规则分类、有序管理的原则，形成多级组织协同采集管理联动机制。在数据采集的过程中，以旅游资源数据便于各种新型旅游信息服务工具介入为出发点，坚持数据记录的条目化管理和数据存储的格式化管理，实现"多头采集、分类规整、有序记录"的工作机制。所谓多头采集就是建立包含视频监控网络体系、人工传统采集、GIS 信息系统接入、外部网络平台数据上传等在内的多种采集方式。对采集完成的原始数据，需要严格按照业务属性进行分类。考虑到数据内容的地域性和庞大的数据量，原则上建议按地区分类，以"自行收集、标准引导"的形式，建立"省级—地（市/州）级—区县级"协同采集联动机制，这也是旅游目的地信息化建设过程中常见的一种管理机制。

引入数据服务评价体系，优化数据服务环境。在旅游目的地综合服务平台建设过程中，数据内容的应用价值和传播效率将直接影响旅游信息的社会化利用程度。因此，针对数据采集的内容，需要通过设置一组服务评价体系来指导和约束数据内容的质量和诉求。在实践过程中，可以通过对关键字段的检索频率、电子商务平台的数据转化利用率、市场内容热点的比照、旅游舆情的监测统计等具体措施来分析数据内容的实效性。

从旅游目的地规划建设方面来看，旅游目的地综合服务平台中的数据服务信息建设就是对其规范与标准要求的具体实践。当然从业务的角度来说，它相对于旅游目的地信息化建设中的图标规范等内容，不但更具有生动性，而且对目的地景区、旅行社、酒店等旅游企业的营销支撑能力也更具有针对性。也正因为如此，旅游目的地综合服务平台才得以承载引导和推动旅游信息社会化增值开发利用的责任；也正因为与此，旅游目的地综合服务平台才在各地乃至国家旅游业服务中心建设发展过程中扮演着极其重要的角色。

三、任务实训：了解旅游目的地电子商务应用

（一）实训目标

通过分析典型旅游电子商务网站的目的地建设，了解旅游目的地电子商务网站的特点和模式，了解旅游目的地电子商务构架，明确其结构。

（二）实操描述

东昌古城即聊城古城，统称为山东聊城古城。东昌古城坐落在聊城市区内东昌湖中间，北宋时期的城垣。城呈正方形，总面积约 100 万平方米。悠久的历史为聊城留下了众多的景观，光岳晓晴、巢父遗牧、崇武连墙、绿云春曙、古秋铺琼、圣泉携雨、仙阁云护、铁塔烟霏合称八大胜景。今存聊城古建筑光岳楼与山陕会馆均于 1956 年被山东省列为省文物重点保

护单位。

但该旅游目的地到目前为止还没有正式建设官方网站,在旅游目的电子商务中没有太大的发展,于是该地区旅游局决定建立该地区的电子商务应用系统,并由负责人小张全权负责,在两年内完成该地区的旅游电子商务系统的建设。

要求学生根据实训背景,对旅游目的地电子商务网站分析并完成以下任务。

(1)查看典型旅游目的地电子商务网站,归纳其特点和模式。

(2)通过该网站明确旅游目的地电子商务的结构。

(三)考核标准

(1)分析旅游目的地网站在建设中的特点。

(2)对旅游目的地网站的功能分析。

(3)总结旅游目的地电子商务的结构。

(四)实训报告

结合以上相关知识和应用情况,完成工作任务,并填写实训工作单。

实训工作单

授课班级			授课教师	
小组成员				
项目名称				
工作任务				
任务理解和分工				
实施过程(可附页)	序号	主题	过程简要描述	备注
	1	旅游目的网站分析		
	2	旅游目的地网站的特点		
	…			

任务二　旅游目的地电子商务体系建设

一、完成任务

1. 自建平台旅游目的地电子商务体系建设

步骤1：自建平台旅游目的地网站策划。

【案例3.5】

小刘从字面意思理解自建平台为自己建立与消费者互动并且有一定消费因素的平台。小刘根据自己的理解，在互联网上搜索自建旅游目的地的网站。通过搜索小刘发现，在任务一中的大连旅游网（www.dltour.gov.cn）、济南凤凰古城旅游官方网站（www.hnphoenix.com）和西安旅游网（www.xian-tourism.com）都属于自建平台的旅游目的地网站。小刘以这三家网站为例，分析自建平台旅游目的地网站需要注意哪些方面，常见的网站策划需要从四个方面进行分析：市场分析、网站定位、网站栏目设计、网站功能设计，于是小刘决定从这些角度进行分析。

（1）市场分析。

首先小刘对旅游目的地市场进行了分析，从整个旅游系统来看，大部分旅游活动都发生在目的地，目的地构成了旅游研究的基本分析单元。从旅游目的地的含义及游客的旅游经历角度考虑，目的地是旅游与旅游业营销的最佳落脚点。

小刘在网上搜索旅游信息的主要来源渠道，从图3.11可以看出，现在26%的游客是从互联网上得到旅游信息，当然这个数据还在不断增加，可以看出旅游目的地的营销转向网络化是必然趋势。

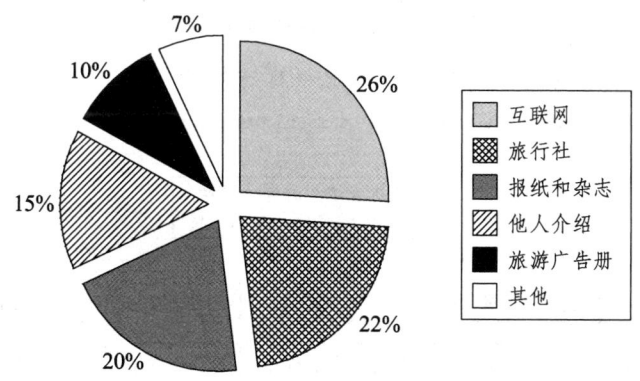

图3.11　用户旅游信息来源渠道

（2）网站定位。

通过前面的学习小刘知道，旅游目的地网站是一种基于地区层次上的旅游网站，网站将代表区域内所有的旅游部门、景区、旅游企业，以一个整体作为营销主体加入旅游市场的激烈竞争中。按照地区的层级不同，旅游目的地门户网站又可以分为国家级旅游目的地门户网站、省级旅游目的地门户网站、市级旅游目的地门户网站、区（县）级旅游目的地门户网站，以及其他更低层次的旅游目的地门户网站。

济南凤凰古城旅游官方网站就属于区（县）级旅游目的地门户型网站，大连和西安旅游网都属于市级旅游目的地门户网站。旅游目的地门户网站建设的总体目标是通过目的地网站建设，提高目的地旅游信息化水平，增加目的地在信息经济中的竞争力。

（3）网站栏目设计。

在建设中，旅游目的地网站栏目设计是非常重要的，因此小刘分别对大连旅游网站、凤凰旅游网站和西安旅游网站栏目进行调研。

首先是西安旅游网站，如图3.12所示，该网站的一级栏目有网站首页、机构设置、官方发布、行业新闻、农家乐等。

图 3.12　西安旅游网站的首页

其次是凤凰古城旅游网站，图3.13是网站栏目结构图，它的一级栏目是网站首页、凤凰概况、景区介绍、凤凰动态、旅游指南、关于我们和网站地图。

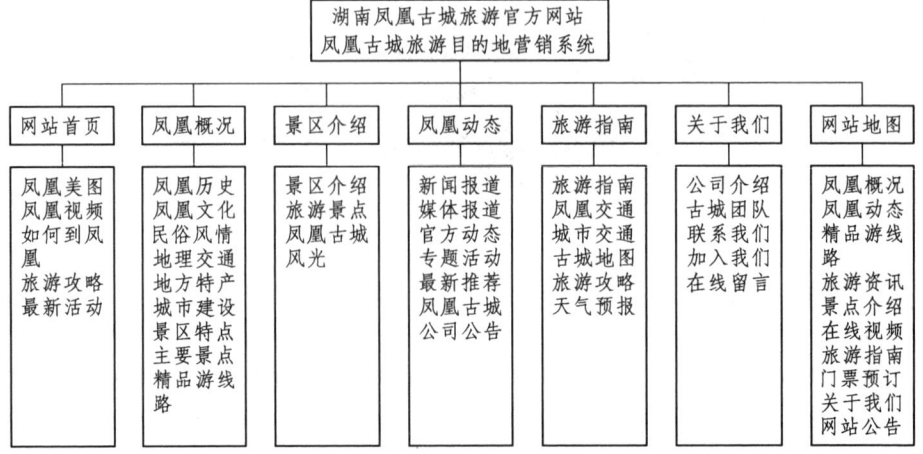

图 3.13　济南凤凰古城旅游官方网站栏目结构

最后是大连旅游网站，如图 3.14 所示，该网站的一级栏目是了解大连、浪漫风光、乡村游、预订、美食等。

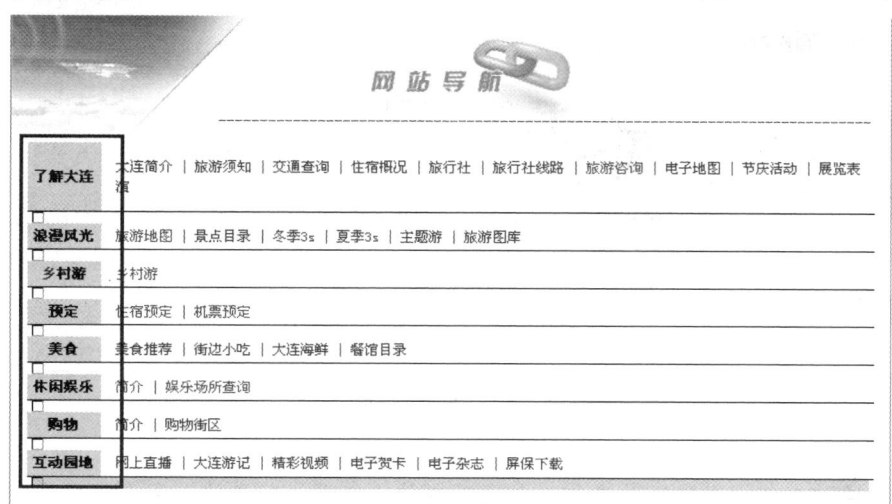

图 3.14　大连旅游网站栏目层

小刘通过三家栏目的对比得出，在旅游目的地网站栏目建设中，一级栏目中必须出现的是网站首页、目的地的介绍、旅游方案等；二级栏目再根据一级栏目细致划分，如交通查询、电子地图、住宿等。

（4）网站功能设计。

小刘还是从这三个网站入手，分析其在功能上的设计，总结旅游目的地网站都应该具备的功能。

首先小刘从三个网站中都能看到关于当地的介绍，如图 3.15 和 3.16 所示。

图 3.15　西安旅游网站当地介绍

图 3.16　济南凤凰古城旅游官方网凤凰概况

其次，网站上都设有路线路查询（如交通查询、旅游线路查询）和在线联系方式（如在线 QQ、热线电话等），以及时帮助用户解决当前问题（见图 3.17～3.19）。

图 3.17　大连旅游网站的服务中心

凤凰古城旅游官方网站
凤凰古城旅游文化投资股份有限公司

图 3.18　济南凤凰旅游官方网站的在线咨询

图 3.19　西安旅游网站的自助查询

再次，小刘可以在网站上通过第三方支付的方式预订景点门票（见图 3.20）。

图 3.20　凤凰古城风景区门票预订

最后，网站上都有和用户互动的板块，如网站的论坛平台（见图 3.21）。
小刘通过以上的分析总结出，旅游目的地网站建设必须具有以下功能：
（1）信息展示。
（2）提供相关信息查询和服务。
（3）在线预订相关产品。
（4）用户互动。

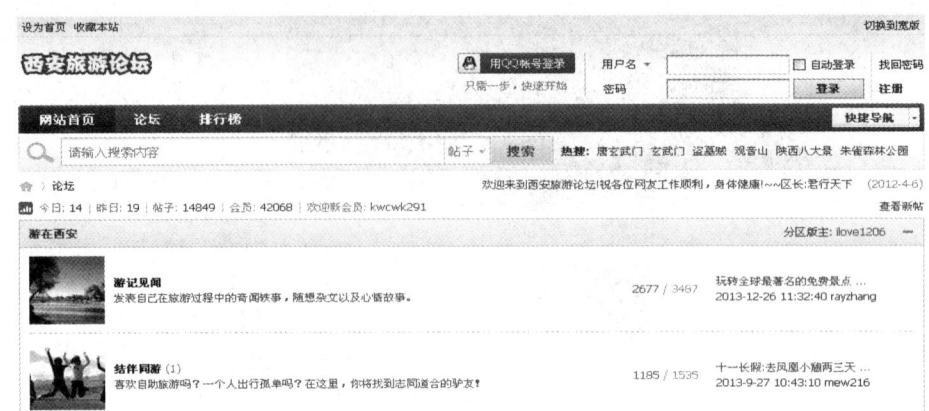

图 3.21　西安旅游论坛

步骤 2：自建平台旅游目的地网站策划的实施。

【案例 3.6】

通过以上旅游目的地的策划之后，接下来的工作就是对旅游目的地网站实施，实施过程包括四个部分：整体形象设计、开发制作、调试完善、网站推广和维护。

（1）整体形象设计。

整体形象设计包括字体、Logo、网站的主色调、广告语等。首页设计包括版面、色彩、图像、动态效果、图标等风格设计，也包括 banner、菜单、标题、版权等模块设计。这就要求设计人员对旅游目的地有深入的了解，就像济南凤凰旅游官方网站的首页给人的视觉效果是一种古朴的气息，体现了凤凰古城的风格，整体色彩、图文搭配得非常协调，网站的 Logo 和网站名称在整个页面的左上角，符合大多数网民的流量习惯，给人留下了深刻的印象。

（2）开发制作。

此时，程序员和网页设计员要同时进入开发阶段；同时，测试人员也要随时测试网页和程序，发现错误及时记录并反馈给程序员和网页设计人员使其尽快修改，网站负责人需要经常了解项目进度，协调和沟通程序员与网页设计员的工作。

（3）调试完善。

在旅游目的地网站建设初步完成后，上传到服务器，对网站进行全范围的测试。包括网站打开的速度、浏览器的兼容性、交互性、链接的正确性、程序的正确性，以及进行超流量测试等，发现问题及时解决并记录下来。网站是一个不断充实和完善的标准，通过不断地发现问题，解决问题，修改，补充文档，使这个标准越来越规范，越来越市场化，进而使网站开发趋向规范，趋向合理。

（4）网站推广和维护。

于是他在互联网上搜索关于旅游网站的推广方法，在搜索引擎搜索框中输入"旅游网站推广"这个关键词，找出很多相关信息，对于网站的推广可以分为两大板块，服务推广和免费推广，推广活动有长期的，也有短期的，不同的推广方式效果也可能是相同的。网站维护则是定期查看网站运行是否正常，对于网站的内容要根据旅游目的地信息的变化而变化。

2. 第三方平台目的地电子商务体系建设

步骤 1：第三方平台的选择及特点分析。

【案例 3.7】

第三方电子商务平台泛指独立于产品或服务的提供者和需求者，通过网络服务平台，按照特定的交易与服务规范，为买卖双方提供服务。根据这个理解，小刘找到了途牛旅游网（http://www.tuniu.com/）和同程网（www.17u.cn）（见图 3.22）。

图 3.22　途牛旅游网和同程网的 LOGO

小刘对两个网站关于旅游目的地的栏目进行观察发现，两个网站都有旅游攻略。从图 3.23 可以看出，同程网将热门旅游目的地按照地区划分，让用户一目了然。再是热门游记推荐（见图 3.24），它是按照客户浏览量的大小依次排列，从少到多，这样可以激起用户向下继续浏览的欲望。

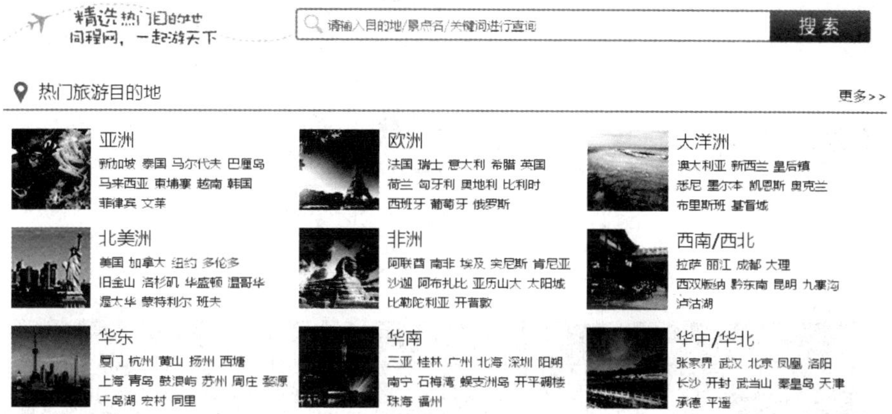

图 3.23　同程网的热门目的地

图 3.24　同程网的热门游记推荐

途牛旅游网在攻略中将旅游目的地分为时令游（见图 3.25）、主题游（见图 3.26）、猜你喜欢和推荐游记攻略。时令游按照旅游目的地气候的特点将其分为春夏秋冬四个部分，以满足不同时间段的游客。它将主题游划分成购物血拼、浪漫蜜月、家庭亲子、慢行邂逅、美图摄影五个部分，以满足不同人群。

图 3.25　途牛旅游网的时令游

图 3.26　途牛旅游网的主题游

小刘发现，两个网站不仅可以查看旅游目的地的信息还可以在线进行购买旅游产品，如点击进入同程网热门旅游目的地中的三亚（见图 3.27），在这里选择行程路线就可以预订相应的酒店门票等，途牛旅游网也是一样的。

图 3.27　同程网旅游目的地三亚

步骤 2：归纳第三方平台的特点。

【案例 3.8】

途牛网旅游目的地五台山见图 3.28。

图 3.28　途牛网旅游目的地五台山

小刘通过对两个网站在旅游目的地中的设计总结出以下特点：

（1）对旅游目的地都有个性化展示，如途牛旅游网根据气候将旅游目的地分为四季来展示。

（2）网站上旅游目的地的信息都是由当地旅游企业提供。

（3）都可以在线进行相关产品的交易。

二、知识要点

（一）旅游目的地网站建设现状

旅游网站是在近十年来在我国逐步兴起和发展起来的，到现在已初步形成类型齐全、涵盖旅游各个方面的网上旅游产业体系。旅游产品的在线宣传和销售正影响着越来越多的旅游者、旅游服务提供商和旅游管理者。随着我国旅游业的迅猛发展，推进旅游信息化，广泛实现旅游电子政务、电子商务，建立高度发达的网上旅游系统，对于促进我国旅游业的跨越式发展有着重要的作用。

1. 发展阶段

第一阶段（1997—2000年）：我国真正出现基于互联网的旅游网站以1997年中国旅游资讯网和华夏旅游网的成立为标志。此阶段，旅游网站信息很少，网站只由一到数张设计简单、以景点介绍的简单文字为主的网页构成。

第二阶段（2000—2001年）：2000年4月以网上预订为主的青旅在线诞生，电子商务模式首次引入旅游网站。此阶段，旅游网站提供的预订服务一般只包括交通及住宿企业的电话等联系方式，游客的预订仍需绕开网店，直接与相关企业打交道。网站的资讯已日益丰富，并由层次分明、包含超级链接的网页组成。

第三阶段（2001—2002年）：随着2001年2月金旅雅途网的成立，中国出现了一批以网上交易平台服务为主要业务的旅游网站。此时，旅游网站已有较强的互动性，且开始提供一些在线服务。网上预订业务也大大增加，只是从网上预订客房后仍需要通过银行等途径汇去所需款项，预订的飞机票等也必须派人上门递送，属于"鼠标+水泥"的模式。

第四阶段（2002年至今）：2002年4月中国第一个旅游目的地营销系统"南海目的地营销系统"在广东省南海市建成，南海旅游网成为中国首个运行DMS的旅游网站。从此，功能强大的数据库系统使游客可以很方便地实现食、住、行、游、娱、购等信息的在线查询，甚至可以借助多媒体工具进行网上虚拟旅游。

2. 网站分类

对于种类繁多的旅游网站，可以从不同角度进行分类，如按照网站性质的不同将我国网站分为以下七大类：政府旅游部门网站、应用服务供应商网站、旅游企业网站、专业旅游网站、网络内容供应商网站的旅游频道、各类旅游目的地资讯网和地方性旅游网站、个人旅游网站。此外，旅游网站还可以按照专业属性、服务类型、提供信息等不同要素进行分类。

3. 网站构建中存在的问题

目前，我国旅游网站数量非常庞大，现在用各种搜索引擎搜索到的旅游网站已达到数万家。但是大多数旅游网站的构建无论从网页设计的科学性、有效性，还是从网站的服务内容、服务范围、服务功能来看，都非常不规范，存在不少问题。如，以政府旅游网站为例，域名的使用就非常混乱，48%的省级政府旅游网站未使用.gov.cn的正规域名，网站信息也参差不齐。再看专业旅游网站，从网上选取50家较为成功的专业旅游网站进行测评结果显示，酒店客房和机票查询预订是专业旅游网站提供的主要功能。在选取的专业旅游网站中，100%的网站都提供了此两项功能，但从具体功能来看，尚无一家旅游网站能够提供客房的实时情况，如最近一天的客房销售情况和促销优惠的报价。火车票的查询只有45%的网站提供，国内火车票的预订尚无一家网站开通，唯一一家开通的网站也只开通了欧洲火车票的预订。能提供出租车预订的网站只占22.7%。目前，在所选取的网站中，尚无一家提供酒店、机票、出租车、门票的组合预订，而其中，能提供门票或导游预订的也只有两家。从预订方式来看，选取的网站都提供了网上预订功能，但提供网上支付功能的网站只占22.7%。此外，绝大多数专业网站没有设置旅游投诉的功能。

旅游目的地网站应将旅游目的地详细而全面的信息提供给游客，同时进行旅游目的地旅游促销，因此在网站构建中以下要素是必不可少的：在网站的首页，应设置能简明而生动地反映目的地形象或文化内涵的网站标志 logo，并对旅游目的地进行简要的文字描述，如旅游目的地的地理、地形、气候及着衣等注意事项的说明。在网站内容设置方面，应该具有目的地的照片、图像，网站地图或内部链接的列表，旅游目的地浏览日程的建议安排，旅游目的地文化风俗及当地重大活动的介绍，在线调查或在线注册的功能等多方面的功能与内容。与此同时，还要根据目的地的主要境外客源市场提供不同语言版本，并且可供联系的电子邮件地址。最后，要能及时统计网站的访问人数，并且要有网站最后更新日期。

虽然静态或动态的目的地信息数据库在目前旅游目的地网站建设中是很不完善的，但是旅游目的地信息的详尽程度能直接影响游客对目的地的选择以及在目的地旅游的满意程度，因此建设目的地信息数据库是目的地旅游网站中不容忽视的一环。人性化的服务是服务行业不可或缺的一大亮点，所以，也可以把这一亮点融入到网站建设方面，如根据一年四季旅游目的地景观的变化以及淡旺季的交替，对目的地网站发布的信息进行调整。另外，设置自动安排旅游行程的智能数据库，使游客只需填入出发地、目的地、旅游天数和费用等信息，就可以自动生成旅游行程安排表。利用计算机网络通信、多媒体数据库、虚拟现实技术、地理信息系统等现代信息化技术，开发设计旅游景区虚拟漫游展示系统，全方位多层次地展示和介绍旅游目的地的自然和人文景观，以满足游客远程网上虚拟旅游的要求。

此外，还应在网站的某一块提供以目的地为背景和内容的精美图片、壁纸、精品游记的电子书、FLASH、屏保、视频等的免费下载服务，贴心的售后能为自身带来更多的客源。

（二）旅游目的地网站的内部结构

旅游目的地网站的内部结构是整个网站内容的综合体现，一般而言，旅游目的地网站的内部结构不仅有一套简洁快捷的框架图，以为潜在的旅游者提供信息索引，而且还包含网络实名系统、简介系统、信息动态发布系统等内容。

1. 网络实名系统

使用网络实名可以使用户更快地找到旅游目的地网站，许多旅游潜在消费者都是通过直接在地址栏输入中文相关关键字进行搜索的，或在百度、Google、Sohu 等网站进行搜索。

2. 简介系统

旅游目的地网站介绍系统是专门针对旅游目的地的介绍板块，管理员只需要在网站后台管理系统中添加各旅游目的地的相关资料内容，即可随时进行旅游目的地网站内容的更新。此外，为了方便全球潜在旅游者对网站进行浏览，整个旅游目的地网站应该有中文与外文两个准备。

3. 信息动态发布系统

信息动态发布系统是通过一个后台程序使每条旅游目的地信息均可通过一个相同的页面进行添加、修改与删除，以实现自动排序、浏览等功能。信息动态发布系统一般包括内部信息、行业新闻两大方面。

4. 网站会员管理

旅游目的地网站的会员可以分为企业会员与个人会员两种类型。其需要网站会员注册系统的支持，会员可以进行相关的活动，比如，论坛发帖、发布信息或者参加网站开办的活动。

会员系统的作用主要在于增加人气、宣传网站、促进交易等方面。

为了更好地与游客进行交流,让游客在网络上有一个可交流的园地,旅游目的地网站还可以建立一个用于网上交流的论坛系统,使潜在旅游者之间、网站与潜在旅游者都可以针对某一个问题进行交流,从而增加网站的人气。

信息反馈系统对于一个成功的旅游目的地网站而言是必需的。一般可以采用可回复的留言板的形式来完成信息的反馈,通过客户的留言可以找到市场开发的突破口,使网站的知名度节节上升。此外,可回复的留言板管理系统是一个双向的管理系统。它可以让客户给网站留言,也可以让管理员回复、删除客户的留言,从而使客户与网站建立起一种互相信赖的关系。

5. 网站友情链接

通过网站的友情链接系统可以使网站与国内外的广大旅游网站建立联系。交换友情链接在提高网站访问量的同时,还可以带来无限商机。链接的方式有很多,最常见的是文字与 logo 交换。

(三)旅游目的地网站的功能模块

旅游目的地网站的功能模块是一套面向用户开发的系统,它为各旅游目的地企业提供了旅游商贸信息的交流平台。通过浏览某旅游网站,可归纳出该目的地网站具有如表 3.1 所示的功能模块。

表 3.1 旅游目的地网站的功能模块

模块	功能名称	功能简述
网站信息管理模块	网页管理系统	用于需要自定义的信息栏目
	新闻管理系统	新闻录入、发布、删除和检索
	旅游产品管理系统	产品分类管理、最新产品管理
	旅游招聘管理系统	招聘信息发布、支持在线回复
	资料下载管理系统	可自行创建及更新资料下载服务
	内容搜索引擎	基于关于关键字的网站信息搜索工具
在线商务应用模块	旅游产品询价/订货单	在线提出询价或表明订货意向
	旅游购物车	在线完成旅游购物(包括身份证验证流程)
	在线支付	由金融机构提供的在线支付服务
	在线招标采购	模拟招标流程规范通过网络实现
	在线商务洽谈(聊天室)	可创建洽谈室与潜在旅游者实时洽谈
客户互动服务模块	会员权限管理	对会员进行分类授权管理
	客户档案管理	管理客户的资料,进行统计分析
	邮件列表	可对不同类型客户批量发邮件
	邮件自动回复	收到客户邮件后系统自动回复
	大客户专用页面	为重要客户建立个性化专用页面
	主题论坛	可建立各种主题
	留言板	在网上给相关部门留言
	在线调查统计系统	可自建调查问卷、产生统计结果
	在线评价系统	在线进行各种旅游评价、自动评分

对于旅游目的地网站来说，如果包含太多的层次和链接，会导致潜在旅游者在浏览时迷失方向，而且也会将有效信息淹没在信息的海洋里。因此，如果网站页面总数超过了100个，就需要挑出最需要的页面。建议挑选以下页面放在旅游目的地网站的醒目之处。

1. 产品分类页面和主要产品页面

构建旅游产品分类信息并介绍主要旅游产品的时候，一般采用列表递进的方式让有需要的旅游者选择感兴趣的地域，然后再向他们介绍当地的风土人情与各类景观。

2. FAQ和帮助页面

FAQ是英文frequently asked questions的缩写，中文意思就是"经常问到的问题"，或者更通俗地叫作"常见问题解答"。在很多网站上都可以看到FAQ，列出了一些用户常见的问题，是一种在线帮助形式。在利用一些网站的功能或者服务时往往会遇到一些看似很简单，但不经过说明又可能很难搞清楚的问题，有时甚至会因为这些细节问题而失去用户，其实在很多情况下，只要经过简单的解释就可以解决这些问题，这就是FAQ的价值。

在旅游目的地网站中，FAQ被认为是一种常用的在线顾客服务手段。一个好的FAQ系统，应该至少可以回答用户81%的一般问题，以及常见问题。这样不仅方便了用户，也大大减轻了网站工作人员的压力，节省了大量顾客服务成本，并且增加了顾客的满意度。

3. 旅游目的地网站导航栏

导航栏为旅游者提供更明晰的分类体系，以及有关旅游的线索。用户一般会期望每个页面都有指向相应信息的链接，如果网站有一个搜索栏和导航栏的话，那么可以在这个搜索栏的附近增加一个指向网站地图的链接，甚至可以在搜索结果页面的某个固定位置放网站地图的链接。

三、任务实训：旅游目的地电子商务体系建设

（一）实训目标

了解自建平台旅游目的地网站的策划和实施，明确第三方平台在旅游目的地建设中的特点，能正确选择信息发布的第三方平台。

（二）实操描述

学生可以根据实训背景进行任务分配，通过互联网搜索典型旅游目的地网站以及第三方平台来获得对自建旅游目的地网站和第三方平台的认识，完成实训目标。要求学生通过互联网完成以下任务：

（1）在自建旅游目的地网站时需要进行哪些方面的分析。
（2）如何选择第三方平台作为旅游目的地推广平台。
（3）旅游目的地网站都有哪些功能。

（三）考核标准

（1）正确分析自建平台旅游目的地网站及旅游目的地网站建设中的要素。

(2）正确选择第三方平台。
(3）准确掌握旅游目的地网站的功能建设。

（四）实训报告

结合以上相关知识和应用情况，通过互联网完成工作任务，并填写实训工作单。

实训工作单

授课班级			授课教师		
小组成员					
项目名称					
工作任务					
任务理解和分工					
实施过程(可附页)	序号	主题	过程简要描述		备注
	1	旅游目的地网站策划			
	2	第三方平台的特点			

任务三　旅游目的地网络营销

一、完成任务

1. 旅游目的地产品营销

步骤1：制定旅游目的地产品营销策划方案。

【案例 3.9】

小刘通过对互联网信息的分析已经基本了解了旅游目的地电子商务体系。领导给小刘布置了一个任务，要求小刘进一步了解旅游目的地的产品网络营销策略，并针对当前的业务对目的地产品网络营销进行策划。小刘决定首先看看其他的网站是怎么做的。

小刘非常喜欢旅游，尤其向往西藏旅游，对西藏雪域文化非常痴迷，所以首先寻找了以西藏为旅游目的地的旅游网站——"风行雪域"网（见图 3.29）。

521tibet.com
魅力青藏·与你分享
青海省旅游局
西藏旅游
咨询热线.010-57627803 / 57627801
首页
行程线路
青藏动态
风行游记
行家解答
自助旅游
关于我们
目的地指南
雪域相册
雪域社区
西藏全景14日游
521tibet.com
圣地一至四日游
朝圣五至六日游
经典七至八日游
醉美九至十日游
十一至十二日游
十三至十四日游
十五至十六日游
十六日以上游
双卧线路
卧飞线路
双飞线
行色·修心·朝圣之旅
阿里南线13日公益摄影之旅
挑战价6600元
珠穆朗玛峰双卧十二日游

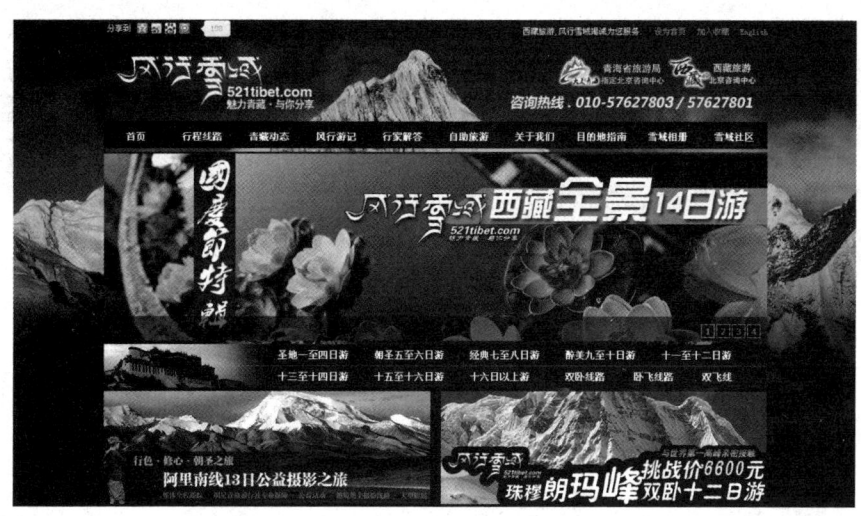

图 3.29　风行雪域官方网站

从风行雪域网可以看到，网站是针对西藏旅游开设的旅游目的地电子商务网站，网站中提供了西藏旅游信息和旅游规划线路。那么，风行雪域网是怎样通过互联网进行营销的呢？小刘决定从网站的网址入手在搜索引擎中进行查找。

在百度中搜索网站的网址，可以看到搜索引擎收录中有该网址的信息。小刘在百度搜索引擎中看到，在百度知道中，包含有关键词“西藏”的很多问题，都可以找到该网站的网址（如图 3.30 所示），表示网站在运营时采取了问答营销的网络营销方式，在帮助网友解答问题的同时加入网站信息，可以在搜索引擎收录问答网页时带入营销网址，达到营销效果。

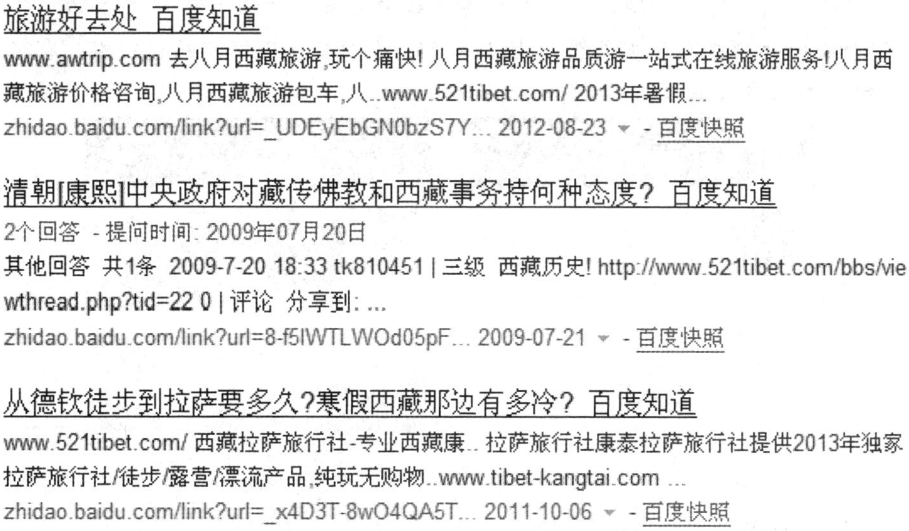

旅游好去处_百度知道
www.awtrip.com 去八月西藏旅游,玩个痛快! 八月西藏旅游品质游一站式在线旅游服务!八月西藏旅游价格咨询,八月西藏旅游包车,八...www.521tibet.com/ 2013年暑假...
zhidao.baidu.com/link?url=_UDEyEbGN0bzS7Y... 2012-08-23 - 百度快照
清朝[康熙]中央政府对藏传佛教和西藏事务持何种态度?_百度知道
2个回答 - 提问时间: 2009年07月20日
其他回答 共1条 2009-7-20 18:33 tk810451 | 三级 西藏历史! http://www.521tibet.com/bbs/viewthread.php?tid=22 0 | 评论 分享到: ...
zhidao.baidu.com/link?url=8-f5lWTLWOd05pF... 2009-07-21 - 百度快照
从德钦徒步到拉萨要多久?寒假西藏那边有多冷?_百度知道
www.521tibet.com/ 西藏拉萨旅行社-专业西藏康.. 拉萨旅行社康泰拉萨旅行社提供2013年独家拉萨旅行社/徒步/露营/漂流产品,纯玩无购物..www.tibet-kangtai.com ...
zhidao.baidu.com/link?url=_x4D3T-8wO4QA5T... 2011-10-06 - 百度快照

图 3.30　风行雪域网百度知道问答营销

小刘知道，常见的网络营销活动除了问答营销外，还包括微博博客营销、微信营销、邮件营销、网络广告、视频营销等手段。而微博和博客内容由于运营商的限制，一般不会出现在搜索引擎中。所以要验证网站是否进行了微博博客营销，可以通过在自己的新浪微博或博客中搜索网站名称来进行。小刘打开自己的新浪微博，在搜索栏中键入网站名称“风行雪域”，发现了风行雪域网站官方微博的主页（见图 3.31），主页以西藏旅游知识与路线规划为主要内容,几乎每条微博内容都加入了关键字"西藏旅游"。微博从食、住、行、游、购、娱多方面为计划进藏的游客提供旅游资讯;同时带入网站的地址链接,方便链入网站进行详细浏览。

图3.31 风行雪域网官方微博搜索结果

微信营销也是目前比较流行的营销手段,于是小刘打开微信,搜索"马尔代夫旅游"的公众账号,找到了该公共账号"马尔代夫旅游",通过查看,小刘发现这个公众账号居然是一家专门从事中国到马尔代夫旅游的目的地电子商务网站的官方微信。微信的详细资料不但有这个名叫"马代中国"的网站网址,还在功能介绍中公布了网站的官方QQ群、腾讯微博等信息。从这个小小的微信账号(见图3.32)入手,小刘就发现了"马代中国"有网站微博、微信、QQ群三种网络营销方式。

图3.32 马代中国微信账号

从网站网址入手，在搜索引擎中搜索马代中国的网址，小刘又有了新的发现。在一个名为站长水吧的论坛中，论坛帖子中有一位包含马代中国网址的跟帖者。这篇帖子在搜索引擎中可以通过搜索马尔代夫旅游网这个关键词找到"马代中国"网站，属于网络营销中的论坛营销（见图3.33）。

图 3.33 马代中国论坛营销

对比这两个国内旅游和国外旅游目的地，小刘看出旅游目的地电子商务网站在进行目的地产品网络营销时，通常会采用微博博客营销、微信营销、QQ群这样的即时通讯营销、论坛社区营销等方式进行，而与其他电子商务网站有所区别的是，旅游目的地产品营销很少采用电子邮件营销。分析原因，小刘认为主要是因为旅游目的地通常为单一消费品，不存在或很少存在反复消费的现象。所以游客大多在进行一次目的地旅游后会选择其他目的地，所以鲜有固定的消费群体。根据自己在互联网上了解到的资料，小刘很快制定了产品营销策划方案。

步骤2：根据策划，进行营销的实施。

【案例3.10】

看了几个旅游目的地网站的营销方式，小刘按照自己制定的产品营销策划方案准备开始进行营销的实施。小刘发现，旅游目的地产品营销包含线上推广与线下营销两部分，线上推广需要借助互联网和一定的网络工具、网络资源。而旅游目的地网站的推广是各种网站推广手段和网站推广工具的综合利用，尽管基本的网站推广手段和网站推广工具有限，但是因为每种手段和工具在不同的应用环境中具有不同的表现形式，因此建立在这些手段和工具基础上的旅游目的地网站推广方法也多种多样。所以小刘所采取的营销方式主要有以下十种：

（1）提交搜索引擎。

提交搜索引擎就是指在网上将域名通过一定的程序提交给各大搜索引擎进行收录。常见的搜索引擎如Google、百度、搜狐/搜狗、网易有道等。大多数情况下，注册搜索引擎是免费的，部分按效果付费，只需要少量的投入就可以为企业带来大量的潜在客户，提升企业销售额和互联网曝光度，同时有效提升企业知名度。提交搜索引擎最大的特点就是企业可以灵活控制网络推广投入，获得最大的回报。搜索引擎收录提交入口见图3.34。

```
>> 搜索引擎网站收录地址大全【点此提交您的搜索引擎】

（新）搜狗URL提交：http://zhanzhang.sogou.com/index.php/urlSubmit/index
（新）360URL提交：http://zhanzhang.so.com/?m=PageInclude&a=index
百度搜索网址提交入口：http://zhanzhang.baidu.com/sitesubmit/index
360搜索引擎登录入口：http://info.so.360.cn/site_submit.html
360新闻源收录入口：http://info.so.360.cn/news_submit.html
360网站点评平台收录：http://dianping.360.cn/addurl
Google网址提交入口：https://www.google.com/webmasters/tools/submit-url?pli=1
Google新闻网站内容：http://www.google.com/support/news_pub/bin/request.py?contact_type=suggest_content&hl=cn
搜狗网站收录提交入口：http://www.sogou.com/feedback/urlfeedback.php
SOSO搜搜网站收录提交入口：http://www.soso.com/help/usb/urlsubmit.shtml
即刻搜索网站提交入口：http://zz.jike.com/submit/genUrlForm
盘古数据开放平台：http://open.panguso.com/data/resource/url/new
bing（必应）网页提交登录入口：http://www.bing.com/toolbox/submit-site-url
简搜搜索引擎登陆入口：http://www.jianso.com/add_site.html
```

图 3.34 搜索引擎收录提交入口

（2）搜索引擎广告。

在阅读报纸时常常可以看到很多旅行社在报纸上投放的媒体广告，旅行社投放搜索引擎广告就像投放报纸广告一样。多数旅行社会使用百度的广告后台，按照地域、时段投放，但是在关键词的选择上已然处于低级的阶段，很多旅行社会花高价去竞争"湖南旅游""澳洲旅游"这类的热门关键词，而很少去做"张家界三日游""泰国普吉岛旅游"这类词组，更不用说去投放那些潜在的游客可能会使用的偏门关键词了。虽然搜索引擎广告按照点击收费，用户投入与网站的点击量成正比，但是这并不能保证有更好的投入产出比。

（3）搜索引擎优化。

搜索引擎对一个网站的访问量具有至关重要的作用，如果没有将网站的营销投入其他计划，那么大多数网站的访客都是通过搜索引擎进入网站的。旅游目的地网站可以将重点放在一些目的地关键词、品牌关键词上。比如"凤凰古城旅游"这个词多次出现在首页，肯定会在一定程度上提高网站在这个搜索引擎中相关词组搜索结果页面中的排位。搜索引擎优化结果见图 3.35。

【凤凰城旅游】凤凰城旅游攻略,凤凰城旅游景点 - 酷讯旅游网
酷讯旅游指南为您提供凤凰城的旅游信息查询,包括目的地简介,目的地攻略,目的地天气,目的地住宿,目的地地图等信息。 拉萨娜姆国际青年旅 西安阿房宫维景国际大
you.kuxun.cn/fenghuangche...html 2013-01-22 ▼ - 百度快照

【凤凰古城旅游】 好玩吗 图片 指南 门票 一起游 17u.com
[图文]凤凰古城旅游-一起游为您提供凤凰古城旅游指南,您可以查看凤凰古城旅游攻略,包含凤凰古城图片、美食、行程推荐等各类信息,并且提供凤凰古城旅游住宿、线路、景点门票...
www.17u.com/destination/scenery_lvyo... 2013-09-16 ▼ - 百度快照 12

湖南凤凰城5日游全攻略 湘西旅游攻略
欣欣旅游网游记攻略:... 凤凰城旅游的时间不用多,4、5天游足矣。 第一天:如果想省钱又不怕辛苦,建议坐硬座(注:去湖南火车并没软座,硬卧途中停站一定多小心行李...
www.cncn.com/article/111... 2009-03-24 ▼ - 百度快照

图 3.35 搜索引擎优化结果

（4）邮件营销。

邮件营销是电子商务网站比较行之有效的在线营销方式，然而对于旅游目的地而言，要绝对避免电子邮件营销被用户列为垃圾邮件。通常会发布一些旅游目的地特产、节日问候。要特别注意避免过于频繁的推送邮件，以免邮件运营商将网站推送的邮件列为垃圾邮件，客户也会比较反感。

（5）论坛营销。

站在游客、行业和媒体角度撰写一些高质量的软文，发布到大型网站中。如果能够被网站转载发布，那么营销效果会更好。还有一些网络营销人员会将网站地址和网站介绍直接发布到论坛中，这样的好处是简单有效，效率比较高；缺点就是很容易被论坛版主列为广告帖子，会很快删除甚至对发布账号禁言。

（6）博客/微博营销（见图3.36）。

大的门户网站一般都会提供博客和微博服务，如新浪、网易、搜狐、腾讯等。在这种大型门户网站开一个以网站宣传和目的地宣传为内容的微博，图文并茂的将网站内容展示在微博上，加入网址链接，会起到很好的宣传作用。

图3.36　凤凰古城旅游网官方微博

（7）交换链接。

交换链接是给一个网站带来稳定流量的好办法，这也是推广中比较困难的工作。新建立的网站没有任何运营过程，PR值为0，这个时候，同行PR值较高的网站一般不愿意交换友情链接。这就需要充分利用自己的资源，尽量与PR值高、内容质量较高的网站做友情链接，从而有效地提高网站的PR值。

（8）开放式目录提交。

旅游目的地网站建成后质量不错，可以将目的提交给雅虎和Looksmait网站，被这些网站收录对PR值的提高非常有帮助。而要保证提交成功率，一定要等网站完全做好后再提交，并尽量提交给更细的目录。国内如hao123、265等导航网站也能带来不错的稳定访问量。旅游行业网站也可以提交给旅游网址大全和网站联盟等。

（9）网页标题标签与关键词。

在网页优化上，最重要的因素之一就是网页的标题标签。网页标题首先要设置更容易被搜索到的网页标题，网页标题上如果有诸如"凤凰城旅游专家""凤凰古城旅游服务"这样的描述，那么搜索者在搜索"凤凰城旅游"时更容易找到网站。所以 HTML 文件中 head 信息在网页完成后需要及时修改。

（10）即时通讯工具推广。

可以利用 QQ 和 MSN 等即时通讯工具进行营销，QQ 营销中可以使用 QQ 资料、QQ 签名、QQ 空间、QQ 群（见图 3.37 和图 3.38）等方式来推广旅游目的地网站，而最能带来流量的还是 QQ 群推广，可以多加行业群，加强同行之间的交流。

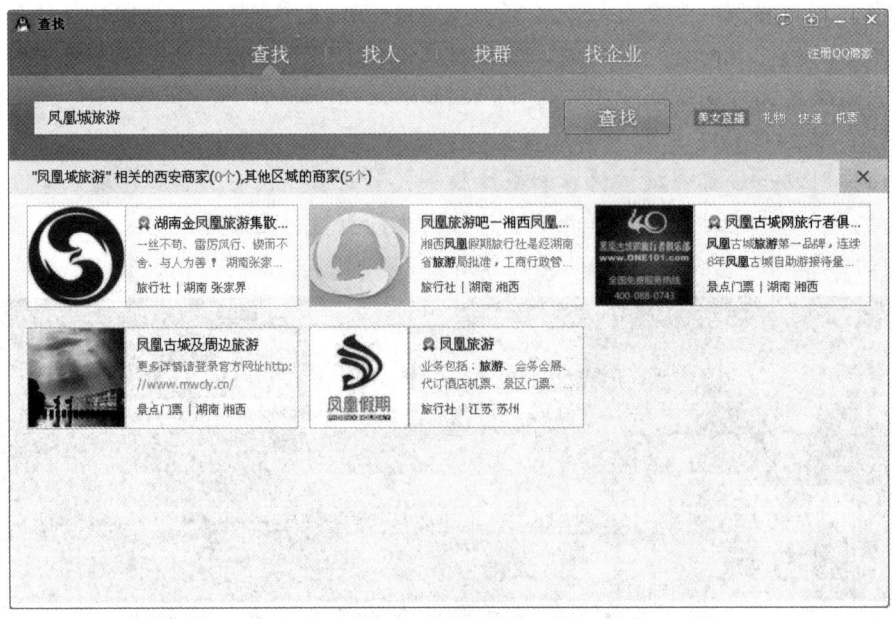

图 3.37　凤凰古城旅游 QQ

图 3.38　凤凰古城旅游 QQ 群

2. 旅游目的地产品营销效果监控

【案例 3.11】

小刘的策划得到了领导的肯定并批准试行,通过对凤凰古城旅游目的地电子商务网站的建设以及对旅游目的地产品的营销的监控,对比网络营销前的数据,这次的旅游目的地电子商务无论从市场推进还是产品营销,都有不错的市场反映(见表3.2)。

表3.2 营销效果监测数据

营销方式	数据分类	数据
门户网站	收录量	155
	日平均IP	720
软文	注册平台	65个
	发布数	13篇
	浏览量	40次
	转载数	19次
视频	总播放次数	332次
	近30天播放次数	165次
即时通讯	占总访问量比	40%
邮件营销	发送邮件	1 300封
	成功率	95%
微博/博客	发表博文	180篇
	转载次数	237次
	评论次数	150次
其他	电话咨询	130次/天
	三个月总订单量	80单
	交换链接数	16个

通过互联网数据中心的数据统计结果,小刘看到了旅游目的地电子商务应用的重要性,并成功地为公司旅游电子商务运营策略提供了参考。

二、知识要点

(一)旅游目的地展开网络营销的手段和方式

1. 成立专门的营销机构

旅游目的地营销是一个长期而艰巨的任务,需要搞好旅游目的地形象设计,信息采集处理,企业、媒体与游客信息沟通,节事活动的策划组织等业务。旅游目的地有必要成立专门的营销管理机构,由具备一定专业水平的工作人员专门从事本地区的旅游营销工作,以保证工作的科学化、专业化和连续性。

2. 寻求智力支持

建立市场调研长期机制。由于我国市场机制建立比较晚，社会各界对市场经济规律的认识不足，加以旅游产业起步较晚，旅游理论很不成熟，为了保证旅游营销活动的科学化，有必要聘请有关旅游专家和咨询机构作为旅游目的地营销的顾问。为了充分掌握游客心理和市场动向，有必要建立市场调研长期机制，对市场进行有效监控，以保证旅游目的地营销的方向性。如每年组织市场调查，认真分析调查结果，及时发现有关动向，以采取相应的营销措施。

3. 资金保证

地方财政每年拨出专款用于本地区旅游营销活动，这是解决旅游目的地营销经费的根本方法。作为辅助措施，可以通过税务部门面向企业开征旅游事业发展税，把此项税收全部用于旅游营销，这是符合当前国家政策的税种。另外，还可以从旅游企业募集少量营销经费，用于地区总体旅游营销。

4. 搞好旅游目的地形象定位，多方位、立体式开展营销活动

在激烈的市场竞争条件下，每个地区都需要认真做好旅游形象定位，才能紧紧抓住游客的眼球和心理，保证旅游目的地客源的增长，保证地区旅游产业的快速发展。如山东省聊城市定位为"江北水城"，在游客心目中形成了鲜明的个性形象，使地区旅游产业近几年得到了快速发展；哈尔滨把城市旅游形象定位成"冰雪城"，有力地促进了地方冰雪旅游的发展。关于旅游营销的具体方法，包括信息采集、信息发布、事件炒作、市场细分、营销战略、网络营销等，所以作为目的地旅游营销，应注重本地区旅游形象的树立，更多地利用新的经济观点和营销方法，如体验经济的理论方法、事件营销方法等，开展持久的立体式营销。

（二）旅游目的地网络营销的优越性

与传统营销相比，旅游目的地网络营销因具有扩大营销范围，降低营销成本，更好地满足顾客个性化需求，与顾客进行双向沟通，实现全程营销，增强营销效果等优越性，所以在旅游目的地营销过程中能够发挥独特的作用，其具体的优越性表现如下：

1. 扩大营销范围

由于互联网具有跨时空性，网络营销可以不受时间、空间的限制而进行信息传播和交流，突破传统营销媒体手段的限制，为全球范围的潜在旅游者提供全天候的服务。营销主体将旅游目的地的各种信息放在网上，通过互联网将这些信息传递到世界各地，能够有效地传播目的地信息，从而扩大营销的受众范围，获得吸引更多海内外客源的机会。

2. 降低营销成本

网络营销成本，要远远低于传统营销费用。网络营销的成本包括网站建设费、软件费用及网络推广运作费用，但与传统营销巨额的市场广告宣传费用相比的话，其优势不可替代，并且还可以降低市场调研费用、顾客投诉咨询等，从而以较低的投资实现利益最大化。

3. 实现全程营销

在网络营销中，利用互联网的互动性，营销主体可以通过电子布告栏、电子邮件等方式发布信息，在营销的全过程与消费者进行即时的信息交流，使旅游者不仅能够选择现有的产

品或服务，还可以参与旅游产品的设计，制定自己的行程。这种双向互动的沟通方式，不仅提高了消费者的参与性和主动性，从根本上提高了消费者的满意度和忠诚度，更重要的是使目的地营销主体的营销决策有针对性，有助于营销主体实现全程营销目标。

4．增强营销效果

互联网信息存储容量大，传输速度快，网上信息易于更新，而且还可以做到图片、声音、视频等方面的多媒体结合。利用这些特点，旅游目的地营销主体可以制作出丰富多彩的信息内容，为旅游者提供全面的信息服务，以增强对旅游者的吸引力，增加对旅游者做出决策影响。同时，网络营销能够提高营销主体对市场信息的获取与处理能力，及时了解旅游者需求，高效率地提供相关信息，提高营销效率。

（三）旅游目的地网络营销系统评价体系构建

根据旅游目的地网络营销系统应该具备的功能层级、价值高低以及所要求的技术环境，得出一个成熟的目的地网络营销系统应该具备信息提供、信息交互、在线交易和关系管理等四大基本功能，在此基础之上构建了需求—价值—功能—技术四维评价体系（简称 DVFT 评价体系）。

1．信息提供层

人们越来越多地通过浏览旅游网站来了解相关的旅游信息，因此，信息提供是 W-DMS 最基本的功能，在这个层面上要求 W-DMS 能够及时快速地提供准确的旅游信息，这些信息应该包括与游客旅游活动密切相关的"吃、住、行、游、购、娱"的六要素信息，同时也应该包括与之相关的其他目的地信息，如目的地概况、电子地图、天气状况等。另外，除单要素的信息之外，还应该包括一些组合信息，如提供旅行社的相关信息、旅游日程安排。为了更快捷地获取信息，网站还应该具备站内查询和信息搜索功能。

2．信息交互层面

信息交互层面是建立在完善的信息提供基础之上的。信息的交互沟通是将游客和产品生产者紧密联系在一起，并创建互动的交互关系的活动。良好的沟通平台的建立将有利于游客更进一步加深对目的地的理解，因此，W-DMS 应更具亲和力。要充分发挥互联网的营销活动，必须最大限度地利用互联网和通信工具。不同形式的通信工具（如同步和异步）的使用，可以拉近目的地和游客的距离。这些通信工具可以包括电子邮件、QQ／MSN、BBS、常见问题（FAQ）、交互式工具和论坛等。

3．产品交易层面

目前，随着电子商务与旅游业结合的日渐紧密，全球旅游电子商务发展迅猛，近几年的交易额一直保持着高速增长。在这种背景下，越来越多的旅游行业网站有了在线支付功能，这使更多的旅游站点在提供旅游信息的同时，具有直接盈利的能力，如携程网、艺龙网等的收入可达数亿元。交易功能提供是旅游活动由潜在变为现实的一个重要步骤，需要方便的交易工具和值得信任的金融交易安全。这个阶段是基于消费者获取信息的质量、及时的沟通交流和建立信任的基础之上的。在这个阶段，需要安全的网络交易系统，一站式购物的游客中心是目前发展的新趋势，主要包括是否具有在线预订功能、安全性如何、一体提供的交易的产品种类等。

4. 客户关系管理层面

布哈里斯（Buhalis）指出，建立客户关系是信息和通信技术（ICT）在旅游行业使用的重点。建立关系的能力是 W-DMS 网络营销的真正核心，这个层面是 W-DMS 的最高层面，也是最难实现的层面。

现代旅游需求个性化趋势越来越明显，营销需要建立客户关系，才能保障和游客及时有效的沟通。

利用数据挖掘技术，真正实现一对一营销，才能提高营销的效率。目标网站应了解游客的偏好，以吸引游客的兴趣和参与，才能更好地预测和发现旅客的需求变化，以提供定制产品。在这个层面之上，应该考虑游客的投诉处理、促销、个性化服务、奖励活动、虚拟旅游等。

5. 技术层面

由于网络技术在目的地管理和营销领域日益重要，因此，目的地组织必须适应技术变革才能取得成功。在信息时代，技术就是生产力，组织应该具有创造性的思维和灵活性，并能够迅速适应技术的变革。

王和费森麦尔研究表明，一个成功的网络营销策略，需要创新的组织方式和有利的技术环境。因为只有这样，整个网络的营销战略才能成功实施。在这个层面上，应该包括网站的接入速度、网站链接、网站的整体设计（包括技术和效果）、是否有网站地图等。

6. 评价指标体系

根据 DVFT 评价概念模型的四个不同层级，参考国内外的网站评价指标，结合游客的需求，本书设立了信息提供功能、信息交互功能、在线交易功能、客户关系管理功能和技术保障功能五个一级指标。二级评价指标的设立则充分考虑了旅游官方网站的特点。由于目的地网络营销系统依托其专属行业，具有行业属性，结合游客需求特点和功能要求设立二级评价指标，同时利用层次分析法确定各个指标的权重。层次分析法是把各因素之间的关系进行两两比较，确定相对的重要性，构造上层要素对下层相关元素的权重判断矩阵，最后计算出层次的总排序结果。

三、任务实训：旅游目的地网络营销

（一）实训目标

了解旅游目的地产品营销，制定旅游目的地产品营销的策划方案，掌握旅游目的地产品营销效果监控。

（二）实操描述

学生通过上一节的实训已经了解了旅游目的地电子商务体系，接下来教师根据实训背景安排学生针对该旅游目的地进行旅游目的地产品营销策划以及监控。将全班同学分为若干小组，完成以下任务：

（1）通过对三家旅游目的地网站的浏览对比，总结出它们的营销方法。
（2）制定聊城古城产品营销策划方案。
（3）总结出旅游目的地产品营销效果监控中的监控数据。

（三）考核标准

（1）详细了解旅游目的地产品营销的手段。
（2）合理制定聊城古城产品营销策划方案。
（3）准确掌握监控数据。

（四）实训报告

结合以上相关知识和应用情况，完成工作任务，并填写实训工作单。

实训工作单

授课班级			授课教师	
小组成员				
项目名称				
工作任务				
任务理解和分工				
实施过程（可附页）	序号	主题	过程简要描述	备注
	1	旅游目的地产品营销方法		
	2	旅游目的地产品营销效果监控		
	…			

【本章小结】

通过本章的学习，了解旅游目的地电子商务的流程，重点掌握旅游目的地电子商务的结构体系，掌握旅游目的地网站的建设和运营，理解和认识旅游目的地网络营销的具体方法，从而进行旅游资源的策划和营销。

【课后习题】

一、单选题

1. 无论旅游目的地的范围有多大,某一地区要成为旅游目的地就必须拥有特定的（　　）。
   A. 旅游资源　　　B. 旅游设施　　　C. 旅游服务　　　D. 旅游产品
2. 大连旅游网站属于（　　）模式。
   A. B2B　　　　　B. B2C　　　　　C. C2C　　　　　D. B2C 和 B2B
3. 拥有特定性质旅游资源以及相应的旅游设施和交互条件,具备一定旅游吸引力,能够吸引一定规模数量的旅游者进行旅游活动的特定区域是（　　）。
   A. 旅游客源地　　B. 旅游目的地　　C. 旅游集散地　　D. 旅游开发区
4. 旅游目的地营销组织是指旅游目的地营销活动的（　　）和实施主体。
   A. 资料整合　　　B. 信息发布　　　C. 组织管理　　　D. 资源分享
5. 网络支持系统是旅游目的地电子商务网络构建不可缺少的技术要素,包括一系列与电子交易有关的（　　）和设施。
   A. 软件　　　　　B. 信息　　　　　C. 系统　　　　　D. 资源

二、填空题

1. 目前我国目的地采用的是_____的运作模式。
2. 旅游目的地营销系统是旅游目的地_____进行网络营销的重要平台。
3. 旅游目的地门户网站分为_____、_____、_____、_____以及_____。
4. 旅游目的地电子商务由三部分组成,分别是_____、_____和_____。
5. 即时通讯营销中推广的工具有_____、_____和_____等。

三、简答题

1. 旅游目的地的含义与构成条件。
2. 简述旅游目的地电子商务体系构建中的要素。
3. 简述旅游目的地网络营销。

【后续展望】

旅游目的地在旅游业中占主要位置,它是一切旅游活动的载体,对旅游发展起着基础性的作用,所以同学们要通过本次实施清楚旅游目的地电子商务的应用,以便在今后的学习和工作中使用。

项目四　酒店电子商务应用

【学习目标】

一、知识目标

1. 了解酒店电子商务。
2. 明确酒店电子商务实施的方法。
3. 熟悉酒店电子商务在旅游电子商务中的应用。

二、能力目标

1. 掌握酒店服务业电子商务体系设计。
2. 掌握酒店客服和管理。

【项目情景】

小杨是电子商务专业应届毕业生。在浩瀚的就业海洋中，凭借着自己出色的表现成功进入 7 天连锁酒店进行为期一个月的实习。实习即将开始，为了能够更好地符合企业要求，融入企业发展，小杨默默地加快了学习的脚步，尤其是酒店在电子商务方面的应用，以期自己能够在实习期后加入该企业。

【项目分析】

一、酒店电子商务的特点

酒店电子商务是一个新兴领域，随着信息技术的迅速发展，电子商务已经成为酒店营销的发展平台，在竞争力愈来愈强的经济体系下，使用最小的成本成就最大的利益是所有商家们采用电子商务的最好理由，以为酒店行业带来更广阔的平台。酒店电子商务的开展为酒店业开拓了新市场，增加了新的服务项目，更好地适应市场的变化，因为现在很多游客特别是商务客人，不管是在开始还是中转过程中都需要互联网的服务。这样电子商务就能在第一时间内给客户展现酒店的服务内容，最大限度地方便客户。

酒店电子商务通过互联网可以很方便地进行规模采购和对熟客进行优惠活动，客户可以通过电子商务享受到售前、售中、售后全过程的服务，包括客户从酒店地点的选择、价格查询、客房预订、在线支付、配送等所有环节，可以给酒店节省大量的人力、物力、财力成本。

目前酒店电子商务注重双方的交流，对于信息服务还有所欠缺，在未来的发展中通过增加个性化服务来提高客户的体验度。

1. 酒店电子商务的优势

酒店电子商务是当今酒店业发展的必然趋势。通过特有的系统连接国际互联网向全球多姿多彩、声情并茂地展示自己的风貌、特色，推销自己的客房和各种服务，并依此组成酒店连锁业，结成战略联盟，以强劲灵活的营销手段向市场进军。它可以向众多的客户提供面对面的营销方式，开拓了市场的广度和深度，这些都是平常方式下的人力、物力所无法与之比拟的。它代表了最新和最有效的营销方式，为酒店开发客源市场带来了无限商机。

（1）增加酒店的经营产品。

酒店电子商务的开展首先给酒店业的经营增加了新的服务产品，满足了市场的新变化。因为游客，特别是商务客人，他们需要在旅途中仍然得到互联网服务，于是电子商务的开展使酒店增加了为客户服务的内容，为客人带来了方便。

（2）完善酒店的采购管理。

酒店通过互联来采购设备，不但可以方便地实现比价购，而且可以方便地实现规模采购和享受常客优惠。综合国内采购管理的经验，做好这项工作的关键是充分利用市场竞争规律，即充分利用比价原则。对于数额较大的采购项目，如果能够保持 3 个以上的产品信息，一般就可以采用多中选优的决策方式，做好管理控制。快捷、可靠的信息源是解决这个问题的根本。电子商务的开展提供了售前、售中和售后的全过程服务，包括从酒店需求设备的配置计划制订、价格查询、预定、支付、配送等所有环节，比价选购也十分方便，可以为酒店节约大量的人力、财力和物力成本。因此，电子商务必将改善酒店采购成本的控制。

（3）为客人提供方便快捷的服务。

Internet 将酒店产品的信息集中在一个平台，展示在客人面前提供 BtoC 的直接预订渠道，客人只需按其需求进行选择，确认即可。

（4）拓宽酒店的销售市场，扩大预订消费群体。

互联网使酒店业务有可能延伸到以往从未到达的地方，将酒店产品信息传递到世界各地，并将对酒店产品有需求的客人与酒店相连接，使酒店产品信息在空间上得到前所未有的拓展，因此电子商务可以给酒店业经营增加新的销售渠道，扩大预定消费群体。

（5）使酒店产品有形化，增强预订群体对酒店产品的信任度。

酒店产品具有无形性的特点，客人在预定、购买这一产品之前，无法亲自了解到所需产品的信息，Internet 可以提供虚拟酒店和大量的酒店产品信息。通过 Internet 网络，客人可以了解酒店产品，对酒店产品产生预先的体验。这样酒店网络预订不仅培养和扩大了消费群体，而且使无形的酒店产品"有形化"，增强了预订群体对酒店产品的信任度。

2. 酒店电子商务目前存在的问题

（1）观念差距。

酒店管理者把投资酒店电子商务与投资房间内设施的投资回报等同看待，没有把电子商务建设与影响和改善酒店的经营、管理效率等方面的功效挂起钩来，没有把电子商务的价值融入酒店自身价值链在竞争中发挥的作用挂起钩来，所以在电子商务的投资上要求短平快，没有做长远规划，致使电子商务的效果和持续发展大打折扣。

（2）技术人才匮乏。

酒店电子商务网站现在的整体水平都不高，缺乏既懂技术又懂经营的复合型人才。酒店电子商务网站的运营涉及多方面，对酒店、对客户的要求都比较高。人才匮乏是影响酒店电子商务发展的原因之一，市场上对这些人才的需求日趋明显。

（3）运作环境局限。

酒店电子商务对酒店业发展存在两个问题：其一，网上认证不健全是一个突出问题。因为没有哪个人、企业或者其他商业机构以及银行会通过不安全的网络进行商务交易，因为风险太大，一旦网站被入侵后果将不堪设想。其二，网上支付手段的局限性。由于我国电子商务法律环境的不完善，真正在网上进行电子商务的询价、成交、签约等活动的，只是少数。大部分人还是采用网上查询、网下交易的模式，使酒店电子商务的网上支付功能受到限制。这种情况的改善还需要相当长的一段时间。

二、酒店服务业电子商务体系设计

酒店服务业电子商务体系即酒店和电子商务借助计算机网络平台设计开发相应的服务系统，酒店和客户、其他酒店以及相关性的主体之间可以在这个平台上跨越时间、空间进行信息的交换。网络信息系统是酒店电子商务体系机构的基础，它提供了一个通畅、安全、可控制的信息交换平台。在信息系统的安全和控制措施的保证下，酒店可在网站上发布信息，还可通过网络系统提供的旅游者预订和交易信息调整自身的酒店产品，而酒店客人则可查看预订、预订并自主设计酒店产品，交易双方能通过网络系统来实现网上支付。

对于酒店服务业电子商务体系来说，通过网络进行内部管理、外部合作和市场营销，大多数员工是在依靠网络工作，通过网络实现酒店的经营目标和战略计划，因此，企业要针对网络这种特殊模式制定设计激励机制，区分不同岗位学员的需求、动机和行为的特性，挖掘企业员工的潜力，调动其工作积极性，方能在网络经济环境下立于不败之地。

三、酒店行业的发展趋势

酒店行业的发展趋势发展主要呈现出以下四大特点：

1. 现代化和网络化进程进一步加快

酒店业一直被认为是劳动密集型服务产业，但随着科学技术的进步，计算机已不仅仅用于前台的经营业务，而逐渐向后勤保障系统和楼宇自动化系统发展。同时将酒店内部网络与互联网连接，普及网络化管理，才能使管理全面升级到智能化管理阶段。国际酒店集团广泛采用的计算机预订系统，已能帮助成员酒店销售25%以上的客源。利用网络改善传统的酒店管理，可以给酒店业制造新的竞争载体。通过网络宣传企业形象，开展网上预订客房，让客人了解酒店的硬件及软件设施，选择他们需要的服务，进行远程预订，给酒店带来更多的客源的同时，也能使酒店通过与顾客网上的交流，能更有针对性地提供更为人性化和个性化的服务。

2. 集团化经营

组建酒店企业集团最重要的战略目标是提高酒店的经营效率和国际竞争力。国际酒店集团进入中国的速度和数量与日俱增，各大国际集团、跨国公司、酒店集团等世界级大集团带着雄厚的资金、先进的管理和品牌优势进入中国酒店市场，国际化的酒店集团将在占领和巩固沿海发达大中型城市以及高档酒店市场的基础上逐渐向内陆中小城市以及中低档酒店市场进行大规模扩张。中国旅游酒店和酒店集团发展起步较晚，总体规模也有限，其运行方式多以自建自管为主，仅有少数企业能够输出管理或开展资本运营，大多数企业基本保留在逐一建设、单一管理、单体收购的初级阶段，这种原始的企业发展模式想要创造出巨大的酒店集团是不可能的。所以，应该在控制总量的同时调整结构，通过资产和品牌重组，按照市场需要，促进中国酒店业企业的制度改革和资产整合，加快集团化进程。

3. 品牌化发展

在目前酒店过多、广告过多、信息爆炸的注意力稀缺时代，酒店品牌建设变得越来越重要。在这种情况下，整个世界已经进入了偶像营销与品牌营销时代。品牌的竞争其实就是一种酒店文化的竞争。国际酒店业许多著名品牌已经在具体的经营中显示出它们的个性魅力，比如万豪、假日、喜来登等都在中国运用它们的品牌进行了多种形式的输出合作，它们利用自己良好的品牌轻轻松松地在中国获取了丰厚的利润。在中国，目前品牌做得比较好的酒店集团有锦江和凯莱等。国际酒店集团品牌运作模式主要包括资本纽带型、管理合同型、特许经营型和松散的战略联盟型等。对于中国酒店业而言，在创造自身品牌的同时，可以根据自身的具体情况，选择不同的品牌战略。品牌可以使酒店具有较高的声誉，大大提高酒店的知名度和美誉度，提高管理和营销水平，建立长期的稳定客源，增加企业竞争能力。

4. 经济型酒店加速发展，差异化成为竞争焦点和发展趋势

经过十多年的发展，全国目前拥有近1 000家经济型酒店，客房数量超过10万间，成为一种全新的综合业态，可快速复制的商业模式。据统计，过去十年，中国经济型酒店排名前十位的品牌年均增长率高达74%。我国经济型酒店正在以蓬勃之势走过发展的第一阶段——急速崛起期，但随着竞争升级，在第二阶段整合期内，尽管还有较大的市场上涨空间，但产业扩张需要更加理性，行业整合的帷幕已经拉开。"有限成本、有限服务"只是对经济型酒店的最基本理解，基于这一理解，中国经济型酒店已经出现了严重的同质化现象，在顾客体验上寻求差异化，将是未来的竞争和发展趋势。

【任务分解】

本章将从三个任务触发，通过学习，了解酒店电子商务体系的构成，了解电子商务在酒店管理中的应用。

任务一：了解酒店电子商务。
任务二：酒店服务电子商务体系设计。
任务三：酒店电子商务客户服务和管理。

任务一　了解酒店电子商务

一、完成任务

为完成本项任务，需要按照以下几个步骤进行：

1. 酒店电子商务应用认知

步骤 1：通过互联网，查找典型酒店电子商务应用模式。

【案例 4.1】

小杨为了能更好地胜任在 7 天连锁店的职务，他必须对酒店电子商务应用进行深入了解。网站是企业电子商务化的最直接表现，于是小杨决定从网站入手，对酒店电子商务模式进行分析。于是小杨打开 7 天连锁酒店的官方网站（见图 4.1），从网站首页来看，整个页面很简单，主要分为四个板块：导航区、搜索区、活动区、资讯区和联系方式；同时他也通过搜索引擎搜索其他类型的网站，对酒店电子商务做进一步认知。

图 4.1　7 天连锁酒店首页板块

通过网上搜索，小杨找到两家规模较大且符合酒店电子商务的网站，一个是希尔顿酒店（http：//hhonors.hilton.com.cn/find.html），另一个是艺龙旅行网（http：//hotel.elong.com/）（见图 4.2）。

图 4.2　希尔顿酒店和艺龙旅行网

希尔顿酒店和艺龙旅行官网与 7 天酒店一样，都是通过互联网平台向用户展示自己的产品，通过网站，顾客完成房间预订，接着通过电子支付或门市支付完成交易。从开始预订到支付结束并反馈信息，小杨发现，酒店网站的主要功能包括品牌形象展示、酒店产品展示、信息发布、网上预订以及客户服务沟通等。

步骤 2：归纳其特点，明确电子商务在酒店预订中的应用。

【案例 4.2】

网站不但是酒店传递信息开展营销活动的窗口，还是开展各种电子商务活动的平台。

小杨通过对包括 7 天连锁酒店在内的这三家电子商务网站进行详细分析后，总结出以下几个特点：

第一，三家都是借助互联网这个平台向全球用户展示自己的客房、服务；

第二，从首页就可以让用户直观地了解到酒店的整体风格和规模；

第三，用户都可以通过点击来直接预订自己想要的客房或服务；

第四，客户可以通过网站、24 小时预订热线以及手机客户端对客房进行预订。

通过观察和分析，小杨对电子商务在酒店预订中的应用进行初次总结：酒店所销售的就是自己的客房，而预订是客房销售出去的主要方式之一，客房作为酒店的特殊产品，它不能移动，也不能储存，必须采用各种方式和手段尽可能地把客房销售出去。电子商务是酒店最好的一种经营手段，它通过网络预订的方式在全球范围内进行客房销售，实现异地销售。网络订房系统是酒店电子商务的主要内容，在订房系统中采用的网络，目前主要以互联网为主。

2. 明确酒店电子商务体系

步骤 1：通过案例，了解酒店电子商务应用内容。

【案例 4.3】

简单的网络订房系统，仅仅只是酒店电子商务体系中的一角，因为没有后台系统针对网站订单进行直接管理。那么完整的酒店电子商务体系还应包含哪些呢？小杨思索到，酒店的核心业务是客房销售，因此酒店电子商务的主要内容包括客房销售、在线预订、信息发布、网络营销以及酒店售前售后的客户关系管理等，利用网络提高酒店销售、营销、客户服务的效率和效益。那么七天酒店是如何处理搭建销售、营销及客户服务这三者的关系的呢？

于是小杨再次回到 7 天酒店网站中进行查看，首先，小杨从电子销售即网上预订方式来看，7 天连锁酒店的主要网络销售包含自己的门户官网，第三方门户网站如携程、艺龙以及专门旅游网站等客房销售渠道，通过自主或第三方平台发布本酒店的客房类型、价格、餐饮及特惠活动等信息的同时发布酒店联盟企业的相关信息（如同行业的合作伙伴、旅行社以及民航航班信息、当地旅游常识等）。

其次，在网络营销方面，7 天连锁酒店采用多种网络营销方式组合，其自建网站，通过搜索引擎收录便是网络营销的最基本方式。小杨通过在搜索引擎中输入"酒店预订"看到 7 天在搜索引擎中的广告，说明七天也选择了竞争激烈的搜索引擎营销（见图 4.3）。

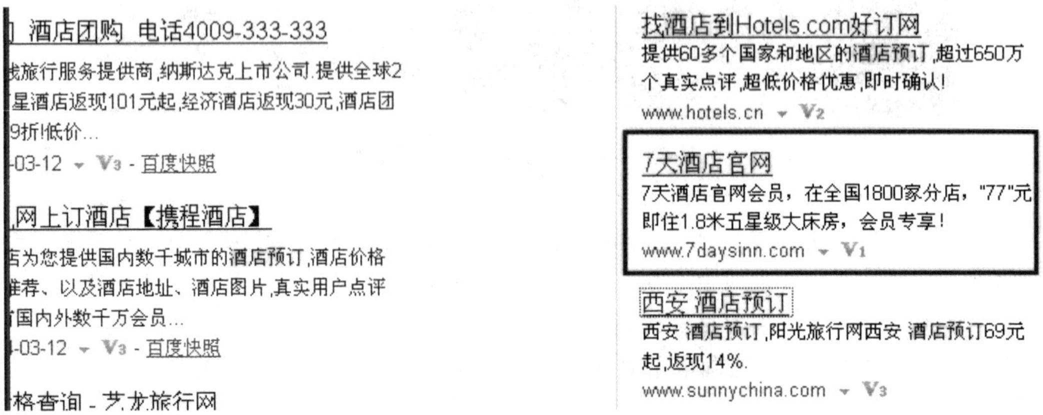

图 4.3　7 天搜索引擎营销

同样的，问答营销、百科营销等众多免费营销方式也在7天连锁酒店营销推广中采用。另外，其会员化的营销方式，通过收录用户邮件、手机等注册信息，通过邮件、短信、微信等方式对用户实行一对一的营销，这也体现了7天在个性化服务方面做出的思考。

小杨通过7天官网预订房间时，注册了会员账户，通过注册会员预订房间比传统门市订购优惠更大，由此可以看到，7天连锁酒店对用户数据收集比较注重。在数据爆炸的今天，客户信息对于酒店来说尤为重要，7天连锁在酒店客户关系管理中下足了工夫，其最重要的表现便是"7仔机器人"客服系统。

步骤2：通过分析，明确酒店电子商务体系构成。

【案例4.4】

在之前的学习中，小杨对旅游电子商务的概念有所认知，旅游电子商务体系主要由内外两部分组成，除去电子商务网站的外联网外，还应包含企业内部信息管理系统，那么酒店电子商务是否需要站内电子商务管理系统呢？答案是必然的，那么酒店信息管理系统包含哪些部分呢？小杨思索道。于是小杨通过互联网搜索，了解到酒店电子商务体系可以划分为酒店电子商务网站、酒店计算机接口系统，以及酒店计算机管理系统。

酒店电子商务网站则可以划分为内联网、外联网以及酒店互联网三个部分。酒店内联网的代表便是以客户关系管理为中心，以酒店资源计划系统（ERP）为基础的酒店管理信息系统。

酒店外联网是以酒店供应链管理系统和电子预订系统为基础，酒店与供应商、分销商等其他合作伙伴之间通过网络信息手段实现采购、分销交易的管理信息系统。

酒店互联网则是指酒店电子商务的核心——电子商务网站，酒店企业通过搭建网络电子商务平台，实现酒店电子商务的B2C模式。在之前对7天、希尔顿以及艺龙官网进行分析，小杨也对酒店互联网应具有的功能有了较为深刻认识，酒店电子商务网站的客户预订功能使客户可以直接通过互联网登录到酒店网站、查询相关信息，或注册个人信息进行预订，系统经过客户资料验证后将信息转到酒店内部网对应的部门网站，交由部门处理，系统结构如图4.4所示。

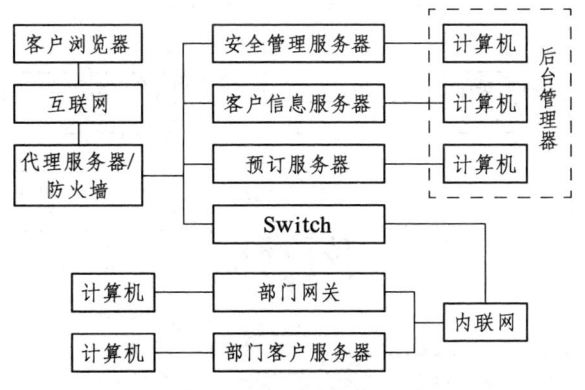

图4.4 酒店网站系统结构

在对酒店电子商务网站进行了解后，小杨需要对酒店计算机接口系统有所了解。所谓酒店计算机接口便指酒店开展电子商务的硬件平台，包含计算机硬件系统以及网络设备。计算机系统是酒店管理系统和电子商务网站建设的基本条件。

酒店计算机管理系统则是指对用户数据、交易过程中的资金流、信息流等各种信息化数据,通过内部网,将生成的各种信息统一到数据库中,并通过管理软件完成对信息的管理。

酒店电子商务网站、酒店的计算机接口系统以及计算机管理系统组成了酒店电子商务体系,通过形成酒店信息化管理,使酒店电子商务中四个角色(见图4.5)联系到一起,从而使酒店在管理、经营、决策等方面的效率和水平不断提高。

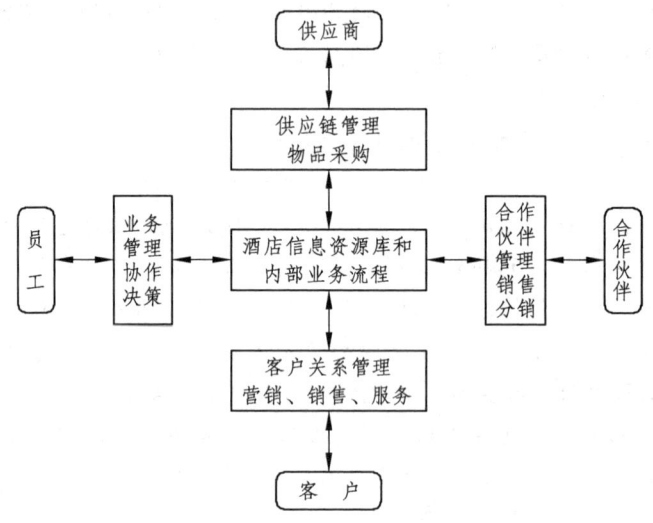

图4.5　酒店电子商务中的四个角色

酒店管理信息系统见图4.6。

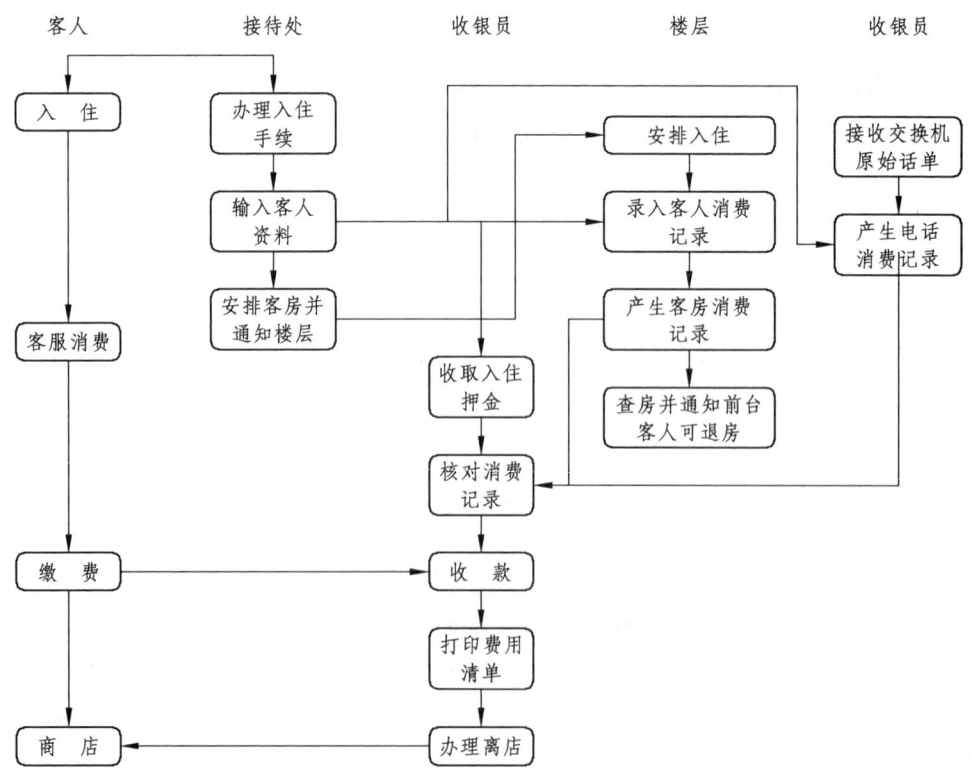

图4.6　酒店管理信息系统

二、知识要点

（一）酒店电子商务

酒店电子商务特指酒店电子商务与管理信息化应用于酒店管理中的计算机网络，其包括酒店 CRM 管理与应用，酒店网络营销，酒店前厅、客房信息化，酒店餐饮信息化等内容。

（二）酒店信息化管理

酒店信息化管理指企业在其制定的信息战略的指导下，采用先进的管理理念，通过 ICT 对酒店企业信息资源进行深度开发、综合分析和广泛利用，不断提高生产、经营、决策、管理的效率和水平的过程。

（三）酒店电子商务系统架构

酒店电子商务系统是一个集成系统，包括硬件系统和软件系统，硬件系统是网络基础，是开展电子商务的平台。软件系统包括酒店的所有应用软件，如网站、内部信息系统以及酒店与其他合作伙伴企业之间的信息系统等。

（四）ERP

ERP 是一种主要面向制造行业进行物质资源、资金资源和信息资源集成一体化管理的企业信息管理系统。ERP 是一个以管理会计为核心可以提供跨地区、跨部门，甚至跨公司整合实时信息的企业管理软件。针对物资资源管理（物流）、人力资源管理（人流）、财务资源管理（财流）、信息资源管理（信息流）集成一体化的企业管理软件。

ERP 系统包括以下主要功能：供应链管理、销售与市场、分销、客户服务、财务管理、制造管理、库存管理、工厂与设备维护、人力资源、报表、制造执行系统(manufacturing executive system，MES)、工作流服务和企业信息系统等。此外，还包括金融投资管理、质量管理、运输管理、项目管理、法规与标准和过程控制等补充功能。

（五）酒店业电子商务的需求

电子商务平台在酒店业中的应用，要根据市场空间大小来确定市场可行性。随着国际旅游酒店业电子商务市场发展势头的迅猛，酒店网上销售额几乎占据了在线旅游行业的1/3，但由于网上支付安全性和信任性问题，目前真正网上支付的客人仍然很少，要实现真正意义上的网络销售还有待时日。尽管如此，现今国内销售酒店客房的专业网站已为数不少，许多酒店还进入了国内各种旅游商务网站和国外相关网站。

1. 增加酒店的经营产品

酒店电子商务的开展首先给酒店业经营增加了新的服务产品，满足了市场的新变化。因为游客特别是商务客人，他们需要在旅途期间仍然得到互联网服务，于是电子商务的开展使酒店增加了对客服务的内容，为客人带来了方便。

2. 完善酒店的采购管理

酒店通过互联来采购设备，不但可以方便地实现比价购，而且可以方便地实现规模采购和享受常客优惠。综合国内采购管理的经验，做好这项工作的关键是充分利用市场竞争规律，即充分利用比价原则。对于数额较大的采购项目，如果能够保持 3 个以上的产品信息，一般就可以采用多中选优的决策方式，做好管理控制。快捷、可靠的信息源是解决这个问题的根本。电子商务的开展提供了售前、售中和售后的全过程服务，包括从酒店需求设备的配置计划制订、价格查询、预定、支付、配送等所有环节，比价选购也十分方便，可以为酒店节约大量的人力、财力和物力成本。因此，电子商务必将改善酒店采购成本的控制。

3. 为客人提供方便快捷的服务

Internet 将酒店产品的信息集中在一个平台，展示在客人面前提供 B2C 的直接预订渠道，客人只需按其需求进行选择，确认即可。

4. 拓宽酒店的销售市场，扩大预订消费群体

互联网使酒店业务有可能延伸到以往从未到达的地方，将酒店产品信息传递到世界各地，并将对酒店产品有需求的客人与酒店相连接，使酒店产品信息在空间上得到前所未有的拓展，因此电子商务可以给酒店业经营增加新的销售渠道，扩大预定消费群体。

5. 使酒店产品有形化，增强预订群体对酒店产品的信任度

酒店产品具有无形性的特点，客人在预定、购买这一产品之前，无法亲自了解到所需产品的信息，Internet 可以提供虚拟酒店和大量的酒店产品信息。通过 Internet 网络，客人可以随心所欲地了解酒店产品，对酒店产品产生预先的体验。这样酒店网络预订不仅培养和扩大了消费群体，而且使无形的酒店产品"有形化"，增强预订群体对酒店产品的信任度。

三、任务实训：了解酒店电子商务

（一）实训目标

了解什么酒店电子商务，熟悉酒店电子商务应用模式及特点，明确电子商务在酒店预订中的应用，了解酒店电子商务应用内容，明确酒店电子商务体系构成。

（二）实操描述

广州友和酒店是国家四星级酒店，酒店是一家糅合岭南文化元素的现代主义主题酒店，酒店每一间客房，都有一个广州老街往昔的故事：骑楼、西关大屋、沙面风情等，能体验到不一样的服务。

近日，酒店领导看到其他酒店通过电子商务所带来的优势，决定将自己的酒店在电子商务中得到有力的发展，所以酒店领导组成酒店电子商务团队，专门来建设酒店电子商务。

学生通过互联网查找典型酒店电子商务网站，完成以下任务：

（1）该网站应用的是什么样的模式。

（2）该网站在电子商务应用中都有哪些特点。

（3）总结酒店电子商务应用都有哪些内容。

（三）考核标准

（1）详细了解酒店电子商务在应用中的要素。
（2）清楚酒店电子商务体系构成。
（3）准确掌握酒店电子商务的特点。

（四）实训报告

结合以上相关知识和应用情况，完成工作任务，并填写实训工作单。

实训工作单

授课班级		授课教师		
小组成员				
项目名称				
工作任务				
任务理解和分工				
实施过程（可附页）	序号	主题	过程简要描述	备注
	1	酒店电子商务应用认知		
	2	酒店电子商务的特点		
	3	酒店电子商务应用内容		
	...			

任务二　酒店电子商务网站设计

一、完成任务

1. 自建电子商务网站平台的运营与规划

步骤1：网站规划。

【案例4.5】

小杨通过互联网了解到，自建电子商务网站平台的运营与策划可分为五个步骤来进行：网站策划、网站开发、网站测试、网站推广、网站维护。接下来小杨以7天连锁酒店为例，来进行规划。

（1）网站整体风格规划。

就7天连锁酒店而言，主要面向中国市场，所以网站中的文字主要以简体为主，网站设计风格结合网民的游览习惯，功能上以大众化方式进行操作。页面设计上采用天白配青为主色调，以红色、黄色、蓝色为基调，突出网站的青春活泼，具有旅游艺术潮流的风格。在页面显著位置以滚动条的形式向客户展示酒店的活动和特色，以给浏览者留下深刻的印象，以此来增加网站的访问量。7天连锁酒店的活动页见图4.7。

图 4.7　7 天连锁酒店的活动页

（2）网站内容规划。

7 天连锁酒店的栏目主要有我的 7 天、7 天产品、分店预订、特惠专区、7 天会、租车，分栏目 7 天快讯发布 7 天酒店的新闻信息，及时更新旅游信息，并将公司的特色服务栏信息放在首页。

7 天连锁网站开设论坛聚焦，界面设计新颖活泼，激发用户参与，提升网站的人气指数。提供完善的后台支持，包括网站的维护、网站流量的统计。网站在广告宣传上使用多种方式，如 Flash 小窗口、客房图片、静态或者动态文字等方式，很好地体现企业形象、客房信息和服务，在每个页面中都放有 7 天连锁酒店的 logo，访客可以点击它回到网站首页。首页中还设有 7 仔机器人，24 小时在线服务，同样你也可以在这里提出对 7 天连锁酒店的一些建议，让 7 天酒店更好地为每一位客户服务。

步骤 2：网站开发。

【案例 4.6】

小杨将网站开发分为 5 个部分，人员分配、网站建设尺寸、网站目录建设、网站建设中的文件命名、网站内部链接结构，网站功能建设，首先我们来看人员分配。

（1）人员分配。

根据网站的工作内容和范畴，7 天特别成立了网站运营工作组来完成这项工作。具体职责如下：

① 网站总负责人，主要负责该网站的整体进展和主体风格。

② 高级程序员，负责对整个网站中的数据库结构及功能程序的设计。

③ HTML 制作，负责外部网站和内部服务系统的程序及多媒体的开发。

④ 创意总监，负责网页的模板制作及 Html 搭建。

（2）网站建设尺寸。

小杨在网上搜索了关于网站页面尺寸的规范，按照规范制定网页大小，页面标准按 800×600 分辨率制作，实际尺寸为 778×434 px，页面长度原则上不超过 3 屏，宽度不超过 1 屏，每个标准页面为 A4 幅面大小，即 8.5×11 英寸，全尺寸 banner 为 468×60 px，半尺寸 banner 为 234×60 px，小 banner 为 88×31 px。另外，120×90，120×60 也是小图标的标准尺寸，每个非首页静态页面含图片字节不超过 60 K，全尺寸 banner 不超过 14 K。

（3）网站目录建设。

目录对于一个网站很重要，小杨通过对 7 天酒店官方网站来了解网站目录的命名，7 天连锁酒店以 7 天为主关键词，在设置目录时将英文中 7 天"7days"和"inn"小旅馆组合，设置目录为成 www.7daysinn.cn，既能够清楚地通过域名传达网站的主要价值，又容易引发联想，是汉语的间接翻译。

在网站根目录下按照栏目结构，为每个主要功能（主菜单）建立一个相应的独立目录，目录名为此栏目的英文翻译。例如：关于我们（about us）、在线注册（login）、产品（product）等。如 7 天产品的目录为 www.7daysinn.cn/product.php，根据需要在每一个栏目目录中开设 images 子目录，用以放置此栏目专用图片。

（4）网站内部链接结构。

小杨在 7 天酒店官网上看了它的产品页，如图 4.8 和图 4.9 所示。

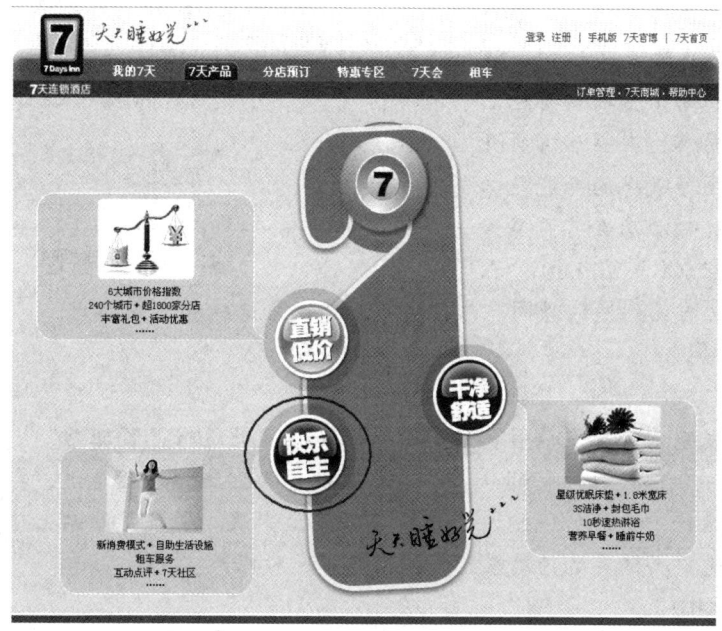

图 4.8　7 天连锁酒店的产品页（1）

图 4.9　7 天连锁酒店的产品页（2）

点击产品页中的"快乐自主",页面会跳到一个新的页面。小杨通过互联网了解到,这属于网站内部链接结构中的树形结构,7 天首页与一级页面间使用星状链接结构,一级页面与二级页面间使用树状链接结构,在大型网站在最终目录页中设置面包线以便返回上一级。

(5)网站功能建设。

小杨通过前面的学习认识到,酒店型网站主要是想给用户提供自己酒店的客房和服务信息,在酒店首页开设酒店搜索、地图等直观的功能是必不可少的。7 天连锁酒店在首页显著位置设置有搜索窗口(见图4.10),在

图 4.10 搜索框

这里用户可以按照自己到达的时间、入住城市、区域来选择相应的酒店。

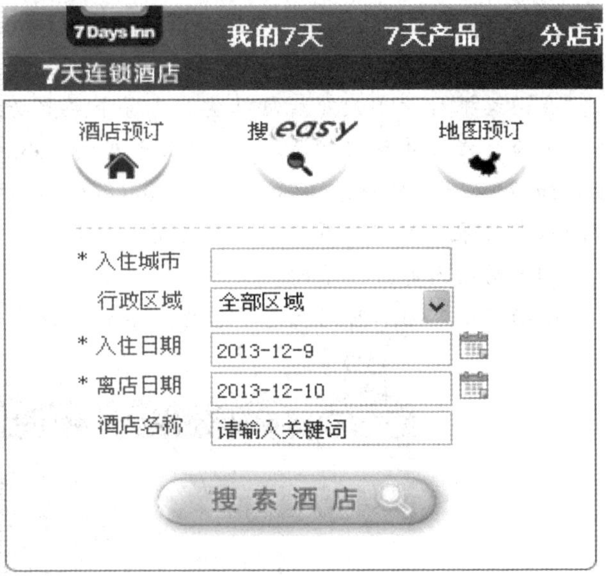

步骤 3:网站测试。

【案例 4.7】

一个网站开发完之后就应该对其进行测试,观察网站运行是否正常。小杨通过互联网得知,网站在测试部分中分为两大部分:一是本地服务器测试。也就是说,在自己电脑上打开网站,观察网站运行中出现的问题。二是网络服务器测试。也就是网站上传到互联网中,在互联网这个大环境中测试其运行结果,发现问题并及时修改。

步骤 4:网站推广。

【案例 4.8】

小杨在搜索引擎中搜索酒店预订发现,在搜索结果中前几位的下方都会出现"推广"这样的字样,他的搜索词和搜索结果也完全匹配,小杨意识到这就是一种推广方法。百度推广见图 4.11。

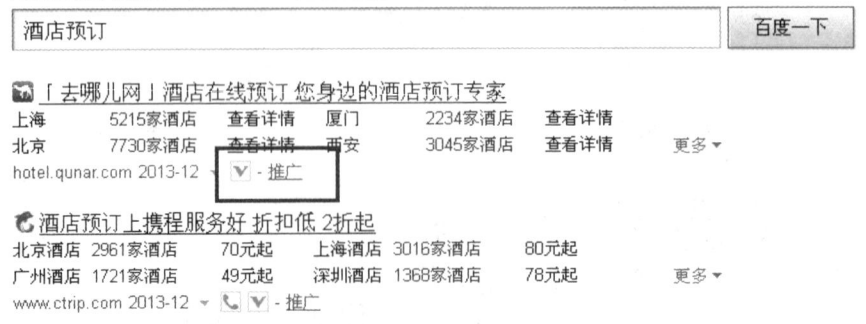

图 4.11 百度推广

小杨在 QQ 邮箱中也经常会有企业发来邮件(见图 4.12),邮件内容都是和企业相关的销售活动,从邮箱中了解企业信息。

项目四　酒店电子商务应用

图 4.12　QQ 邮箱

由此可知，QQ 邮箱也可以作为网站推广的途径之一。小杨还可从论坛、微博、博客等地方了解到自己想要的信息，因此，小杨总结出网站推广的方法主要有：

（1）通过百度推广。

（2）通过邮箱推广。

（3）通过论坛、微博、博客推广。

步骤 5：网站维护。

【案例 4.9】

网站维护向来被人们所忽视，前期的工作已经做了很多，后期的维护就容易松懈。其实，网站维护是对前期工作的总结和调整。小杨在浏览 7 天连

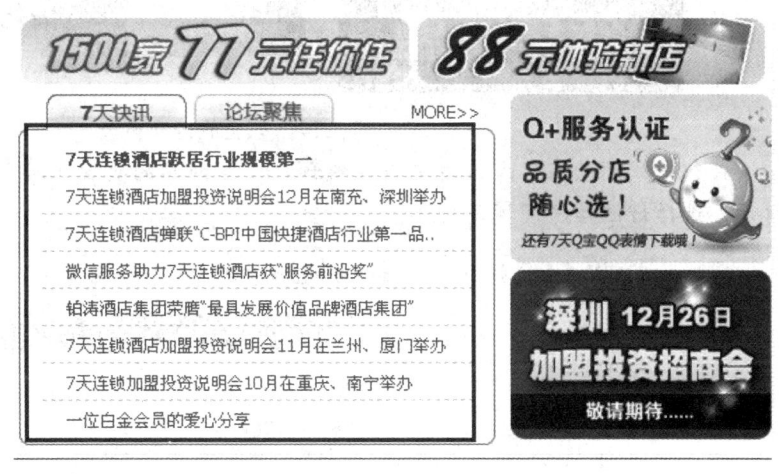

图 4.13　7 天连锁酒店官网快讯

锁酒店网页过程中会发现，在 7 天快讯中每天都有新的信息出现（见图 4.13）。

小杨还在浏览其他网站会出现链接错误、页面不对称加载速度慢等不好的情况，他在网上搜索这些情况出现的原因。通过进一步了解，这些网站之所以会出现这种现象主要是因为网站建成后没有很好的维护，以至于被植入病毒和木马等，所以小杨认为网站后期维护是非常重要的，要及时更新网站信息，检查网站的安全性。（案例来源 7 天连锁酒店官方网站和百度文库）

2. 第三方平台产品的投放与运营

步骤 1：典型第三方平台酒店销售分析。

【案例 4.10】

除了自建平台销售客房和服务外，第三方平台往往也是众多酒店发布商品的平台，酒店

业中常见的第三方平台有携程网、艺龙网等。那么第三方销售平台有哪些特点呢？于是小杨打开了艺龙网。

艺龙旅行网是典型的第三方平台酒店销售，小杨在多次浏览艺龙旅行网时发现，不管是什么地方的酒店都可以在该网站上找到。从艺龙网站首页（见图 4.14）可以看到，艺龙网将酒店预订分为四个部分，酒店查询预订、酒店团购、国际酒店和限时抢购。在酒店预订这个栏目下，有查询框，按照自己入住地点、时间、关键词查询最终目的地，快速查找则是按照特定区域划分如地铁附近、火车站、大学区、行政区、医疗区等。

图 4.14　艺龙旅行网首页

任何一家酒店在艺龙网都可以在线预订，在网站的页面上按照步骤完成预订，如图 4.15 所示，选择好酒店房间填写订单。

图 4.15　艺龙网酒店预订界面

同时，艺龙也开通了手机客户端，对于手机预订（见图 4.16）的客户开展各种优惠活动。

图 4.16　艺龙旅行网手机预订

步骤 2：了解常见的第三方服务平台及特点。

【案例 4.11】

第三方服务平台就是通过网络按照特定的交易与服务规范，为买卖双方提供信息发布与搜索、交易的确立、支付、物流等服务内容。根据这样的理解，小杨在网站上找到了符合条件的平台有微信第三方服务平台（见图 4.17）、淘宝第三方服务平台、阿里巴巴这三家是常见的第三方平台。平台经营者通过对站内经营者的管理、对消费者的合理保护、与相关服务提供者的协调等方面进行完善的经营以达到一个良好的服务平台。

图 4.17　微信第三方服务平台

微信是一款手机通讯软件，中国目前的微信用户以达到 1.5 亿以上是一个不可忽视的市场，腾讯利用这个平台建立了新的生活服务和营销场景。

淘宝是目前电商业最大的平台（见图 4.18），上面的营销模式可分为 B2C 和 C2C 两大部分。

图 4.18　淘宝服务平台

阿里巴巴网站（见图 4.19）信息量大是网站的一大亮点，再加上准确的定位使网站成为中国最大的 B2B 平台。

图 4.19　阿里巴巴网站

小杨通过对这三家平台进行对比，总结出第三方服务平台主要有以下几个特点：

（1）都依托于互联网。所有的电子商务行业都不可能离互联网这个环境。

（2）信息量都非常大。不管是商家还是消费者在平台中进行交易时，信息量大会让客户有更多更细致的选择。

(3)更具专业性。作为服务性平台在为客户提供服务时必须具备专业的技术,例如在支付环节要保证支付环境的安全性。

(4)直观。通过平台可以轻易地找到你所需要的服务。

(5)对用户来说,比现实生活中的价格要低很多。

(6)对企业来说,有良好的展现平台和更多的客户。

步骤3:第三方平台的信息发布。

【案例4.12】

小杨了解完第三方服务平台后,需要在平台上发布酒店的有关信息,现在就以7天连锁酒店为例,在第三方平台上进行信息发布。目前网上有很多这样的网站,小杨该如何为7天连锁酒店选择第三方平台呢?

(1)搜索酒店第三方平台。

小杨在搜索引擎中查找"酒店预订"这个关键词时,出现频率最多而且在前面的有艺龙旅游网、携程旅行网、去哪网等。

(2)第三方平台数据查询。

随后,小杨使用站长查询工具查询这几个网站的权重、收录(这里主要是百度)、关键词、快照这几个数据进行对比,查询结果如表4.1所示。(数据来源于站长工具 http://tool.chinaz.com)

表4.1 站长工具查询结果

网站名	权重	收录	关键词	百度快照
艺龙旅游网	6	963万	酒店 酒店预订	2013-12-10
携程旅行网	7	8.53万	酒店预订 特价酒店 机票 机票预订 飞机票查询 航班查询 酒店团购 旅游度假 旅行 商旅管理	2013-11-19

对7天连锁酒店来说,小杨选择了艺龙旅行网,因为它的关键词就是酒店和酒店预订,而且它的收录量是最高的、百度快照也是最新的,而其他两个网站虽然权重比艺龙的高,但就关键词而言太分散。

(3)联系网站。

小杨确定好第三方平台就需要和其网站信息发布的负责人取得联系,小杨通过艺龙网站下方的联系方式成功地联系到他所在区域的负责人,通过与负责人沟通小杨了解到,发布信息时必须提供酒店的地址、酒店图片(这里的图片一定要真、优质)、房型、床型、价格(所提供的价格要比实体的低)、酒店联系方式、开业时间、上网服务、停车场、酒店服务(这里指的服务是根据酒店自身所提供的服务)、房间设施、酒店简介等详细信息,负责人会安排时间对信息进行审核发布,随后通知提供者查看自己酒店的信息。

(4)效果监控与分析。

信息发布成功后需要做的工作就是效果监控,查询信息是否被收录,通过第三方平台来的客户有多少,和自己网站来的客户有什么差距,根据数据分析小杨就可以得出那个平台给酒店带来的效益更高。当数据积累到一定数量时,发布信息也就更具有针对性,以使发布的信息更加有效,避免做无用之功。

二、知识要点

(一)网站规划设计原则

(1)易用性:网站设计制作使用的技术对浏览者使用的浏览器没有特殊要求,以方便各类操作人员做部分业务的完全或部分自动化处理。

(2)高效性:网站页面的设计要大气、美观、简洁,能体现公司企业文化,尽可能地提高浏览速度,突出主要信息。导航系统层次清晰,方便浏览者对相关信息进行访问。

(3)结构合理:栏目设置要合理,符合人们的浏览习惯。网站层次设计要合理,让浏览者可以通过尽可能少的点击次数找到需要的信息。

(4)可扩展性:系统设计要考虑到业务未来发展的需要,同时考虑网站建设的阶段性,要尽可能地设计得简明,各个功能模块间的耦合度小,便于系统的扩展,平滑地与其他应用系统自动接口。

(5)安全、稳定性:在充分考虑站点访问性能的同时,要格外重视站点的安全和稳定性问题,采用加密算法的使用、服务器在 IDC 环境的安全措施等。

(6)并发性强:考虑到网站的使用者同时操作某一系统的情况,系统支持多人操作,建立高速缓冲机制,提高使用者的访问速度。

(7)互动性:网站系统要求互动,建立前后台系统的反馈机制,实现自动响应机制,实现高度互动。

(二)7仔机器人的概况

7仔机器人是基于QQ2011正式版协议开发的一款QQ机器人,拥有QQ常用的功能。首款支持发送图片的机器人(PC版协议),拥有完善的插件机制,使用SkinSharp换肤组件,可以自由变换界面。在7仔机器人登录QQ号码后可以按照预先设定的一些指令自动完成某些任务,例如与好友进行交流,执行一些数据交互任务,实现QQ与网站的交互,常用插件等操作。7仔机器人可以为企业节省大量客服人员和时间,模拟人工应答,可以自己搭建客服系统。其最大的特色在于它是首款支持发送图片的机器人,快如风——自动选择最快的服务器IP,提供多种风格皮肤选择,多线程超快反应,支持插件扩展。

（三）第三方电子商务服务平台

第三方电子商务服务平台，也可以称为第三方电子商务企业，泛指独立于产品或服务的提供者和需求者。通过网络服务平台，按照特定的交易与服务规范，为买卖双方提供服务，服务内容可以包括但不限于"供求信息发布与搜索、交易的确立、支付、物流"。

（四）网站后台管理系统

网站后台管理系统主要是用于对网站前台的信息管理，如文字、图片、影音、和其他日常使用文件的发布、更新、删除等操作，同时也包括会员信息、订单信息、访客信息的统计和管理。简单来说，就是对网站数据库和文件的快速操作，以使得前台内容能够得到及时更新和调整。

（五）关键词

关键词源于英文"keywords"，特指单个媒体在制作使用索引时，所用到的词汇，可以是任何中文、英文、数字，或中文英文数字的混合体，是图书馆学中的词汇。关键词搜索是网络搜索索引的主要方法之一，就是希望访问者了解产品或服务或者公司等的具体名称的用语。

（六）电子商务网站管理的定义

无论是一个企业的门户网站，还是一个商店的在线系统，或是一个大型的网络广告网站，都存在着"重建设，轻管理"的通病。当人们看到信息化能够给企业带来效益，提升企业的竞争力，企业也舍得在电子商务建设中进行投入，但对于网络管理和系统维护却非常不重视，或者说严重缺乏管理意识。有些实力较强的企业，自己投资建设网站和Intranet，投资数百万元甚至上千万元购置各种品牌的交换器、路由器、服务器、桌面系统等，在建设初期一切都利用得很好，可是，当系统建设起来后，却很少再投入资金进行相应的维护，从而并未发挥应有的效益，所以，网站管理问题非常突出。

网站的内容需要及时更新，以保证信息的时效性和准确性，信息的不断更新才能吸引更多的访问者，才能吸引新客户留住老客户。旧的商品信息、商品新闻应该以档案的形式编排保存，以便于用户查询到的资料是最新的。网站内容时刻变化的同时还要保证信息内容的准确性，除了专门的文字内容校对外，也要对网页上的链接、图片、网页的标题进行检查，这一切都需要对电子商务网站进行管理。网站内容要与用户、管理、功能完善的结合才能给网站的用户提供最好的服务，好的网站内容和网站管理是一个优秀网站长期生存和发展的保障。

那么，什么是电子商务网站的管理？其内涵又是什么呢？

到目前为止，对电子商务网站管理还没有一个明确的定义，其内涵覆盖也不一致。但一般而言，电子商务网站管理有两种观点：一个观点是，电子商务网站管理是对网站内容，即网页的管理；另一个观点是，电子商务网站管理是对用户管理，是对电子商务运行过程中物流等的管理。

无论是哪一种观点，其目的都是要保证电子商务系统中信息流、物资流、资金流（也称三流）的有序、快速而安全地流动。所以，从本质上来讲，电子商务网站的管理指对网站输入与输出两个方向的"三流"(也就是从企业流出的和从企业外部流入的"三流")的管理和监控,以保证企业网上业务处理安全顺利地进行,并确保整个网站内容的完整性和一致性,从而为企业电子商务的运作提供良好的服务。

(七)电子商务网站的安全维护

在网络世界中,网站的安全问题日益突出。一个缺乏安全性的网站,无论它的界面多么好,信息多么丰富,如果无法保证访问者和其自身的信息安全,就很难存活。对于电子商务网站而言,由于电子商务活动的特殊性,对安全性又提出了更多、更高的要求。

1. 网站安全维护的目的

(1)维护网站的良好形象。

设计和发展电子商务网站的一项主要任务就是让该企业在互联网上树立良好的企业形象。但是,如果网站系统经常遭到攻击和破坏,基本的安全都得不到保障,那么,这个形象又何从谈起呢?所以,网站安全维护的第一目的就是维护企业的良好形象。

(2)保证网站业务系统的正常运行。

电子商务网站往往就是企业的一个业务主战场,所以,网站安全稳定地运行是关系到这个商务活动的管理秩序、运行秩序、正常稳定运转的保障。网站的安全运行是电子商务行为运行机制的主要组成部分。

(3)保护商务信息的秘密内容。

在网站成为商务业务的重要手段时,在服务过程中产生的信息,相当一部分具有保密要求。因此,要求在电子商务活动中保护这部分信息内容的隐秘性。未经授权的人,即使采用各种手段获得了数据的访问权,也无法理解实际的信息内容。

2. 网站的致命缺陷

网站的致命缺陷主要从技术结构、产业结构、管理结构等这三个方面来理解。

(1)技术结构的缺陷。

技术结构的缺陷主要指我国的信息技术的整体水平较国外发达国家还有一定的差距,一些核心技术都来源于国外,这使我国无论是信息基础设施建设还是信息系统开发将受到限制。而建立网站的安全,在技术上应该具有较强的独立性,尤其是核心技术的自主极为关键。例如,目前我们主要使用的操作系统、计算机语言、微处理芯片等都需要从国外进口,其安全隐患非常大。

(2)产业结构的缺陷。

产业结构的缺陷主要指信息安全产业在整个信息产业中的比重偏低,商业结构不合理。我国信息化建设投资达 5 000 亿元人民币,如果按 5%作业信息安全投资的话,则应达到 200 亿元以上的产业规模。但目前我国信息安全产值仅约为十几亿元人民币,远远满足不了国家信息化安全防范的需求。此外,从商业结构来说,最好的是传统的商场、超市与大型网上商城结成业务联盟。这里所说的业务联盟绝不仅仅是一种连接、货品目录或商场广告,而是网站与商场深层次业务管理的融合。其中,包括物流管理、资金管理,库存管理等很多非常具体的内容。因此,这种合作也许不仅仅是联盟关系,而只有在"新旧产业"之间进行资本兼并重组的基础上才能完成。

(3) 管理结构的缺陷。

首先，在当前我国信息安全管理的组织体系上，存在多头管理、责权不清的问题，还不能达到统一性和协调性的要求；其次，在相关的法律建设方面缺乏专门的，更有针对性的法规；最后，在网站及其安全系统的建设方面缺乏相应的标准，容易产生不安全因素。

三、任务实训：酒店电子商务网站设计

（一）实训目标

清楚什么是酒店电子商务中的自建平台和第三方平台，了解自建电子商务网站平台的运营与规划，了解第三方平台产品的投放与运营。

（二）实操描述

学生根据实训背景以小组为单位，通过互联网完成以下任务：
(1) 什么是酒店电子商务中的自建平台和第三方平台。
(2) 分析酒店电子商务自建网站在运营中都有哪些特点。
(3) 分析酒店电子商务自建网站在规划设计时都有哪些原则。
(4) 查询常见的酒店电子商务第三方服务平台并归纳其特点。

（三）考核标准

(1) 掌握自建电子商务网站平台的规划原则。
(2) 掌握酒店电子商务第三方平台产品投放。

（四）实训报告

结合以上相关知识和应用情况，通过互联网完成工作任务，并填写实训工作单。

实训工作单

授课班级				
小组成员				
项目名称				
工作任务				
任务理解和分工				
实施过程（可附页）	序号	主题	过程简要描述	备注
	1	酒店电子商务网站规划		
	2	酒店电子商务网站开发		
	3	酒店电子商务维护		
	...			

授课教师：

任务三　酒店电子商务客户服务与管理

一、完成任务

1. 以酒店为案例，认知酒店客户关系管理所带来的优势

步骤1：找到酒店客户关系管理案例，了解其客户关系管理的基本步骤。

【案例 4.13】

在任务一的学习中，小杨知道客户关系管理是酒店电子商务体系的重要组成部分。在7天酒店等酒店官网中，客户关系管理的重要变现不仅仅是网站前台的售前咨询或售后服务，还包括针对用户信息为基础的信息维护。企业通过对客户信息快速准确汇总归类，针对客户喜好和消费特征，提供个性化的商品和服务，以最大限度地维持现有客户群体并开发潜在的新客户。

通过互联网，小杨了解到在客户关系管理方面，做得最好的便是希尔顿酒店，于是小杨通过互联网对希尔顿酒店客户关系管理进行查看，并学习。

于是小杨打开希尔顿酒店官方网站（见图4.20），从其网站设计来看，网站中文字描述较少，将饭店和周边美食、度假胜地查询功能放在显著位置，突出预订功能，重点介绍特别服务和优惠价格，不大量使用图片。如此简洁的网站，那么他的客户关系管理如何处理呢？

图 4.20　希尔顿酒店北京华尔道夫店网站首页

经过查询，小杨了解到它的 CRM 使用的是自主研发的"H honor"客户管理系统，并要求旗下所有酒店使用相同的酒店管理软件。希尔顿酒店最初就在 Windows 平台下开发和使用 System 21 系统，有别于其他厂商的产品。它从一开始就是针对连锁酒店数据共享的需求而设计的，是一个高度集成的系统，包括客房管理、预定、收益管理、客历和销售管理的数据，都集中到数据中心,可以进行统一的查询和统计分析处理。

客户关系管理的基本步骤:客户资料收集、客户细分、与客户接触、个性化客户服务。

酒店企业往往通过各种方式鼓励浏览者在电子商务网站进行注册,提供个人信息,为注册的潜在客户提供个性化的服务,包括发送符合客户兴趣的新闻、活动信息、记录个人或企业客户在网站上累计预订量、发现有价值的用户,区分其类型和价值程度。

在客户细分上,按照客户类型细分为旅游者、常客、旅游批发商、代理商、会议组织等。

同时,希尔顿酒店通过在网站上建立"全体代理商交流中心",进行知识交流;通过经常沟通增加代理商的主动性,"H honor"客户服务中心通过电话、电子邮件等多种途径与客户联系。

关于个性化服务,对于重要客户免去定金、记录客户的良好偏好和行为习惯、为他们提供更好的服务,为会员提供交流机会、为预订酒店客房的会议组织者提供会议津贴、为长期合作的旅行商提供更多的服务等。

步骤2:认知酒店客户关系管理所带来的优势,明确体系建设结构。

【案例4.14】

通过案例小杨对客户关系管理有了新的认识,并且发现并总结出它给酒店行业带来的优势。

(1)降低企业成本,提高企业收入。
(2)信息技术的应用,提高工作效率。
(3)保留客户,提高客户忠实度。
(4)有助于扩展市场。

小杨对客户关系管理的体系机构建设得出结论,即CRM的体系结构可分为应用系统和支持系统两层,应用系统又可分为协同层、分析层和操作层,如图4.21所示。

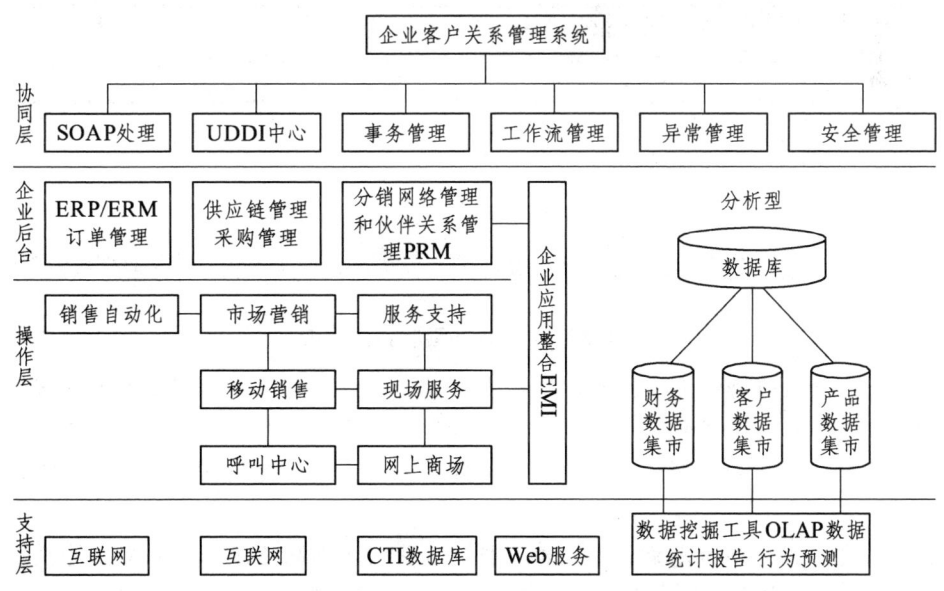

图4.21 客户关系管理系统结构框架

2.酒店客户关系管理系统的应用

【案例4.15】

小杨通过以上案例的了解,清楚了酒店的客户管理在应用过程中需要处理大量的数据和信息，因此要在酒店前台系统的基础上建立网络化的客户关机管理系统（就像希尔顿酒店那样自己开发），或者向开发商购置现成的软件系统。在购置软件系统时，要求开发商提供数据接口，使购置的软件系统与原有的饭店网络系统建立无缝的连接，否则大量的客户资料还需手工输入，从而使效率大为下降。

小杨注意到，在酒店客户管理系统的应用过程中，分析已有的客户资源，建立完整的客户档案是非常必要的。

七天连锁酒店在客户管理上采取会员优惠的政策，只要注册会员就可享受优惠等，VIP会员可享受所有渠道中的最低价格，如图4.22所示。

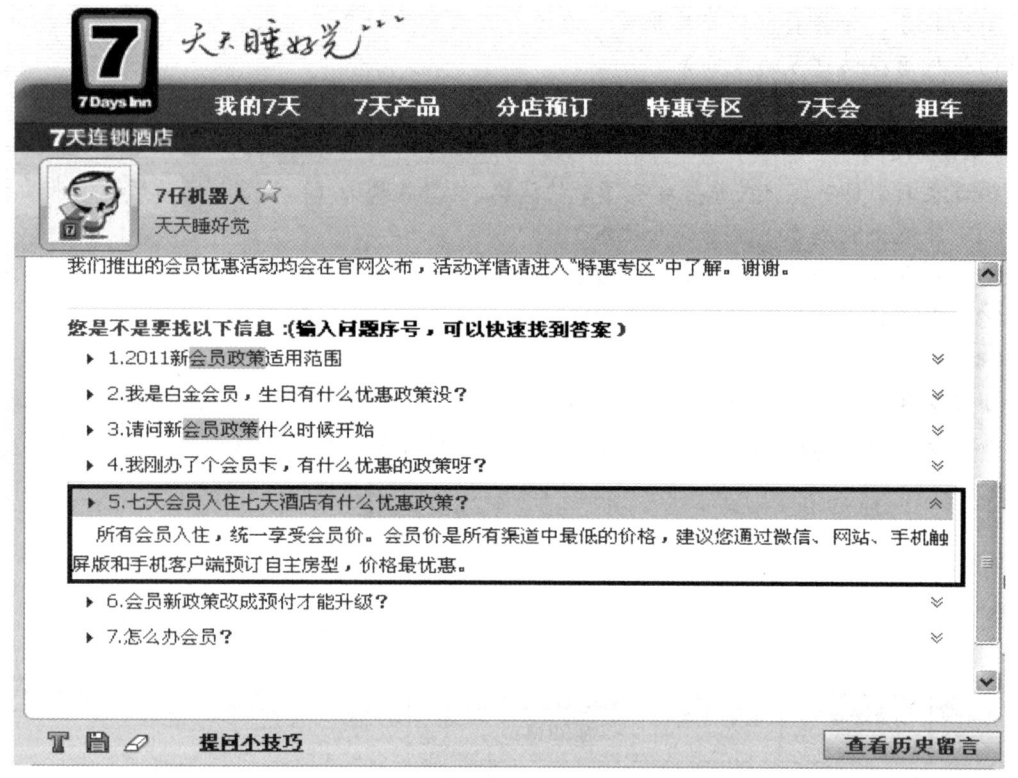

图4.22　7天连锁酒店会员政策

根据客户在酒店的消费金额将客户分为VIP客户、主要客户、普通客户与小客户四种。掌握客户层级分布后，酒店营销部门就可认真规划销售方案。根据客户的不同价值制定相应的关怀和优惠措施，一方面可留住有价值的老客户，另一方面可提高这些客户对酒店的满意度和忠诚度。

然后小杨要建立完整的客户档案，在分析完客户对酒店的贡献后，应对消费金额最多的20%客户建立完整的客户档案，将客户档案分为常规档案、预订档案、消费档案和个性化档案四种。建立客户档案的目的是使酒店能分析和掌握目标市场客源的基本情况，这样销售部就可以制定相应的营销策略并建立合适的销售渠道。为保证客户档案的完整性，在系统设计时，要充分考虑到由互联网站下载时，客人入住登记或消费记录等信息的详尽，不足部分要由专人补充录入客户关系管理系统。

二、知识要点

（一）酒店客户关系信息的特点

（1）客户信息分散。客户资料来源于市场、销售、前厅、客房及餐饮等各个部门乃至每个面客员工，难以使每个部门、每个员工都意识到收集客户信息的重要性和确保收集信息的准确性。一旦某一个环节出了问题，就会影响整个数据库的有效性。

（2）客户数据繁杂。其资料中包含客户的基本资料（姓名、地址、电话号码等）、联络途径、过往的消费记录、每次抵离店的日期时间、房间类型、订房途径、特别服务、个人喜好、No-Show 和取消预订的记录、投诉和处理记录、累积消费积分、奖励记录、忠诚度评估等，要正确处理和收集好这些数据是一项复杂而繁重的工作。

（3）数据收集的灵活性高。不同客户或同一客户不同时期的喜好和提出的要求多种多样，诸如房间类型、朝向、枕头、毛毯的数量、报纸、小吃、用品的种类品牌、是否吸烟、是否看付费频道等。有些信息可以预测，可以归类，而有些则不能。难以使每个相关的员工掌握信息的重要程度，在技术上给客户信息的收集提出了一个难题。因为酒店客户信息的以上特点，给客户数据的收集和数据库的建立带来一定的困难。

（二）酒店客户关系管理应用对策分析

加强客户意识和技能培训、建立合理的制度，确保客户信息的完整收集，进行业务流程重组及组织机构再造。

购买部分功能软件对原有信息系统进行改造或屏弃原有系统购买全套软件，达到与 CRM 的无缝连接，实现 CRM 的功能。

选用最适合的系统产品和技术过硬的产品提供商解决系统软件的技术问题。客户关系管理软件的设计是一项复杂的系统工程，需要一批术有专长的专业软件开发人员经过长时间的开发才能完成，并形成系统产品。

（三）我国酒店客户关系管理中存在的误区

客户关系管理就是 CRM 系统和技术的应用。由于很多著名的酒店集团都较为成功地运用了 CRM 系统和技术来进行客户关系管理，所以当我国酒店开始导入客户关系管理这一管理理念的时候，就出现了过分注重智能化和信息化的倾向。高星级、实力雄厚的大酒店主要依靠高科技打造自己的 CRM 系统，系统自动生成的经营统计分析、趋势预测、客源结构分析、竞争对手分析、销售费用分析、客户及销售人员业绩分析等各种功能一应俱全，企图为酒店进行市场定位、制定销售预算及营销策略、掌控核心客户并进行内部管理、为客人提供温馨的个性化服务，提高客人回头率，拓展酒店客源和出租率等诸多方面提供有利的依据。但遗憾的是，目前我国很多酒店的客户关系管理还是处于技术层面的模仿、复制阶段，并没有真正领悟到客户关系管理的精神实质和思想精髓。主要表现：我国酒店的营销瓶颈始终难以得到突破，未能真正地将客户信息有效地应用到实际经营当中，个性化、定制式服务始终只是一个目标和口号，酒店的软环境质量始终没有得到质的提升等。这些现象都充分说明，我国酒店业对客户关系管理的认识已经进入到一个只重客户关系管理硬件、忽视客户关系管理理念的严重误区当中，从而导致我国酒店业同质化严重，缺乏核心竞争力。

客户关系管理是专家和管理者的事情。酒店所提供的主要是具有生产、销售和消费同步性特点的产品和服务，随时随地提供服务的特点以及酒店服务质量特殊的构成内容使其质量内涵与其他企业有着极大的差异。而客户关系管理中的诸如销售力量自动化（sales force automation，SFA）、营销自动化模块、呼叫中心（call center）、客户快速响应等概念却让很多酒店产生一种错觉，即客户关系管理是一种专业人士和管理者才能实施的管理技术，具有高度的专业性和复杂性。因此，只要高层管理人员达成共识，然后委托专业的酒店 CRM 系统提供商，为酒店设计和配置成套的 CRM 系统，再分配一些专业人士专门负责相关客户关系管理工作即可。所以，这些酒店往往都只是引进了 CRM 系统的软件和技术，而最重要的"以顾客为中心"的客户关系管理核心理念却并没有深入到每一个员工心目当中。这就导致了在实践操作过程中：一方面，酒店员工由于无法识别哪些信息是有价值的而忽视了很多看起来不重要的顾客信息，或者即使掌握了有重要价值的客户信息也未做出快速的响应。另一方面，零散的信息使管理人员无法对客户有深入的了解，各部门难以在统一的信息平台上为客户提供服务；同时由于缺乏信息系统的支持，酒店也难以规范地长期地跟踪和关怀客户，也就无法为客户提供真正的个性化、细致化的服务。

客户关系管理是高星级酒店的事情。目前，国际、国内都主要是一些实力较雄厚、档次较高、规模较大的酒店集团才舍得投入巨资进行 CRM 系统的建设和引进，如洲际酒店集团、希尔顿酒店集团、东方酒店、上海锦江国际集团等。应当承认，这些酒店凭借其财力和规模上的优势在进行高质量的 CRM 系统的建设方面的确拥有了较大的主动性。所以，国内低星级、中小型酒店不敢轻易尝试客户关系管理，只因觉得自己没有规模和实力支撑这个貌似庞大的管理体系。而且，更重要的是，中小型酒店认为自己客源层次较低、市场份额较少，不可能也不必要实施客户关系管理。这种只重星级不重品牌，只重硬件不重软件的错误思想，使低星级、中小型酒店不断地在低水平上重复建设。

（四）希尔顿酒店客户服务平台

希尔顿酒店客户服务系统，从最初就在 Windows 平台下开发和使用 System 21 系统，有别于其他的产品，其从一开始就是针对连锁酒店数据共享的需求而设计的，是一个高度集成的系统，包括客房管理、预订、收益管理、客房和销售管理的数据，都集中到数据中心，可以进行统一的查询和统计分析处理。例如，假如 System 21，一个订房文员，可以预订集团内部任何一家酒店的客房，可以根据客人提供的确认号码，调出订房单进行修改或取消预订，可以根据客人姓名、电话或信用卡号码实时查询客人的档案，在 Hhonor 系统中的积分与喜好。

（五）对客户关系管理的重新解构

客户关系管理是一种管理理念。客户关系管理起源于 20 世纪 80 年代初的"接触管理"，即专门搜集整理客户与企业相互关联的所有信息，借以改进企业经营管理，提高企业营销效益。到了 20 世纪 90 年代初期，"接触管理"逐渐演变为包括呼叫中心和数据分析在内的"客户关怀"。90 年代中期，推出了具备整体交叉功能的 CRM 解决方案，它把内部数据处理、销售跟踪、国外市场、客户服务请求等融为一体。终于，90 年代末期，CRM 受到企业、学者和政府的高度重视，CRM被提升到了管理的理念和战略的高度。

客户关系管理是"以客户为中心"的动态过程。客户关系管理是通过管理客户信息资源，提供客户满意的产品和服务，与客户建立起长期、稳定、相互信任、互惠互利的密切关系的动态过程和经营策略。这个动态过程始终围绕着一个核心的管理理念，即"以客户为中心"，以提升客户满意度为中心，以客户关系管理的理念与方法为指导思想，以信息技术为支撑工具，所以用"一个中心，一个方法，一个工具"来高度概括客户关系管理。企业通过客户关系管理不断地搜集全面的、个性化的客户资料，强化跟踪服务、信息分析的能力，协同建立和维护一系列与客户之间卓有成效的"一对一关系"，从而使企业得以提供更快捷和周到的优质服务，提高客户满意度和忠诚度，吸引和保持更多的客户，进而增强企业的核心竞争力。

客户关系管理是全员参与的系统工程。客户关系管理的成败不是由管理者或专家能决定的，因为它是一个需要企业所有部门和员工持续不断地共同努力和协同作战的过程。在与客户进行接触、联系、搜集客户信息、运用整理、分析、处理过去的信息为客户提供产品和服务的整个动态过程中，没有哪一个环节可以缺少各个部门和全体员工之间的协同、集成和配合。如果没有全体员工在每一个工作环节身体力行地实践"以客户为中心"这一理念，那么，再好的客户关系管理决策、再高效的CRM系统和技术、再专业精深的专家，也不可能把客户关系管理的理念变成现实，因为缺乏基本的执行力。一个缺乏执行力的客户关系管理，就是一个空中楼阁，愿景美好，却徒有其表。

（六）对于酒店客户关系管理的核心问题再认识

酒店"以客户为中心"的理念是核心。客户关系管理是市场营销观念从"以产品为中心"向"以客户为中心"转变的最典型体现之一，它将客户视为企业最重要的资源之一，通过完善的客户服务和深入的客户分析来满足客户的需求，保证实现客户的终生价值，从而提高客户的满意度和忠诚度，增强企业的核心竞争力。本质上，客户关系管理是一种企业战略管理理念，它的应用必然会触发企业管理模式、组织架构、工作流程以及管理思想的变革和更新，其影响的力度、深度和广度是十分深远的。酒店业是当今这个体验经济时代最具代表性的体验经济企业之一，客人在酒店所感受到的体验是酒店所提供的最重要的商品，而这种体验是酒店的物质产品、服务、软硬件环境的综合体。同时，酒店又是劳动密集型服务产业的传统代表之一，几乎所有的产品都是在人的参与和作用下产生的，可以说，人是决定酒店一切战略管理和战术实施的关键。酒店的客户关系管理必须也只有依靠酒店的全体员工在点滴中身体力行才能真正实现，而绝不仅仅是CRM软件、技术或系统的应用，更何况，这些高科技最终也必须通过酒店员工来进行操作。因此，在客户关系管理中，对酒店员工思想的改造才是关键所在。没有"以客户为中心"理念，仅有CRM系统，客户关系管理就是无源之水，空有表象，没有内容。以在业界享有盛誉的泰国东方酒店为例，该酒店客户关系管理向来以细致入微著称，甚至可以在客人离店两年之后，在其生日之时寄出贺卡和热情洋溢的信件，使客人感动得立誓以后到泰国就一定要住东方酒店，还要说服所有朋友入住东方酒店。由此可见，其客户关系管理的成熟程度。但是，东方酒店客户管理成功的真正秘诀不是CRM系统有多特别，而是以人为本的细节化服务。全体东方酒店员工的"以客户为中心"的理念不是只停留在口号上，而是用实际行动去满足客户的每一个细致心理和实际需求，每一个员工都在从未间断的服务过程之中不遗余力，精益求精，才能最终造就东方酒店强大的竞争优势。

酒店企业文化是客户关系管理的保证。酒店企业文化是酒店员工共同拥有的价值观、酒店精神、经营哲学等，是一种渗透在酒店一切经营活动之中的东西，是酒店的灵魂所在。它对内能形成酒店内部的凝聚力，对外则形成同行业之间的核心竞争力。酒店的客户关系管理要持续、有效地发挥作用就必须要利用企业自身文化的微妙性和吸引力来影响、感召和管理全体员工。这里需要强调的是，酒店所要建设的企业文化是多层面的，而其中对客户关系管理影响最大的是"如何对待员工"和"如何对待客户"两方面。人力资源是酒店各种资源中最为宝贵的资源，是酒店产品和服务差异化的根本源泉。酒店文化中最根本的价值观就体现在酒店如何对待员工。服务利润链理论认为，工作人员满意度有助于留住工作人员，有助于提高工作人员提供良好服务的愿望，而两者都有助于提高客户满意度。换言之，员工满意度与客户满意度之间的确存在着一种正相关的关系。没有满意的员工，就不会有满意的客户。酒店企业文化向员工传达出酒店对他们的高度重视和信任，倾听、接纳并实施员工的意见和建议，不断给予员工精神和物质上的鼓励以创造员工的安全感、信任感和成就感，使员工做事时有责任感、选择感、能力感和进步感。这样员工才会愿意在各种管理控制系统的约束下最大限度地发挥主观能动性，去善待酒店的每一位客户。而员工对客户的重视和信任换来的是客户对酒店的满意和忠诚。这是一种价值观的传递。客人感受到的是酒店的服务和品质，享受到的是酒店的文化。一个充满了"以人为本"的酒店企业文化才能真正创造出"以客户为中心"的客户关系管理。如里兹·卡尔顿酒店就把他们的员工视为"为女士和绅士服务的女士和绅士"。这种文化使员工充满自信和效率，使他们拥有足以快速解决客人问题的权力，其中包括给每位员工 2 000 美元的授权。这是因为酒店相信他们的企业文化所挑选和培养的每一位员工都有服务的天赋和热情，只要充分信任他们用自己的想法为客人服务，他们才会竭尽全力地去满足客户的一切需求而绝不会滥用权力。

酒店对客户关系的知识管理是关键。客户关系管理的管理重点是"客户关系"。酒店不断地搜集、整理、分析和预测有关客户的一切有效信息，目的无非就是获取客户、开发客户和保持客户。这不是酒店某个部门、某个时期的工作任务，而是整个酒店持续、动态、交互、协同的系统工程。客户数据库里的一切信息包括顾客的基本资料、联络途径、过往的消费记录、每次入住离店的日期时间、酒店名称、房间类型、订房渠道、特别服务、个人喜好和取消预订的记录、投诉和处理记录、累积消费积分、奖励记录、忠诚度评估等，都必须要在酒店内部形成高效、畅通和封闭的知识管理环路。因为在客户关系管理中，客户信息就是原材料，只有被酒店进行整理、组织、分析并在酒店内部形成高度共享，然后转化为每一位酒店员工的客户知识才能被员工加以利用，并在适当的时机、适当的场合、用适当的方式为客户提供最需要的服务。从这个层面上讲，酒店的知识管理是客户关系管理成功的关键所在。如果酒店的客户信息分散在前台、餐饮、客房、财务、销售等各个部门，没有以"企业知识"的形式在酒店信息平台上进行共享，员工也无法通过对客户的深入了解为客户提供个性化、定制化、人性化的服务，也就不可能给客户带来超乎想象的惊喜和满意。

三、任务实训：酒店电子商务客户服务与管理

（一）实训目标

了解客户关系管理的基本步骤，认识酒店客户关系管理带来的优势以及明确其体系建设

结构，清楚酒店客户关系系统的应用。

（二）实操描述

学生通过互联网完成以下任务：
（1）通过典型案例了解酒店客户关系管理带来的优势。
（2）通过典型酒店电子商务网站了解酒店客户关系管理系统。

（三）考核标准

（1）详细了解酒店客户关系管理的步骤和体系构成。
（2）对酒店客户关系管理系统进行准确分析。

（四）实训报告

结合以上相关知识和应用情况，通过互联网完成工作任务，并填写实训工作单。

实训工作单

文档编号：

授课班级		授课教师	
小组成员			
项目名称			
工作任务			
任务理解和分工			

实施过程（可附页）	序号	主题	过程简要描述	备注
	1	客户关系管理的基本步骤		
	2	客户关系管理体系结构		
	…			

【本章小结】

通过本章的学习，学生可以知道旅游电子商务中的酒店电子商务是如何进行的，包括酒店在电子商务平台中的实施方法、构建体系、服务管理等。通过学习，学生能够自建酒店型电子商务网站，对网站进行规划实施和维护，利用第三方平台实施发布自己的产品信息和服务信息，对酒店电子商务中的客户服务和管理有进一步的了解。

酒店通过互联网平台来销售自己的客房和服务已经是这一行业的发展趋势，所以，清楚酒店电子商务并可以进行实施的高质量人才正是这个行业所必需的。

【课后习题】

一、单选题

1. 酒店计算机营销网络（网上预订）是一种新的预订方式，一般有第三方预订网络和（　　）。
   A. 第一方预订网络　　B. 酒店集团预订网络　　C. 委托预订网络　　D. 代销预订网络

2. 酒店电子商务目前存在的问题是（　　）。
   A. 技术落后　　B. 运作环境局限　　C. 时间不成熟　　D. 行业内的竞争力大

3. 星级酒店是由国家（省级）旅游局评定的能够以（　　）为时间单位向旅游客人提供配有餐饮及相关服务的住宿设施。
   A. 夜　　B. 昼　　C. 天　　D. 小时

4. 酒店电子商务的主要内容包括客房销售、（　　）、信息发布、网络营销以及酒店售前售后的客户关系管理等。
   A. 信息展示　　B. 服务项目　　C. 在线预订　　D. 在线咨询

5. 酒店电子商务系统是一个集成系统，包括（　　）和硬件系统，硬件系统是网络基础，是开展商务的平台。
   A. 软件系统　　B. 信息管理系统　　C. 客户管理系统　　D. 信息系统

二、填空题

1. 酒店电子商务通过互联网可以很方便地进行规模采购和对熟客进行优惠活动，客户可以通过电子商务享受到_____、_____和_____全过程的服务。

2. 按照规范制定网页大小，页面标准按_____分辨率制作，实际尺寸为_____。

3. 7天连锁酒店官方网站的内部链接按照_____结构和_____结构组成。

4. 第三方电子商务服务平台，也可以称为_____。

5. 酒店服务业电子商务体系即_____和_____借助计算机网络平台设计开发相应的服务系统。

三、简答题

1. 简述酒店电子商务的定义。
2. 简述酒店信息化管理的定义。
3. 简述我国酒店未来的发展趋势。

【后续展望】

　　电子商务的出现,彻底颠覆了传统的消费方式,电子商务主要是以最小的成本追求最大的利益,这也是众多企业加入电子商务这一大军的主要原因。所以目前电子商务在各行业中发展迅速,但酒店电子商务的发展则较为缓慢。目前对这块的人才需求也非常大,同学们可以通过本章的学习了解酒店电子商务,通过酒店电子商务的实施方法推动其进一步发展。

项目五　旅行社电子商务应用

【学习目标】

一、知识目标

1. 了解旅行社电子商务网站的策划及建站方式。
2. 了解旅行社电子商务网站的运营及推广。
3. 明确旅行社业务管理系统的功能。

二、能力目标

1. 掌握对旅行社电子商务网站结构的基本分析。
2. 掌握旅行社实行电子商务信息化的基本实施手段。
3. 掌握旅行社业务管理系统的实施方法。

【项目情景】

小牛是某校旅游电子商务专业应届毕业生,通过校园招聘顺利进入北京途牛国际旅行社有限公司网络运营部门,成为一名途牛旅游网运营部实习生。上班的第一天,主管要求小牛运用在学校学到的旅行社电子商务应用相关知识,了解国内老牌的旅行社的电子商务在线旅游的应用情况,对竞争对手加以了解,并分析公司旗下"途牛旅游网",从所学专业的角度充分认识途牛旅游网,并为途牛旅游网和北京途牛国际旅行社管理系统提出一些意见和建议。

【项目分析】

一、旅行社电子商务

1. 旅行社电子商务发展的社会环境

随着全球互联网的发展,大量的 B2C 商业网站的突起,互联网网络消费市场已逐渐形成并趋向成熟,再加上我国经济的迅速发展,城乡居民的生活水平的不断改善和提高,伴随着居民生活节奏越来越快,工作压力随之也越来越大。旅游消费已然成为一种引领全民休闲消费水平的全新消费方式进入我国居民的生活之中。而随着我国市场经济的快速发展,人民生活节奏的加快,传统的线下旅游信息提供方式以及旅游出行方式已经不能满足人们对于旅游信息的需求量，因此，转变旅行社为消费者提供旅行信息的方式尤为重要。这恰恰给旅游电子商务的发展提供了一个极大的发展空间。旅游电子商务化发展具备高速化、精确化以及低成本的优势，并且由于互联网的延展性，旅游电子商务平台以能够提供更多个性化的方式的绝对优势满足了我国居民旅游消费的需求，而以实体旅行社为依托的旅行社电子商务平台更是以多年的旅行信息提供经验、完善的旅行配套服务及旅行路线方案，逐渐占据了旅游电子商务市场的主流。

2. 旅行社电子商务网站分类

一般将旅游电子商务网站分为 B2B、B2E、B2C、C2B 四种形式。

（1）B2B 交易形式，包含旅游企业之间的产品代理，如旅行社代订机票与饭店客房，旅游代理商代售旅游批发商组织的旅游线路产品，同时也包括组团社之间相互拼团。

（2）B2E 交易模式，即旅游企业与之有频繁的业务联系，或为之提供商务旅行管理服务的非旅游类企业、机构和机关。

（3）B2C 交易模式也就是电子旅游零售，指旅行社与消费者之间的旅行服务零售模式。

（4）C2B 交易模式是由旅游者提出需求，然后由企业通过竞争满足旅游者的需求，或者是由旅游者通过网络接成群体与旅游企业讨价还价。

而对于旅行社电子商务网站，由于网站是基于实体旅行社建立起来为特定旅行社服务，所涵盖的交易方式就只有 B2E、B2C。常见的旅行社电子商务网站为 B2C 经营模式的电子商务平台。

二、旅行社网站建设与运营管理

1. 旅行社网站的建设规划

旅行社电子商务网站依托旅行社为运营主体，借助互联网电子商务渠道对旅行社产品进行线上销售。网站内容包含旅行社产品及报价，包括旅行线路报价、出行产品报价（如机票预订等）。

一般的旅行社网站包括以下内容：

（1）旅游产品销售系统。

客户可以通过互联网络了解旅行社的产品，了解网站能为他们提供什么样的服务；利用互联网可以轻松地展开攻势，这是整个网站最重要的部分之一。前台功能概括如下：

① 产品展示：在旅行产品详细页，包含旅行路线名称、景点、线路报价、出团日期、注意事项等。

② 最佳推介：在网站首页及子页面首页划分出最佳产品推荐或最新活动介绍，一般展示方式为 banner 横幅广告或滚动广告图片形式。

③ 在线订单系统：网站可以进行在线下单，使访客在线预订旅游产品，如旅游线路或机票酒店等。

④ 广告图片管理：用于展示站内活动及经典线路推荐，图片以一定的视觉冲击感吸引访客注意。

（2）网站新闻发布系统。

将网页上的某些需要经常变动的信息,类似新闻、新产品发布和行业动态等更新信息集中管理,并通过信息的某些共性进行分类,最后系统化、标准化发布到网站上的一种网站应用程序。网站信息通过一个操作简单的界面进入数据库,然后通过已有的网页模板格式与审核流程发布到网站上。它的出现大大减轻了网站更新维护的工作量,通过网络数据库的引用,将网站的更新维护工作简化到只需录入文字和上传图片,从而使网站的更新速度大大缩短。在某些专门的网上新闻站点,如新浪的新闻中心等,新闻的更新速度已经缩短到五分钟一更新,从而大大加快了信息的传播速度,也吸引了更多的长期用户群,时时保持网站的活动力和影响力。

(3)全站搜索系统。

提供对全站的信息进行搜索的功能。站内搜索系统提供了对信息进行多种类型检索的支持,对网站主要信息提供了搜索功能。

旅行社网站一般交易流程见图5.1。

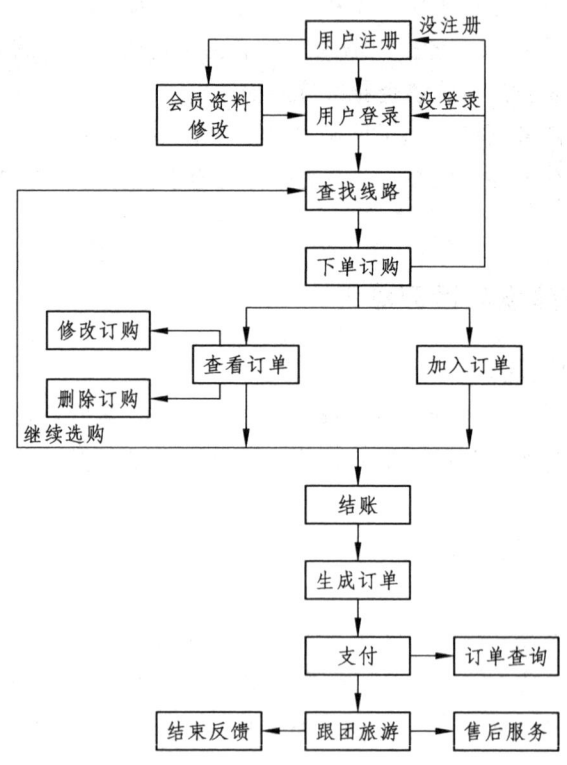

图 5.1 旅行社网站一般交易流程

三、旅行社综合管理

旅行社综合管理系统是旅行社电子商务平台的核心组成部分,完善的旅行社综合管理平台需要涵盖业务、财务、报表、统计、行政、资料六个方面,包含旅行线路管理、旅行社计划调度、销售管理、采购管理、固定资产管理、财务管理六大功能。但是还要根据每种旅行社管理系统的不同品牌,在细节上的有一些变化,让用户有不同的体验,从而产生不同的效果。

【任务分解】

任务一 认知旅行社电子商务

一、完成任务

1. 典型旅行社电子商务网站分析

步骤1：明确典型旅行社网站。

【案例5.1】

小牛入职的当天下午，主管为了让小牛更好地了解公司产品，给了小牛一份途牛旅行社的介绍和旅游产品资料，安排小牛首先通过手中拿到的资料及对途牛旅游网的初步了解，掌握途牛网的相关信息。通过翻查资料和互联网信息，小牛了解到：

2006年10月，北京途牛国际旅行社有限公司旗下"途牛旅游网"正式上线。当中国在线旅游市场已有携程、艺龙等多家佼佼者，途牛旅行社通过市场调研分析，决定途牛旅游网坚决不能仿照携程、艺龙等专注机票酒店预订的在线旅游运营模式，而要借助途牛旅行社自身优势开辟一种新型网络在线旅游市场。这就逐渐形成了以独立旅行社为基础、借助网络进行旅行线路及门票等旅游产品在线订购的新型商业模式。

2006年是中国在线旅游市场新兴的一年，这一年途牛网只做旅游路线并对这一细分市场进行深耕细作。这一年，途牛网首先利用半年时间建立国内最全面的景点数据库，又率先打造"路线图"和"拼盘"两种旅游产品，致力于打造国内"驴友"交换的一个公共社区。途牛旅游网（见图5.2）借助旅行社线路优势及运营团队的集中统一性，尝试前所未有的线上线路预订模式，游客通过拜访途牛网懂得感兴致的旅游线路，也可以向途牛网的客服咨询。最后在途牛网完成预订，在游客享受完成旅游服务时，又可返回网站进行点评获得旅游抵用卷。这种做法既便于途牛旅游网运营中心对线路质量进行监控，又能使网站聚集更多的忠诚用户，从而使游客的满意度得到提升。

图5.2 途牛旅游网首页

小牛发现，在让客户满意的同时，途牛旅游网也一直在采用各种办法扩展自身的知名度。网络营销中的竞价排名成了途牛旅游网的主要营销手段。主管为小牛提供的资料显示，途牛旅游网投入的网络竞价排名营销费用占了总预算过半份额，而传统推广方法消费的营销费用仅占总投入的30%。虽然投入不菲，但实际的效果却很好。2007年是途牛旅游网竞价排名营销的第一年，在没有积聚、没有品牌的情形下，就取得了超过百万元的盈利，客源中有60%~70%是冲着竞价排名而来的。2008年，竞价排名营销的后果更为显著，为途牛网带来了近千万元的盈利。

步骤2：归纳特点，并对其电子商务体系进行分析。

【案例5.2】

通过对公司背景及旅行社电子商务知识的完善和深度理解，小牛对电子商务市场与旅行社的关系有了进一步认识，网站运营部主管进一步要求小牛根据公司与旗下途牛旅游网的基本信息，对途牛旅游网的商务体系进行分析，并提出自己的意见。

（1）途牛旅游网的电子商务体系分析。

途牛旅游网作为新一代在线旅游电子商务平台的代表，率先打造了以精品线路为主要产品的在线旅游电子商务平台，在行业内采用独树一帜的商业模式，力求让客户最简略、最便利地找到适合的路线；增强网络数据的实时更新，确保客户可以清晰地看到所有旅游路线的订单数量、最新订单、热点订单、老客户评价等。

以此为自己提供出行参考。此外，针对旅游产品鱼龙混淆的情形，途牛网还制订了回访制度，对所有订单进行逐个回访，确保服务质量，所有的回访记载公开透明的显示在网站上，分5项内容依据客户的评价进行打分，并最终盘算出每个产品的满意度，便于跟踪晋升质量及便利后续客户选择。根据数据，客户的总体满意度到达了97%。

正是其在线旅游服务的模式弥补了传统旅游销售模式的空白，虽然没有传统旅行社的门店但却有完全的线路，同时比"酒店+机票"的模式更加直观和详尽，还具备网络销售的便宜和实惠。

（2）电子商务时代对旅行社的影响。

随着互联网全球化覆盖，电子商务逐渐发展壮大，传统行业纷纷向电子商务靠拢。旅行社作为旅行服务的中间商，在传统商业模式下很难再有更大的超越，在网络在线盈利模式的驱动下，旅游在线服务逐渐走进旅游服务市场，旅游电子商务平台如雨后春笋不断崛起，电子商务为消费者提供了更加便捷与效率的消费服务。

电子商务对旅游市场的冲击在于，人们不断个性化的旅行需求与电子商务旅游平台人性化的产品。消费者不再满足于被动接受旅行社安排好的线路和产品，而趋向定制化的选择。网络在线旅游服务充分地满足了个性化的消费需求，简化了旅行程序，高效地解决了消费者与旅行社之间的交互。一方面减轻了国际经济体系劳动力压力；另一方面促进了互联网时代的发展，有效地推进了国民经济体制改革，提高了GDP增长率。

2. 认知旅行社电子商务

步骤1：通过对多个旅行社站点的分析，明确旅行社电子商务的共性。

【案例5.3】

为了帮助自己更有把握完成主管所交代的工作任务，小牛决定找出其他几家旅行社电子商务官方网站进行对比分析，结合自己的专业知识进行分析。经过调查分析，他选定了康辉国旅、中国国旅和光大国际旅行社几家比较老牌的企业官网进行对比。

借助在线旅游电子商务的兴起，以老牌旅行社为代表的康辉国际旅行社、中国国旅及各种地方性旅行社逐渐重视线上旅游电子商务的发展，借势开发了各自的电子商务平台，并纷纷上线运营。

不难发现，以实体旅行社为旅游电子商务网站依托所形成的电子商务平台都具有一个共同点，那就是所有的产品都是以旅行社内既定好的线路为主。这样虽然打开了旅行社在互联网市场营销方面的大方向，但却决定了旅行社官方网站产品的单一性与局限性。通过互联网数据调查中心的数据统计显示，除途牛旅游网外，品牌旅行社如康辉旅行社、光大旅行社、中国国旅等老牌企业，在设立自己的旅行社电子商务网站时大多以各门店独立进行为主，所以在打开其某个网站时常常在页面顶部显示"××旅行社××路门店"字样。这样既分散了管理也对消费者产生了误导，但由于网站分散性很容易导致旅行社各门店之间的恶意竞争。而对于途牛旅游网这样建立在旅行社基础之上统一管理统一定价的网站，就充分的占据了管理及价格调控的优势。比较如图 5.3～5.5 所示。

图 5.3　北京中国国旅行社

图 5.4　西安光大国际旅行社

图 5.5 中国康辉西安国旅行社

步骤 2：通过总结与分析，明确旅行社电子商务结构。

【案例 5.4】

通过对比上述几家旅行社电子商务平台可知，旅行社电子商务平台一般由旅行社网站与旅行社管理系统两部分组成。小牛对中国现有涉及旅行社服务的上千家网站大致做了一个分类，将旅行社网站分为两类：

一类是以旅行社为网站主题，网站内容为旅行社产品，如长短途旅行线路、签证办理等，以康辉国际旅行社、中国国旅等资质较老的旅行社网站为代表。

另一类是近年兴起的旅游行业企业普遍采用的展现方式，以旅行景点结合自助游、跟团游为一体的旅行社网站，包括一些景区、酒店、线路网站。这类网站属于更高层次的旅游网站，依托大旅行商，并开展信息交流、网上预定，更像是为游客提供旅行服务的综合性门户网站。这类网站以途牛网、芒果网为代表。

随着全球电子商务一体化趋势的加剧，旅行社电子商务将更大地发挥其作用。旅行社电子商务不仅减少了吃、住、行、游、购、娱等产品与游客之间的销售环节，更重要的是在旅行社行业内部实现了"机构精简"。传统的旅行社公司是在竞争性很强的相对封闭的环境中运行的。旅行供应商加点提成后卖给国内批发商，国内批发商加点后给国外零售商，其再通过当地旅行社代理出售给消费者。因为每个商家都有获得差价的需要，几经周折后，不但费时费钱，而且会增加消费者额外的支出。消费者最终得到的旅行团价格与所需的各种旅游产品零售价格总和的差额就微乎其微了。

旅行社电子商务则省去了许多中间环节，通过网络平台直接把生产者和消费者联系起来，同样达到了低价批发转让旅游产品的目的。假如每一次交易增加 7 个点的话，旅行社之间经过一系列的批零环节，成本至少增加 30%，而目前世界上较大的电子商务旅行公司，如 Yahoo Online、Expedia，它们的产品到达市场的成本只不过增加了 3～5 个点。比起旅行社，它们的成本则要低得多，实现了真正意义的物美价廉。

随着互联网电子商务不断人性化与个性化，第二类旅行社电子商务网站已成为旅游行业电子商务平台的发展趋势。尽管如康辉、国旅这类老牌旅行社在客户资源积累上依然占据较大优势，但是对于现在追求生活与工作双重节奏不断加快的年轻团体而言，高效率的电子商务订购模式与个性化的服务必定会取代传统旅游行业的商业运营方式。

旅行社电子商务网站功能结构见图 5.6。

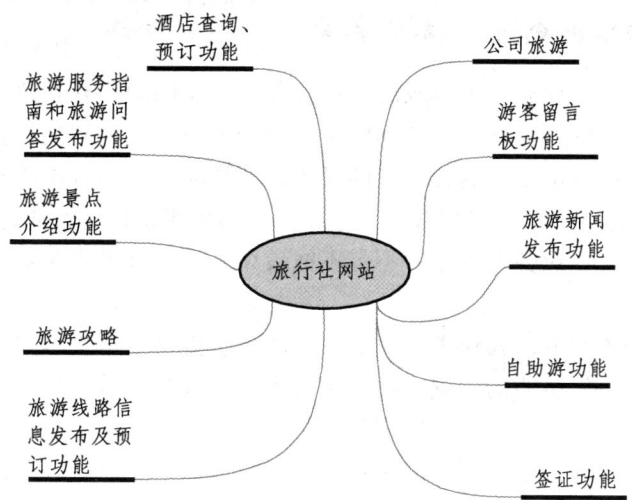

图 5.6 旅行社电子商务网站功能结构

旅行社电子商务网站前台功能主要包括以下十个：

（1）旅游线路信息发布以及预定功能：顾客可通过网站查看相应的旅游线路信息和预定旅游线路功能，管理员可以在后台对旅游线路进行发布、更新，对于线路预定可以进行相应的处理，分地区周边、国内、国际旅行线路。

（2）酒店查询、预订功能：顾客可以通过网站查询全国各地的酒店情况，同时预订合适的酒店。

（3）旅游景点介绍功能：顾客在网站可以查看全国主要旅游景区和景点介绍信息，管理员可以在后台对旅游景点信息进行更新、修改和删除。

（4）旅游新闻发布功能：顾客可以通过旅游网站查看最新的旅游资讯和旅游动态，网站管理员可以在后台发布、更新和删除旅游新闻。

（5）旅游攻略：游客可针对某个旅游城市发布旅游攻略，管理员后台审核，可在后台进行添加、删除、修改操作。

（6）旅游服务指南和旅游问答发布功能：游客可以通过网站查看一些旅游的注意事项和在旅游经常遇到的一些问题，管理员在后台可以对信息进行更新、修改、删除功能。

（7）自助游功能：游客可以通过网站，查询相应出发地到目的地的自助游推荐线路，网站提供机票与酒店套餐预订。

（8）游客留言板功能：游客可以通过留言板给管理员留言，管理员可以通过登录对留言进行管理和回复。

（9）签证功能：网站提供亚洲、欧洲、美洲、澳洲、非洲等国际签证办理。

（10）公司旅游：网站针对公司团体旅游独立定制个性线路，满足不同消费的需求。

小牛发现，公司在运营中不仅仅从网站上获取客户资源，还利用各类软件整合资源，借助强大的网络化系统进行内部流程管理，最常用到的包括旅行社供应链管理系统、旅行社客户管理系统和旅行社业务管理系统。如果说电子商务网站是企业的门面，那么强大的各类管理软件则组成了企业内部的整体架构。

二、知识要点

(一) 旅游市场和电子商务的关系

作为国民经济的新兴行业,中国旅游业在发展初期就明确了开发建设的基本方针。一方面,坚持对外开放,广泛吸引海内外各界资金;另一方面,充分利用社会资源,鼓励国家、集体、个人投资建设旅游项目。这种开放的投资方针推动了中国旅游投资市场的活跃和旅游接待能力的提高,为旅游业的繁荣发展创造了条件。不可否认,旅游业与环境是密切相关的,而电子商务提倡的是实现业务无纸化,不仅不能破坏环境并且要优化环境,这一点就切合了旅游业对环境的需求。

同时,对电子商务来说,其最大的优点之一就是可提供一个供客户查询的功能,因为订票的网络平台是电子化旅游业的关键,也是现代电子商务为旅游业提供的一个重要手段。它不但可以节省电话费用成本,还可以为顾客提供个性化的服务,以更好地满足顾客需要。

综上所述,旅游市场和电子商务的关系是相辅相成的,是时代发展的必然结合。运用电子商务的优势,从网上获得大量的信息,不但加强旅行社与旅游供应商和旅游者之间的联系,也可使旅行社的传统经营运作方式信息化、简单化、科学化,从而促进旅行社经营管理现代化。电子商务的实施促使了旅游业经营机制的改变,服务功能的转换,为旅游业带来了更多新的开拓空间。

(二) 旅行社电子商务的定义

旅行社电子商务是一整套的、基于互联网技术的、有着规范的业务流程的在线旅游中介服务,是专业从事旅行中介服务的企业组织建立并实施一整套基于规范业务流程的,以先进的计算机技术、互联网技术及通信技术为基础的在线旅行服务模式体系。这种服务模式的最大特点是在线、即时的为旅游者服务,在时间上体现出快捷和便利,因此被称为在线旅游服务模式(online travel service,OTS)。旅行社应用电子商务,可以调整企业同消费者、企业同企业和企业内部关系,从而扩大销售,拓展市场,实现内部电子化管理的全部商业经营过程。

(三) 旅行社电子商务的特征

(1) 旅行社电子商务的主体或"载体"是旅行社或旅行中介服务机构。
(2) 旅行社电子商务的核心是一系列规范的业务流程。
(3) 旅行社电子商务的基础是互联网技术和万维网技术的应用。
(4) 旅行社电子商务的创新竞争力在于在线旅行服务模式,这种服务模式的最大特点是在线、即时的为旅游者服务,在时空上体现出快捷和便利。
(5) 旅行社电子商务体系是一个人-机结合的系统,涉及企业运作的各个层面,如产品设计、市场营销、企业管理 MIS、客户管理 CRM 等,而不只是一个纯粹的"机器人"计算机系统。

(四) 旅行社电子商务的发展史

随着通讯和计算机技术的发展,因特网的不断普及,使旅游信息的流转不再受时间和空间的限制,旅游资源的拥有者(如航空公司、酒店等)和最终的旅游消费者之间能够建立起更直接的关系。据统计，1998年旅游企业占全球网上交易总额的18%，到2002年，该比例提高到35%，成为全球电子交易领域的榜首。这无疑对旅行社这类中介机构又构成了巨大的新的挑战。

此外，据CNN公布的数据可知：1999年度全球约有8 500万人次以上享受过旅游网站的服务；全球的旅游电子商务连续5年以350%以上的速度发展。中国互联网信息中心（CNNIC）在第七次《中国互联网发展统计报告》中称：截止到2000年12月31日，我国上网计算机约892万台，网民总数2 250万人，为计算机网络信息交流的普及和广泛应用奠定了基础。作为旅游业三大支柱之一的旅行社，担负着组合旅游产品，并直接向旅游消费者推介和销售的职能，同时又担负着向旅游产品供应企业及时反馈旅游市场需求的功能。旅行社的这一中介地位决定其收集信息、传递信息、综合利用信息的重要性。

因特网将旅行社推向变革的大潮之中。一方面，旅行社可以从网上轻而易举地获得超大量的信息，加强旅行社与旅游供应商和旅游者之间的联系，也可使旅行社的传统经营运作方式信息化、简单化、科学化，促进旅行社经营管理现代化；另一方面，因特网也会把旅游供应商和旅游消费者聚集在一起，互通信息，以致抛开旅行社中介机构，不必依靠旅行社所提供的信息，就可以直接进行买卖活动，这就导致了传统的旅行社市场将被其他类型的竞争者分割。因此，因特网的运用，既给旅行社的业务发展创造了更多的机会，同时也给旅行社的传统经营方式带来极大的挑战。

（五）旅行社电子商务的交易模式

1. 基于第一代旅游交易平台的合作模式

中国旅盟网、中华知行网、乐途旅游超市等网站代表了第一代旅游交易平台的网站。此类旅游交易网站一般都是旅游产品与服务的资源营销商，网站依托庞大的旅游资源库和旅行社、酒店、景区、交通票务等相关企业的旅游信息，为旅游者提供包括吃、住、行、游、购、娱等在内的多方面需求，并拥有网上支付、在线地图、社区交流等综合功能。

旅游交易网站的网页设计多以旅游者关心的周边游、国内游、出境游和自助游等旅游线路为宣传焦点，同时，配有各类旅游区、观光景点和各种旅游活动项目。每项产品的介绍都会按地区范围、旅行社的意愿及其他合作伙伴的有关信息相互联系，以全行业整体形象为游客提供全方位的旅游产品信息和网上服务，同时提高了各个旅行社及产品在游客面前出现的次数。对于旅行社而言，第一代旅游交易平台主要为旅行社业提供网上营销业务环境，在旅行社和合作伙伴之间、旅行社与旅游者之间建立以互联网为基础的交流窗口，为旅行社扩大客源地、提高知名度、降低业务成本提供最为便捷有效的手段。

网站的业务收入主要是各类旅游广告收入、旅行社及相关企业的加盟费、向旅游者收取的相关服务收入等。所以，旅行社只需向网站支付一定的加盟费用，就可以通过网站进行宣传营销。另外，此类模式的旅游交易网站除主要针对旅游者以外，加盟旅行社之间也会发生业务联系。

2. 基于第二代旅游交易平台的合作模式

以同程网、旅业在线网、全游网、中国假日等为代表的网站则属于第二代旅游交易平台的网站。此类旅游交易网站所起的作用是为旅行社之间的业务交流提供一个在线交易平台，是旅行社营销的助推力。它不像第一代的旅游交易网站那样拥有庞大的旅游资源和旅游信息，而只是在其中扮演旅游中间商或者是旅游经纪人的角色。

第二代旅游交易网站所提供的服务项目主要包括加盟旅行社的简介、旅游经理人的个人资料及名片，为旅行社会员免费开通该社主页网站，发布旅行社会员的线路产品、报价和各种分类信息，开通地接专版，查询组团询价信息、提供地接报价信息等功能。同时，旅游交易网站会将会员旅行社按地域、线路种类、价格高低等进行分类，提供各种不同线路的相关信息，为加盟旅行社寻找业务伙伴提供参考。

对于旅行社而言，第二代旅游交易网站都是定位于诚信的旅游经营平台，非常重视加盟旅行社的诚信。此类网站旨在建立旅行社之间特别是组团旅行社和地接旅行社之间的互动信息交流平台，使旅行社在业务活动中能够充分掌握各种信息、节省时间、降低成本；同时最大限度地增加旅行社营销的机会，为旅行社相互之间跨区域建立联系提供更多的商业机会。网站的业务收入主要是旅行社的广告宣传收入、向旅行社及相关企业收取的加盟费用、其他服务收入等。所以，旅行社只需向网站支付一定的加盟费用，便可发布旅行社的信息和查询业务对接旅行社的详细信息。另外，第二代旅游交易网站不仅仅局限于旅行社与旅行社之间的业务交易，而且也涉及与酒店、景区等相关旅游产业链上旅游企业的业务合作。

3. 基于第三代旅游交易平台的合作模式

与前两代旅游交易平台相比，第三代旅游交易平台的最大不同在于其"信息高速公路"式的经营理念。目前，为中国酒店提供国际领先的实时在线中央预订、分销、管理和交易系统的HUBS1（汇通天下网）是第三代旅游交易平台的雏形。

前两代旅游交易平台的服务对象或者加盟对象仅限于某个单体旅行社或者其他旅游企业，旨在为旅行社与旅行社之间、旅行社与其他合作伙伴搭建一个网络营销平台，旅游交易平台之间的兼容性比较差。但对第三代旅游交易平台来说，其服务对象或加盟者不仅仅包括单体旅行社或其他旅游企业，而且还包括旅游供应商、旅游分销商和旅游交易平台网站等。除了为旅行社提供直销的服务外，旅游交易平台内的单体旅行社和旅游交易平台网站都可以实现信息、资源的共享。

也就是说，在第三代旅游交易平台上，单体旅行社与任何一家加盟的旅游交易网站、旅游分销商、旅游供应商等都可以实现在线交易，无限扩大了分销渠道。加盟的单体旅行社拥有在线服务的网站，其网上分销自动与外部保持同步，无需专人维护，可以同时发挥直销和分销功能。另外，第三代旅游交易平台拥有先进的中央预定系统和全球分销系统等信息技术，在最大程度上简化了旅行社与旅行社之间、旅行社与其他旅游企业之间、旅行社与旅游代理商之间的业务操作流程，节省了大量的人力和时间。而加盟的方式与前两代旅游交易平台的加盟方式类似，也是在遵守联盟协议的基础上，缴纳一定的加盟费用。

（六）传统旅行社应对电子商务的策略

1. 网络营销渠道的建立将直接导致由传统旅行社构筑的销售渠道价值链的颠覆

（1）旅行社销售渠道指旅行社通过各种直接或间接的方式，将旅游产品转移到最终消费者手中的整个流通结构，又称销售分配系统。具体地说，分销渠道中的成员（即作为中介的旅行社）具有生产、销售或代理销售、组织协调、分配、提供信息等主要功能。

(2) 网络营销渠道是信息发布的渠道。企业的概况和产品的种类、质量、价格等，都可以通过这一渠道告诉用户；网络营销渠道是销售产品、提供服务的快捷途径。用户可以从网上直接挑选和购买自己需要的商品，并通过网络方便地支付款项；网络营销渠道是企业间洽谈义务、开展商务活动的场所，也是进行客户技术培训和售后服务的理想园地。

(3) 网络营销渠道基本上包括了传统销售渠道的所有主要功能，同时，网络营销渠道减少了流通环节，不仅可以节省给中间商的佣金，从而降低流通成本，使企业可能以较低的价格向公众出售其旅游产品，还加强了旅游产品生产者对其产品的控制力，充分体现了旅游电子商务的优势。

2. 旅游电子商务的出现，削弱了传统旅行社的基本职能

"旅行社这类企业存在和发展的原因，根本在于创造一种新的信息传递方式和资源组合方式。这种方式的组合形成了在这一领域的有效率的经济组织，以企业的规模性代替了个体旅游服务的游击性；以企业的整体形象降低了销售变化的冲击；以集团的网络化创造了更好的信息传递机制，从而在市场竞争中得以生存和发展。"

(1) 弱化了旅行社生产、代理销售的职能。

旅行社的生产职能也可以称为组装职能，指旅行社以低于市场的价格向饭店、旅游交通和其他相关部门批量购买旅游者所需的各种服务项目，然后进行组装加工，并融入旅行社自身的服务内容，从而形成具有特色的旅游产品的功能。旅行社成为提供旅游产品的代理商，通过推销他们的产品，获得佣金。旅游电子商务的出现，使旅行社的代理职能受到削弱。

(2) 弱化了旅行社提供信息的职能。

从某种角度上讲，旅行社也可以被认为是信息产业。这是由旅行社的行业特点决定的。旅行社涉及食、住、行、游、购、娱六大要素，同时，"旅游跨国、跨地区的，旅游管理对信息共享要求高"，所以，信息资源是旅行社经营的要素之一，在资产组成中占有很大比重。

在线"网络旅游公司"的出现对传统旅行社提供信息的职能提出挑战。它本身就是一个信息系统，饭店、旅游景点、旅游交通部门和其他旅游企业可以通过国际互联网将自己的产品信息直接刊登在自己的主页（homepage）和网站（webside）上，且信息高度集中，操作方便快捷，潜在旅游者只需进入感兴趣的站点，就可以得到有关信息，不必受到旅行社产品组合的限制。

3. 旅游电子商务使个性化旅游成为可能

网络营销作为旅游电子商务的新的销售渠道，它具有跨时空、交互以及整合性的特点，使个性化旅游成为可能。网络旅游通过网站上的社区及时搜集不同旅游者的需求信息，获取生产者的销售反馈信息。旅游电子商务的 B2C、B2B 和 C2C 模式加强了生产者与生产者、消费者与消费者之间的联系，实现了自助线路、自助出游。

三、任务实训：旅行社电子商务认知

（一）实训目标

(1) 明确旅行社电子商务网站体系。

(2) 了解旅行社电子商务网站结构特征。

（二）实操描述

在互联网上寻找典型旅行社电子商务网站，对比所找到的旅行社电子商务网站发现其共同点与不同点。寻找西安欢畅国际旅行社相关信息，对比其他几个旅行社电子商务网站进行以下实操：

（1）寻找旅行社电子商务网站，归纳这类网站结构的相同点和不同点。
（2）简述西安欢畅国际旅行社的电子商务体系。

（三）考核标准

（1）详细、准确了解目标旅行社的基本信息。
（2）能准确找出同类电子商务网站。
（3）能准确分析旅行社电子商务网站的结构体系。

（四）实训报告

本实训的方案即可作为实训报告。

实训报告

实训名称	旅行社电子商务应用
任务	了解旅行社电子商务的应用
分析对象	西安欢畅国际旅行社官方网站
分析要素	电子商务化的运作方式； 电子商务运营推广方式； 电子商务化运营的过程中的不足

任务二　旅行社网站建设与运营管理

一、完成任务

1. 旅行社电子商务网站建设

步骤1：旅行社电子商务网站调研与分析。

【案例5.5】

旅游行业从来不缺竞争对手，目前比较大的旅行社如中青旅、国旅、康辉等，旗下均有大量分社和门市部。从百度整理的数据中可以看出，中国境内约有54 529家旅行社分社和门市部，而这只是叫得上名号的旅行社，小旅行社和门市部就更不胜枚举。

据艾瑞咨询数据分析，中国境内旅行社分社和门市部中约79.53%有自己的独立网站，约34.94%有两个或两个以上的独立网站，平均每家旅行社有3.53个独立网站。综合以上数据保守估计，全国旅游网站数量约19万个。互联网数据中心数据显示，中国国内旅游电子商务网站从1996年开始出现，主要包括地区性网站、专业网站和门户网站的旅游频道三大类。虽然电子商务运用于旅游业仅有数年的时间，但是其发展势头十分强劲。电子商务已经成为信息时代旅游交易的新模式。

小牛查看了几家知名旅行社电子商务网站,发现在建设站点的过程中,普遍都会遇到旅行社站点在一个导航设置方面的问题:逻辑规划不清晰,与站点业务定位不相符等。

于是小牛找了两家资质较老的旅行社网站,希望可以在对比中找到解决问题的方法。首先是中国康辉西安国际旅行社有限公司(见图5.7)。

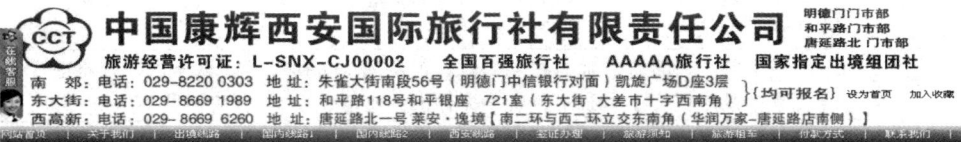

图 5.7　中国康辉西安国际旅行社有限公司导航栏设置

导航栏目设置为:网站首页|关于我们|出境线路|国内线路 1|国内线路 2|西安线路|签证办理|旅游须知|旅游租车|付款方式|联系我们。

小牛发现,访客打开站点可以很清晰地获得内容的一个点击方向,跟团或者自由行,还是需要办理签证或租车。而且可以知道,康辉国旅主要提供境内境外跟团旅游服务。

再看一个站点,陕西中国旅行社的导航如图 5.8 所示。

图 5.8　陕西中国旅行社有限责任公司导航栏目设置

网站首页|主题旅游|出境旅游|国内旅游|西安周边游|自由行|企事业单位|签证办理|景区介绍|游记攻略|付款方式|联系我们。

由此看来,旅行社电子商务网站通常以旅行社产品为主要栏目,导航方向清晰,给访客提供了目的明确的访问途径。所以,途牛旅游网应参照传统旅行社网站栏目设置方式,在既定的基础上增加创新。

步骤 2:旅行社电子商务网站策划。

【案例 5.6】

小牛再回过头看自己公司的途牛旅游网,觉得网站功能很多很杂,一时不知道从哪里入手。这时,公司研发策划部门的老员工为他提供了帮助。网站上线前,公司的研发策划部门参与了网站整体的开发工作,研发策划部的同事给小牛一份网站功能描述表(见表 5.1)。途牛线路分类见图 5.9。

图 5.9　途牛网线路分类

表 5.1 途牛网功能描述表

功能		描述
线路	线路分类	旅行社组团游的线路版块一般可以分为周边旅游、国内旅游、出境旅游、主题旅游、公司旅游、自由行几个版块。每个版块后台都可以做成自由添加一级子分类,以周边游为例,可以自由添加、修改、删除周边旅游版块下面的子分类,并且可以自由排序,排序值设置的越大越靠前
	线路展示	线路名称、门市价、优惠价、天数、出发地、出团日期、联系人、联系电话,线路行程(包括线路简介、行程安排、服务标准、友情提示)、预定流程
	线路价格	可以设置统一的门市价、优惠价、儿童价或者其他价格体系;同时也可以根据不同时间段设置不同的价格体系
	线路标题	线路标题的前面或者后面,可以放一个小图标。只要做一个,以后就可以自动调用
	线路隐藏	可以设置有效期。旅行社的很多线路都是有季节性的,比如滑雪旅游,过了冬天这些线路就不卖了。这时就可以把线路设置为隐藏,或者过期,这样线路就不需要删除了,保存在后台,不会在前台页面显示,等到来年再把隐藏线路重新释放出来。发布线路的时候,也可以设置有效期,到期后自动过期,也不会显示
	行程安排	可以是一个大的方框,可以将编写好的行程安排直接从 word 里复制过来,也可以做成以天为单位进行分步添加
	添加一个类别的旅游线路	可以同时在其他线路分类中显示。比如添加一条周边旅游线路:西安出发华山 2 日游,可以既在周边游里面显示,同时也可以在陕西旅游页面显示,还可以在牛人专线里面显示
后台	网站后台账号管理	可以根据客户的要求,开发不同级别的管理级别,如:超级管理员(可以开新的管理账号)、高级管理员(可以维护网站内容,但不可以再开管理账号)。线路管理员只负责维护网站内容,并且可以设置只能维护部分省市的线路和版块,这样可以方便旅行社找合作的旅行社代发布线路
	后台	根据客户的前台页面独立开发设计,后台完全独立,所有的板块在后台都有相应的管理版块,后台的每一个板块都是控制前台的某个页面功能。前台和后台完全一一对应,后台页面要干净、简洁、规范
	后台订单统计提醒	登录后台就会提醒网站的订单情况
	网站后台添加 seo 信息查询	把一些常用的查询百度收录、模拟机器人、关键词密度查等常用的 seo 工具链接到网站的后台,方便客户可以在后台直接查询本站信息
	图片库	每个网站后台都建立一个图片库,每上传一张图片都可以自动保存到图片库中,并可以对图片库进行更细的分类。这样再添加线路或者其他信息需要上传图片,就可以直接调用图片库里面的图片了,既方便快捷,又不占用空间
	酒店展示	酒店页面包括酒店简介、酒店图片、房型价格、备注说明(一些补充的酒店信息可以在备注说明中填写)。房型价格包括房型、早餐(单早、双早、无早餐)、宽带(免费宽带、无宽带、宽带另收费)、挂牌价、优惠价、备注(如床型、是否满房、有其他配套设施),或者需要填写房间的其他信息,都可以在备注里面填写;酒店功能可以实现在线预定
页面底部信息修改		网站 logo、网站图片、电话、地址、底部版权等所有重要信息都可以在后台直接修改
在线预订、在线支付		在线支付需要申请一个支付宝或其他在线支付(如财付通、网银在线等)商家的接口,提交审核通过后将代码嵌入到网站代码中,即可实现在线支付
短信提醒功能		商家只需要定期支付短信接口服务费,就可以利用短信服务商提供的短信接口,即可实现短信通知功能。客户定制成功后,线路信息和出团信息等可以通过短信的方式发送到客户的手机上
短信群发		给网站后台链接短信群发,对一些网站活动可以对已注册会员进行短信营销

步骤3：旅行社电子商务网站开发与实施。

【案例5.6】

设计部的同事告诉小牛，途牛旅游网的设计和排版在网站上线前经过了好几轮的投票和修改，最终确定了下面这一套方案。

旅行社电子商务网站以旅行社产品为主，也就是说，网站中的主要内容为旅游线路与旅游景点信息，所以在网站第一页要展示给访客最直接的印象。途牛旅游网确定以旅游线路为主要产品，以鲜活的绿色为主色调。绿色一方面代表轻松和活力，另一方面会给人视觉上的放松感觉，让访客在轻松舒适的视觉体验中浏览网站更有利于拉长网页停留时间。所以网站第一屏是给访客最直观印象的时候，所以页面设计中的版面除了头部logo及导航栏外，还需要一个大幅面的banner广告栏及网站主推产品分类栏。北京途牛国际旅行社主推产品为目标城市周边旅游线路、景点门票预订、国内旅游线路、出境旅游线路、为自助游客户提供的机票和酒店信息、公司个性化旅游线路定制、签证办理以及游轮旅游八大类产品，所以在导航栏下页面左侧，将设置8行竖列二级导航栏，分别将旅行社主推的八大类产品放进去。这个时候网页第一屏只剩下两个导航栏旁的空余，这里是直接与访客第一印象相关联的，并且作为旅游行业网站，通产在每个旅游季节都会有一些主题旅游及旅游活动，所以这里应该放入一幅滚动banner横幅广告，将网站最新动态与最新活动直观而形象地展现给客户。

此时，网站第一屏内容放置已经确定好大半，由于途牛旅游网以会员制进行产品订购，所以需要在显要位置添加会员登录和注册入口，方便新会员注册及老会员登录。banner广告下还有一部分是没有确定的，这里放入当季或当地最热产品推荐，定期更新给客户最新鲜的资讯体验。

确定完成后的网站第一屏布局如图5.10所示。

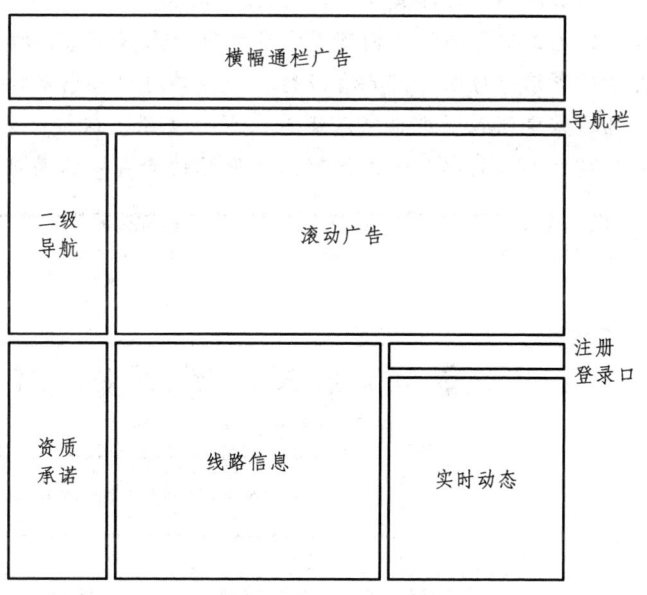

图5.10 途牛旅游网首页第一屏布局规划图

客户访问网站第一眼看到的首屏直接决定客户在网站停留时间的长短，那么首页内容就决定了客户是否要选择目标网站来选择或订购自己需要的商品。对于途牛旅游网来说，网站的首屏根据用户的浏览习惯进行了细心的设计，通过对旅行社产品和活动的介绍已经让客户对网站有了初步印象，那么接下来的首页内容设计就显得尤为重要。

途牛旅游网定位为以旅游线路为主要产品的旅行社网站，主推产品为旅行线路。旅行线路包含自助游与跟团游。旅行社作为一个提供旅游服务的机构，围绕客户意愿进行线路设计，提供导游及线路周边服务，跟团游作为一个相对固定的模式存在，成为旅行社电子商务网站构成部分的主要内容。所以在网站第二屏，需要安排的最主要内容为旅行社线路规划（见图5.11）。

图 5.11 途牛旅游网首页第二屏布局

旅游网站页底栏目（见图 5.12）的安排以常见问题和一些友情链接为主，另外国内网站需要经过工信部备案，拥有备案号才可以上线运营，所以网站底部必须标明备案 ICP 证书号。由于从事旅游行业，需要有旅行社业务许可证及营业执照，所以在页面底部与 ICP 备案号同一区域需要列入资质证书及编号、营业执照。这样一方面可提高公众对网站的信任度；另一方面避免了工商部门或工信部门在网站的检查中容易产生的一些不必要的麻烦。

图 5.12 途牛旅游网页底设计

至此，途牛旅游网首页布局规划完成。小牛将已经策划完成的内容归结为一个表格，使得当前的策划工作更有条理性,如表 5.2 所示。

表 5.2　途牛旅游网首页与内页内容策划

栏目		内容
导航条		首页、周边旅游、国内旅游、出境旅游、自助游、度假酒店、景区门票、邮轮、公司旅游
首页	左侧	旅游线路、酒店、门票搜索功能框。国内游目的地、境外游目的地、周边游、跟团游、自助游、主题游等导航链接
	中间	线游、自助游、团队游及热门线路的简短介绍及价格,简洁明了
	右侧	主要是用户互动部分,包括主题活动介绍、用户登录框、酒店及景区门票优惠信息、客户回访记录及满意度、在线咨询、服务承诺和旅游动态
内页	线路介绍	分为:产品特色、行程、资费说明、重要提示、目的地相关信息、服务保障和预订须知内容包括线路编号,价格,线路名称,满意度,回访人次,出团截止日期。点击回访人次,会显示出每个人次的满意度,包括游客姓名、住宿、交通、导游、行程是否满意,还有客户的评价
	产品介绍	产品介绍的形式与驴妈妈网站相类似,唯一不同的是途牛网有专门针对会员的优惠措施。上方均为线路标题,大幅景区图片滚动展示,右侧为网上预订相关信息,下方以日历形式展示预订信息
	景点	以城市为主介绍相关景点、酒店等,提供预订服务

而在网页的色彩运用上,设计部的同事给了小牛几点建议和需要注意的事项。

网页设计中要遵从基本的色彩搭配技巧,在设计网站页面的色彩搭配中需要注意以下几点:

(1) 运用相同色系色彩:所谓相同色系,指几种色彩在色相环上位置十分相近;左右或同一色彩不同明度的几种色彩这种搭配的优点是易于使网页色彩趋于一致。这样做对于最初学习网页设计的新手有很好的借鉴作用,这种用色方式容易塑造网页和谐统一的氛围;缺点是在搭配中由于使用色调色差不明显,容易造成页面的单调。所以在网页设计后期往往会利用局部加入对比色来增加变化,如局部会产生强烈对比色彩的广告图片等。

(2) 运用对比色或互补色:对比色是指色相环相距较远,视觉效果鲜亮、强烈,而互补色则是色相环上相距最远的连种色彩,如黑色和白色。互补色对比关系最强烈、最富有刺激性,往往使画面十分突出,这种用色方式容易塑造活泼、韵动的网页效果,特别适合体现轻松、活力、积极的网站;使用对比色或互补色的缺点是容易造成色彩的花,使用中注意色彩使用的度,避免过多使用造成页面凌乱的视觉效果。

(3) 使用过渡色:过渡色能够神奇地将几种不协调的色彩统一起来,在网页设计中合理地使用过渡色能够使色彩搭配技术得到有效的提高。过渡色包括几种形式:两种色彩的中间色调,单色中混入黑、白、灰进行调和以及单色中混入相同色彩进行调和等。

综合以上分析,可以找出目前网页设计的很多不足,以让网页做得更加有生气、更吸引人。那么加入美的因素,也要遵循一定的形式美的法则。追求一种和谐的单纯,即追求清晰的视觉冲击力和巨大的张力,我们应该把美的形式规律同现代网页设计的具体问题结合起来。

2. 旅行社电子商务网站的运营

步骤1：旅行社电子商务网站测试。

【案例 5.7】

小牛在校期间对网站测试工具非常感兴趣，同时请教了测试部的同事一些关于网站测试的工具。测试部的同事为小牛介绍了两个常用的测试用具，可以对网站的页面速度、浏览器兼容性和 HTML 代码质量进行准确的测试。

1. Webwait 网站速度检测（http：//webwait.com）（见图 5.13）

图 5.13　webwait.首页

Webwait 是一个关于有网站载入速度测试的网站。网站相当简单，只需两步既能完成操作：输入网址，点击 "Time It！" 按钮，稍加等待后网站载入的速度就出现了。这样的网站一般是用来查看自己网站或比较他人的网站速度。

其他替代：

（1）Webslug 比较两个网站的载入速度。

（2）WebPageSpeedTest 比较多个网站的载入速度（最多 10 个）。

通过 Webwait 检测（见图 5.14），小牛发现途牛网页面平均载入速度是 1.43 秒。

2. Browsershots

Browsershots（http：//browsershots.org/）是一款分析网站在不同浏览器中显示结果的工具，它的原理类似于网站截图，但这个"截图"是基于不同浏览器的。它可以让网站的管理者或设计者清楚地了解网站的主题或设计在不同平台间是否存在问题，从而更好的兼容。Browsershots 包含了主流操作系统平台下，主流浏览器的主要版本显示测试结果（见图 5.15）。

首先输入需要测试的网址，选择需要测试的不同操作系统的各种浏览器，共有 Linux/Windows/MacOS/freeBSD 四种操作系统以及各种浏览器的各个版本，最下方还有详细的测试参数可供选择。

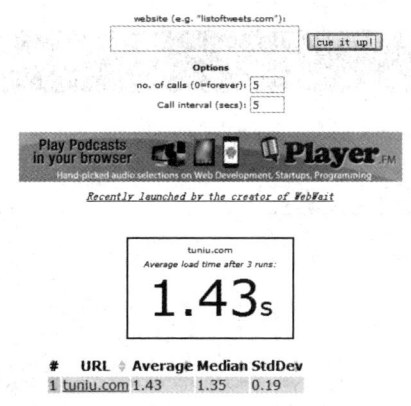
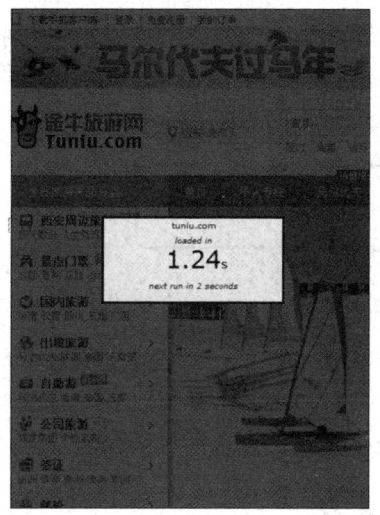

图 5.14　途牛网 Webwait 检测

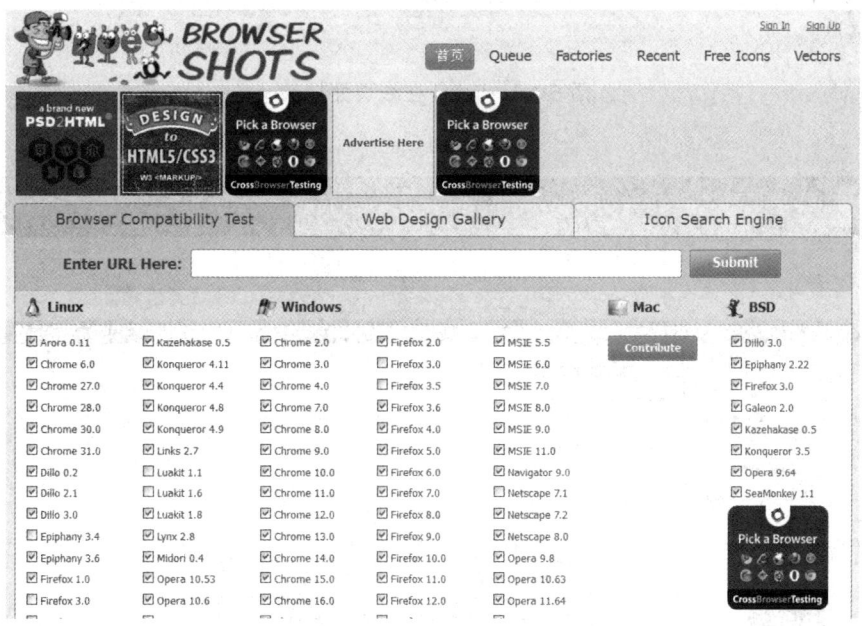

图 5.15　Browsershots 在线检测

然后点击 Submit，测试开始，进入等待的页面，页面显示测试的浏览器数量和整个队列大概需要的时间。页面告知的等待时间后，刷新页面或点击 Reloadthispage 链接，就可以看到最终的测试结果。测试结果可以下载下来方便查看。

3. W3C 标准测试

W3C 是网站建设指标的一个重要检测标准，这里主要通过 W3C 在线页面校验对网站页面进行代码检测,排除不利于页面优化的错误代码。网址为:http://validator.w3.org/。

如图 5.16 所示,在红框所示地址输入框中输入需要检测的地址,就可以检测出该地址指向页面代码的情况。图片校验页面见图 5.17。

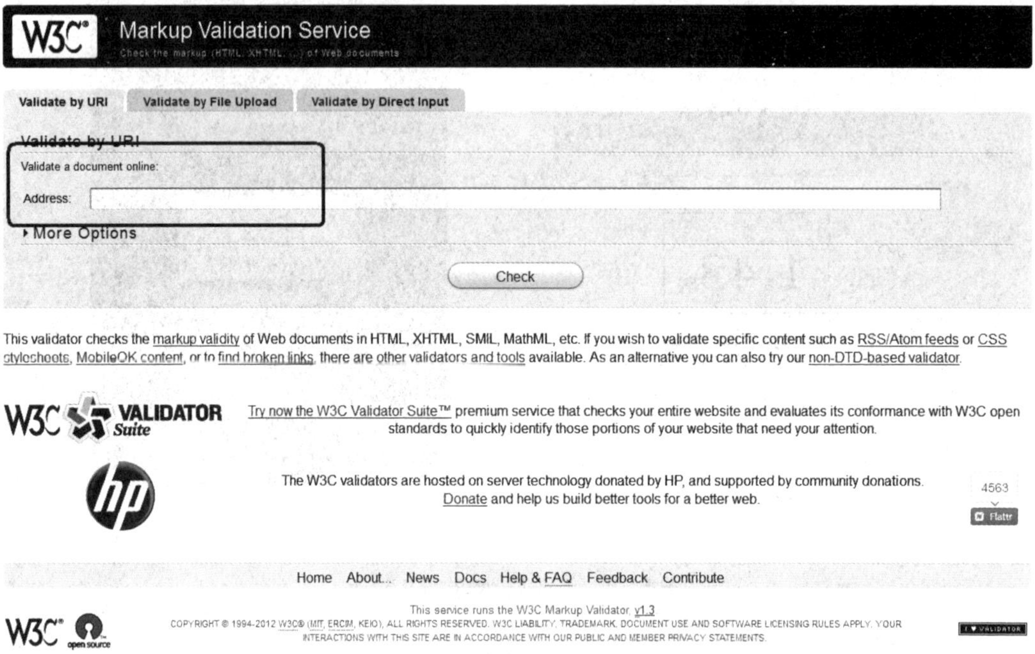

图 5.16 W3C 在线页面校验

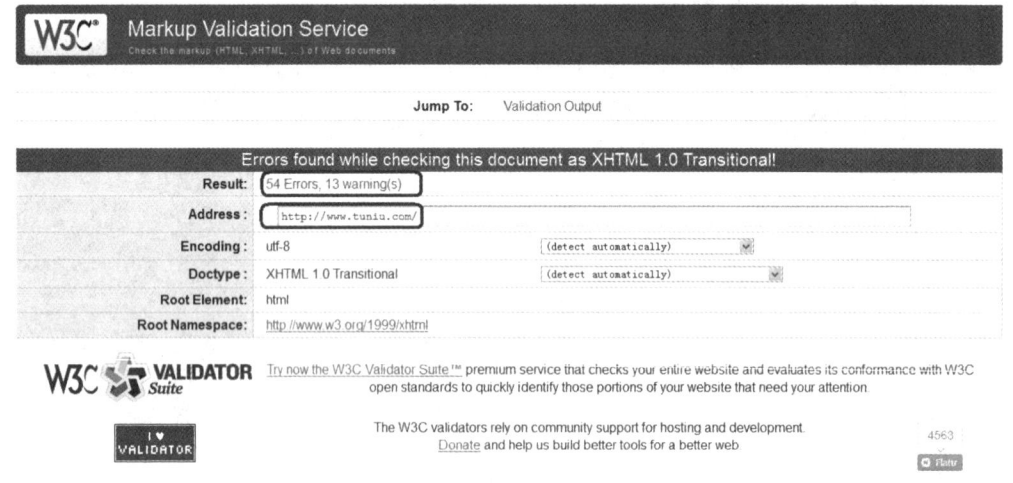

图 5.17 图片校验页面

步骤 2:旅行社电子商务网站运营与推广。

【案例 5.8】

当网站已经完成建站后,接下来的任务就是在互联网中打出知名度。根据以前所学的课本知识点,小牛把这个时候的工作内容主要为网站上线前的优化工作与网站上线后的推广工作。

1. 网站上线前的优化工作

网站已经完成建站，为了让网站上线后更容易被搜索引擎收录和认可，需要对网站代码及关键词进行优化，好的优化工作有利于网站关键词收录及搜索引擎排名。

（1）确定推广关键词：旅游_旅游网_旅游线路_自助游_自驾游_公司旅游（需要推广的关键词）+途牛旅游网（网站名称）。

（2）为网站 logo 等图片添加 title，更改 alt。title 和 alt 内容尽量含有"旅游_旅游网_旅游线路_自助游_自驾游_公司旅游"及网站名称。（见图 5.18）

```
<div class="tn_search clearfix">
    <div class="tn_logo clearfix">
        <a href="http://www.tuniu.com/" class="logo_a">
            <img src="http://img2.tuniucdn.com/site/images/index/logo.gif" title="途牛旅游网" />
```

图 5.18　为 logo 添加 title 和 alt 后的效果

logo 的 title 和 alt 为"途牛旅游网"，其他图片主要以图片名称为主，如在 banner 广告途中"畅游马尔代夫"的图片上添加 title 和 alt 可以是"畅游马尔代夫全场抄底 5599 起"修改网页 content 内容，内容中要含有每个页面确定好的关键词和网站名称。添加好后为：content="途牛旅游网-中国专业全面的旅游网，客户满意度 94%；提供自助游（自由行），国内旅游，出境旅游，自驾游，公司旅游。低价保证，专业服务，九大出游保障，服务超百万人出游"，为网站使用动态 title 标题调用，同时在子页面的 title 中加入所确定的关键词（见图 5.19）。由于途牛旅游网针对全国旅游目的地，以地市为单位建有子站，所以在这里动态调用子站地市名称—+"旅游"，如西安站 title 为尽量与"西安旅游"相关。

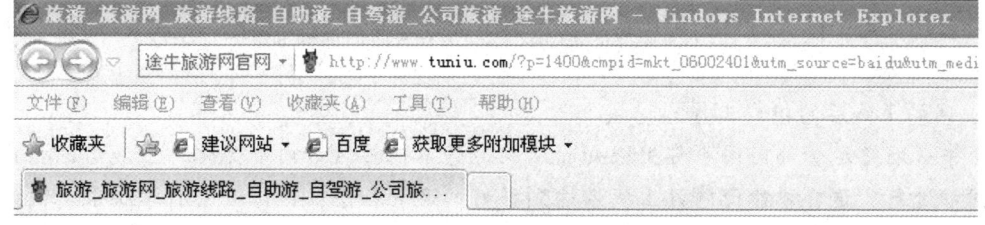

图 5.19　为途牛网首页添加 content 和修改首页 title 后的效果

（3）整合网站文字内容，在文章中尽量使用"关键词+目的地+产品详情"，有可能的话加入网站名称，同时"关键词"和"网站名称"，以及"每个页面关键词"等相关关键字加粗倾斜。这样做一方面可以让访客直观地看到旅行线路；另一方面当搜索引擎蜘蛛爬行时更容易留意到网页重点内容，即想要出现在搜索结果中的关键字，对这些关键字可以优先收录。网页中的重点关键字加粗或变色显示见图 5.20。

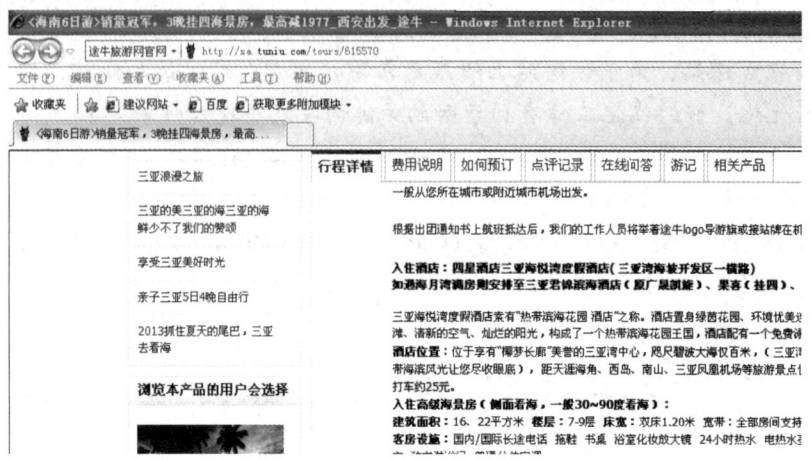

图 5.20　网页中的重点关键字加粗或变色显示

（4）给线路中所包含的景点名称（一般在行程安排里）加反向链接，直接连接到景点介绍页面的使用标题格式，如景点名称或含有关键字"旅游_旅游网_旅游线路_自助游_自驾游_公司旅游""途牛旅游网"，尽量在"标题一"里加入关键字。页面底部的网站地图见图 5.21。

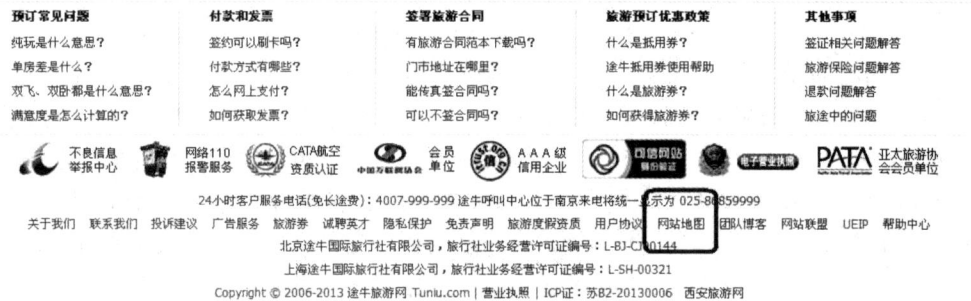

图 5.21　页面底部的网站地图

（5）在网站中制作添加 sitemap 地图（网站地图），网站地图一般添加在页面底部，与网站信息与企业信息共同形成底部标题栏。由于网站设计的时候考虑到用户体验，为了保证视觉效果，常常需要一些 JS 效果和 Flash 插件。这样呈现出的样式视觉效果很好，但通常里面的文字内容是搜索引擎比较排斥的形式，不容易被抓取。所以要通过网站地图将全站所有的文字内容以有利于抓取的形式展现出来，这样做就能有效地提高百度、google 的抓取速度，如图 5.23 所示。

2. 网站上线后的推广工作

小牛从网络运营部门同事那里得知，网站运营不但要做好内部优化，上线后的推广工作也要同步进行，这样才能使网站上线后达到很好的运营状态，保证搜索引擎收录。网站上线后的推广工作主要从以下几个方面去进行：

（1）搜索引擎登录：将上线后的网站网址提交给各大搜索引擎，如百度、google、Yahoo、搜狐/搜狗、新浪、网易有道、soso 等。

（2）友情链接添加。

（3）开放式目录提交。

（4）软文发布。

（5）问答营销：对网站宣传和问答进行好评和推荐，以人性化高质量问答，形成良好口碑。

问答途径如百度知道、爱问知识人、天涯问答等，借助公众对问答平台的青睐，利用问答平台回答公众关于旅游在线预订或旅游景点相关问题，生成良好的口碑。途牛网站地图见图5.22。

图 5.22 途牛网网站地图

（6）博客/微博营销：注册官方认证博客/微博，并定期维护更新博文，注册后需要官方认证形成权威性，将网站每期活动或旅游景点信息作为博文随时更新。途牛旅游网新浪官方微博见图5.23。

图 5.23　途牛旅游网新浪官方微博

（7）论坛营销：精品论坛推广（业内知名论坛、大众论坛转帖与互动），网站活动也可以在行业论坛中发布进行推广。

（8）IM 营销：QQ 群中每日推荐、各类交互式聊天工具公众账号注册及管理，定期发布网站相关资讯信息、活动信息、线路信息。

（9）邮件营销：利用网站注册会员邮件库进行邮件营销，由于网站注册时需要会员进行邮件认定，所以网站中会员邮件地址具有真实性与可靠性，网站推广中可以适时利用邮件推送方式将网站的最新资讯与活动信息推送给网站注册会员。

（10）百度平台推广：百度贴吧、百度知道、百度百科、百度相册、百度文库 5 种方式帮助网站进行广告投放，扩大途牛旅游网的影响力与网络覆盖率。

（11）搜索引擎营销：搜索引擎付费营销，即搜索引擎关键词竞价排名，对网站需要推广的与旅游相关的关键字进行搜索引擎竞价排名，保证在网站内部优化的基础外的搜索引擎曝光率，主要的营销渠道以百度推广为主，google、sogo 等为辅。

（12）百度品牌营销：是百度旗下另一个营销方式，针对规模较大的企业进行的更深度的搜索引擎营销，以个性化的搜索结果页显示方式和独特的广告展现方式为企业体现出品牌价值。

途牛网百度品牌推广见图 5.24。

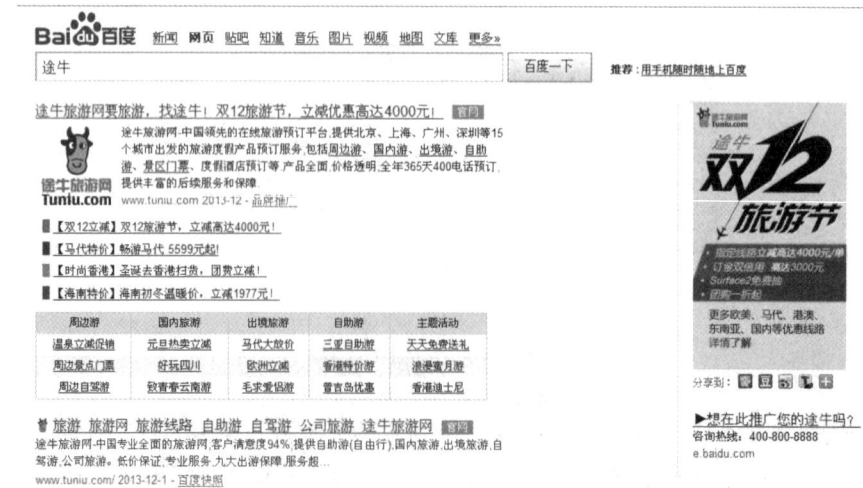

图 5.24　途牛网百度品牌推广

（13）数据分析：负责对目标客户进行分析，提供动态分析报告。为客户返回市场数据，通过网络提供目标消费群体、竞争对手等相关分析。

步骤3：旅行社电子商务网站效果分析。

【案例5.9】

在了解完关于途牛网一系列策划与推广流程后，小牛发现，国内旅行社电子商务已经在互联网发展的大环境下，越来越趋向成为企业推进产品营销的主要途径之一。小牛翻查了互联网关于旅行社电子商务的最新市场调查研究信息，信息表明，旅行社电子商务的出现相对于传统的旅行社业务则节省了大量运营成本，并且这个值将随着旅行社数目的增多而增大。这样的调查结果表明，旅行社电子商务更适合于像中国这样一个有着广阔市场的地区。

小牛通过互联网找到易观国际对历年中国网上旅游预订市场有相关统计数据，易观国际的统计数据显示，通过途牛网上线以来运营手段和营销方式的不断改进，2012年，途牛旅游网的销售额达到20亿元，比2011年12亿元的销售额增长了67%。根据艾瑞咨询的数据，2012年中国在线旅游度假市场交易规模为211.9亿元，途牛就以9.4%的市场份额位列在线旅游市场份额第二位，次于携程的25.4%，在所有旅行社电子商务网站中占据最大市场份额。途牛旅游网CEO于敦德预计，途牛2013年的销售额将超过30亿元。目前，途牛合作的旅行社约为4 000多家。在2013年第一季度，途牛已经实现了盈利。

二、知识要点

（一）旅行社网站的功能组成

（1）对于前台：以雅观、大方的界面，直观、图文相间的页面面对浏览者，以简略的操作让浏览者完成预订，并提供多种咨询和交流路径，将旅行社的联系信息在页面中多次显示等尽最大努力将浏览者转化为有效的客户，从而带来经济效益。

（2）对于后台：强大的功能，清晰的结构，简化的界面，方便客户操作办理，节省自身的工作时间。旅行社网站必须具有旅游线路预订，宾馆旅店预订，火车票预订，飞机票预订，旅游租车预订几大功能，这是旅行社网站的核心内容。此外还有：

旅行社办理系统，主要具体介绍旅行社，最新动态发布有旅行社的最新旅游动态新闻，旅游预订线路，为旅行社网站使之成为事实电子商务化的重要功能，全后台添加办理旅游线路预订。线路搜索网站能方便旅客搜索旅游线路，同时根据旅店预先规定系统了解旅行社合作的宾馆旅店具体情况，从而方便旅客在网上远程预订。

旅行社票务系统，有飞机票，火车票预订，使成为事实网站电子售票对外租赁车，自驾车使成为事实展示，预订旅行社的租车营业，还有旅行社所推出的旅游线路各个景色的具体介绍，图文并茂。让旅客在网站提前相识赏识，旅客在旅游中选择，为旅行社潜在旅客留言，回复相干旅游事宜综合查询，查询旅行社整站的旅行线路搜索，宾馆旅店搜索，火车票搜索，飞机票搜索网站站内短信，是旅客和旅行社网站办理员即时沟通的有效工具。

（二）当今旅行社电子商务网站类型

1. 平台型旅游电子商务网站

这类平台的产生可以让企业在不必自行建设网站的前提下，通过成为电子商务平台的会员就能开展电子商务,实现与上下游企业的合作,为游客提供服务营销功能等。

企业上网由电子服务商提供帮助,程序简单,费用低廉。旅游电子商务平台按统一标准集合了旅游行业大量的信息资源,信息汇聚分类,能自动交流,大大提高了信息的使用价值。同时,同行业在同一个电子商务平台上开展商务活动也能提高市场的商业效率,降低交易成本。这类网站的业务模式可以分为三种类型。

(1) 具有特色的单一主题旅游网站。

这类网站主题比较单一,以中国景点网为代表。中国景点网是以旅游景点介绍为主,旅游信息查询为辅的旅游网站。这类网站的盈利来源主要是网络广告、会员费等。在广告盈利模式中,旅游网站向其用户提供信息、服务或者产品,提供刊登广告的场所,并向广告客户收取费用。而在会员制模式中,旅游网站向会员推荐业务,收取推荐费,或者从成交的销售中提取一定百分比的收入。

(2) 垂直搜索网站。

这类网站以提供搜索信息为主要服务内容,如去哪儿、到到等网站。目前,去哪儿网可以搜索到超过 700 家机票和酒店供应商网站,向消费者提供包括实时价格和产品信息在内的搜索结果。

(3) 旅游中介服务提供商。

这类网站为旅游企业提供中介服务,通过向客户提供服务而不通过向客户提供产品来盈利。例如,为企业提供电子商务代理、出租空间,并帮助建立附加于电子商务平台的企业网页等,使旅游企业实现电子商务的成本大大降低。如携程、艺龙、驴妈妈、信天游、新浪、搜狐等的旅游频道。其主要盈利模式为旅游广告、旅游交易费即佣金以及为旅游企业提供的其他增值服务等。

2. 传统旅游企业自建的网站

这类网站主要是实力比较强大、传统的旅游服务企业,如旅行社、酒店、景区以及交通服务公司等自主建设的在线旅游服务网站,如芒果网、遨游网、中青旅网等。这些企业绕过了旅游中间商,减少了交易的中间环节,以在线的形式建立与客户的直接联系,从而在向客户传递价值的同时使销售额和利润最大化。其主要盈利来源为旅游产品销售。

3. 地方性的网站

这类网站主要为地方旅游服务,是地方政府参与的侧重电子政务的网站,并非营利性网站,其运营模式与旅游中介服务提供商相似,如运城旅游网、重庆旅游网等。

(三) 旅行社网站设计误区

网页设计的根据不光是把网站规划的内容放上去,而是需要运用一些平面设计中美的基本形式到网页中去让网页更加富有美感,例如将平面设计中的节奏与韵律和骨骼的形式融入网页中,这样会使内容繁多的页面更加有条理,也会使人浏览起来主次分明,一目了然。网页的内容规划布局与设计中还需要注意以下误区:

(1) "塞"。这是很多的网页都具有的特点,它将各种信息诸如文字、图片、动画等不加考虑的塞到页面,有多少挤多少,不加以规范化、条理化,更谈不上艺术处理了。

(2) "花"。这类网站也有不少,网页设计者将过多绚丽的效果加注在网站上,本意是让网站看起来华丽一些，但是适得其反。例如采用很深的带有花哨图案的图片作为背景，严重干扰了浏览，难以获取有用的信息。

（3）"千篇一律"。缺乏网站本身的特色和个性，打开电脑，上网一看，好像哪个网站都一样。从标题的放置，从按钮的编排到动画的采用都与我们所见到的大众网站如出一辙。用色时随心所欲，只要能区分开文本和背景就达到目的。

（4）"纯技术化"。在这种网页上，充斥了许多的纯为了炫耀技术的东西，如多个风格迥异的动画，还有大量的利用 javascript 和动态 HTML 的技术，然而始终没有把握住整体这个中心，造成页面的混乱。

（四）W3C

W3C 即万维网联盟。万维网联盟创建于 1994 年，是 Web 技术领域最具权威和影响力的国际中立性技术标准机构。到目前为止，W3C 已发布了 200 多项影响深远的 Web 技术标准及实施指南，如广为业界采用的超文本标记语言（标准通用标记语言下的一个应用）、可扩展标记语言（标准通用标记语言下的一个子集）以及帮助残障人士有效获得 Web 内容的信息无障碍指南（WCAG）等，有效地促进了 Web 技术的互相兼容，对互联网技术的发展和应用起到了基础性和根本性的支撑作用。

（五）旅行社网站开发语言的介绍

网站是由多个网页组成的，但并非网页的简单罗列组合，而是用超链接方式组成的既有鲜明风格又有完善内容的有机整体。一个好的旅行社网站，除了网站建设的一些基本要素，还需网页页面的布局和代码语言的配合，现在就来了解以下常见的几种开发语言：

1. PHP

PHP，一个嵌套的缩写名称，是英文超级文本预处理语言（PHP：Hypertext Preprocessor）的缩写。PHP 是一种 HTML 内嵌式的语言，是一种在服务器端执行的嵌入 HTML 文档的脚本语言，语言的风格类似于 C 语言，现在被很多的网站编程人员广泛运用。PHP 独特的语法混合了 C、Java、Perl 以及 PHP 自创新的语法。它可以比 CGI 或者 Perl 更快速地执行动态网页。用 PHP 做出的动态页面与其他编程语言相比，PHP 是将程序嵌入到 HTML 文档中去执行，执行效率比完全生成 HTML 标记的 CGI 要高许多。与同样是嵌入 HTML 文档的脚本语言 Java Script 相比，PHP 在服务器端执行，充分利用了服务器的性能。PHP 执行引擎还会将用户经常访问的 PHP 程序驻留在内存中，其他用户再一次访问这个程序时就不需要重新编译程序，只要直接执行内存中的代码就可以了，这也是 PHP 高效率的体现之一。PHP 具有非常强大的功能，所有的 CGI 或者 Java Script 的功能 PHP 都能实现，而且支持几乎所有流行的数据库以及操作系统。

PHP 最初是 1994 年 Rasmus Lerdorf 创建的，刚开始只是一个简单地用 Perl 语言编写的程序，用来统计他自己网站的访问者。后来又用 C 语言重新编写，包括可以访问数据库。到 1995 年，以 Personal Home Page Tools（PHPTools）开始对外发表第一个版本，Lerdorf 写了一些介绍此程序的文档，并且发布了 PHP1.0。在早期的版本中，提供了访客留言本、访客计数器等简单的功能。以后越来越多的网站使用了 PHP，并且强烈要求增加一些特性，比如循环语句和数组变量等，在新的成员加入开发行列之后，在 1995 年中，发布了 PHP2.0。第二版定名为

PHP/FI（Form Interpreter）。PHP/FI 加入了对 my SQL 的支持，从此建立了 PHP 在动态网页开发上的地位。1996 年年底，有 15 000 个网站使用 PHP/FI；时间 1997 年，使用 PHP/FI 的网站数字超过五万个。而在 1997 年，开始了第三版的开发计划，开发小组加入了 Zeev Suraski 及 Andi Gutmans，而第三版就定名为 PHP3。2000 年，PHP4.0 又问世了，其中增加了许多新的特性。

2. ASP

ASP 是 Active Server Page 的缩写，意为"动态服务器页面"。ASP 是微软公司开发的代替 CGI 脚本程序的一种应用，它可以与数据库和其他程序进行交互，是一种简单、方便的编程工具。ASP 的网页文件的格式是.asp，现在常用于各种动态网站中。ASP 是一种服务器端脚本编写环境，可以用来创建和运行动态网页或 Web 应用程序。ASP 网页可以包含 HTML 标记、普通文本、脚本命令以及 COM 组件等。利用 ASP 可以向网页中添加交互式内容（如在线表单），也可以创建使用 HTML 网页作为用户界面的 web 应用程序。与 HTML 相比，ASP 网页具有以下特点：

（1）利用 ASP 可以实现突破静态网页的一些功能限制，实现动态网页技术。

（2）ASP 文件包含在 HTML 代码所组成的文件中，易于修改和测试。

（3）服务器上的 ASP 解释程序会在服务器端执行 ASP 程序，并将结果以 HTML 格式传送到客户端浏览器上，因此使用各种浏览器都可以正常浏览 ASP 所产生的网页。

（4）ASP 提供了一些内置对象，使用这些对象可以使服务器端脚本功能更强。例如，可以从 web 浏览器中获取用户通过 HTML 表单提交的信息，并在脚本中对这些信息进行处理，然后向 web 浏览器发送信息。

（5）ASP 可以使用服务器端 ActiveX 组件来执行各种各样的任务，例如存取数据库、发现和那个 Email 或访问文件系统等。

（6）由于服务器是将 ASP 程序执行的结果以 HTML 格式传回客户端浏览器，因此使用者不会看到 ASP 所编写的原始程序代码，可防止 ASP 程序代码被窃取。

（7）方便连接 ACCESS 与 SQL 数据库.

（8）开发需要有丰富的经验，否则会留出漏洞，让黑客利用进行注入攻击。

3. .NET

.NET 是微软下一代的操作平台，它允许人们在其上构建各种应用方式，使人们尽可能地通过简单的方式，多样化地、最大限度地从网站获取信息，解决网站之间的协同工作，并打破计算机、设备、网站、各大机构和工业界间的障碍——"数字孤岛"，从而实现因特网的全部潜能，搭建起第三代互联网平台。其中文意思是：网，网状物。后缀为 net 是网络服务公司，为个人或商业提供服务。

NET 正式诞生于 2002 年 2 月 13 日，.NET 的开发工具——Visual 2002。.NET Compact Frameweork 是 .NET 战略向移动领域扩展的体现。过去以 Windows 为中心的应用程序将革新为以 Web 为中心的应用程序，革新为 SmartClient 的应用程序。通过提供更多的服务，不仅仅是语言、工具，还有体系结构和实际案例，甚至更多的教程和教材，微软在帮助开发者实现从传统 Windows 到 .NET，或者从 J2EE 到.NET 的转换，从而使.NET 全方面的、缓慢的渗透到学校、开发者和客户中。其使命是要改变开发模式，并使应用程序的性能和使用方式发生一次飞跃。

4. JS

JS 是 Java Script 的简称，是一种基于对象和事件驱动并具有相对安全性的客户端脚本语言。同时也是一种广泛用于客户端 Web 开发的脚本语言，常用来给 HTML 网页添加动态功能，比如响应用户的各种操作。它最初由网景公司（Netscape）的 Brendan Eich 设计，是一种动态、弱类型、基于原型的语言，内置支持类。Java Script 是 Sun 公司的注册商标。Ecma 国际以 Java Script 为基础制定了 ECMA Script 标准。Java Script 也可以用于其他场合，如服务器端编程。完整的 Java Script 实现包含三个部分：ECMA Script、文档对象模型、字节顺序记号。

Java 平台由 Java 虚拟机（Java Virtual Machine）和 Java 应用编程接口（Application Programming Interface，API）构成。Java 应用编程接口为 Java 应用提供了一个独立于操作系统的标准接口，可分为基本部分和扩展部分。在硬件或操作系统平台上安装一个 Java 平台之后，Java 应用程序就可以运行了。Java 平台已经嵌入了几乎所有的操作系统。这样 Java 程序可以只编译一次，就可以在各种系统中运行。并且 Java Script 的一个重要功能就是面向对象的功能，通过基于对象的程序设计，可以用更直观、模块化和可重复使用的方式进行程序开发。

三、任务实训：旅行社电子商务网站建设

（一）实训目标

1. 了解旅行社电子商务网站基本框架。
2. 掌握旅行社电子商务网站页面布局方法。
3. 掌握旅行社电子商务网站开发流程。
4. 掌握旅行社电子商务网站基本运营流程。

（二）实操描述

为西安欢畅国际旅行社规划其旅行社电子商务网站，包括网站结构、网站页面布局、网站后台功能。掌握最基本的电子商务网站运营方法，在虚拟环境中对目标网站进行运营操作。

要求学生以西安欢畅国际旅行社公司电子商务部新员工的身份，对西安欢畅国际旅行社电子商务运营情况做一个大致了解分析，分析内容包括：

（1）西安欢畅国际旅行社的电子商务体系。
（2）寻找类似旅行社电子商务网站，归纳这类网站结构的相同点和不同点。

（三）考核标准

（1）能按照旅行社电子商务网站基本框架和结构对目标企业网站进行规划。
（2）网站页面布局合理，设计简洁大方。
（3）网站后台功能与前台操作匹配。
（4）能熟练运用所学知识对网站进行基本运营操作。

（四）实训报告

本实训的方案即可作为实训报告。

实训报告

实训名称	旅行社电子商务应用
任务	了解旅行社电子商务的应用
实训对象	西安欢畅国际旅行社
实训要素	旅行社电子商务网站的页面规划； 旅行社电子商务网站的功能设计； 旅行社电子商务网站的运营方式

任务三 旅行社综合管理

一、完成任务

1. 旅行社客户管理

步骤1：旅行社客服体系认知。

【案例5.10】

小牛发现，公司的客服部都用一套很强大的客服系统进行工作，这套系统的应用使得前来预订旅游服务的客户可以很快与客服代表联系，工作效率比传统的旅行社提高了很多。所以在完成网站分析工作后，小牛自己调查了一下旅行社的客户服务系统相关信息，发现了客户管理系统通常会具备基本信息管理、客户管理、订单管理、产品管理四方面的基本功能。小牛将基本功能列出来，制成客户管理系统功能结构图作为参考（见图5.25）。

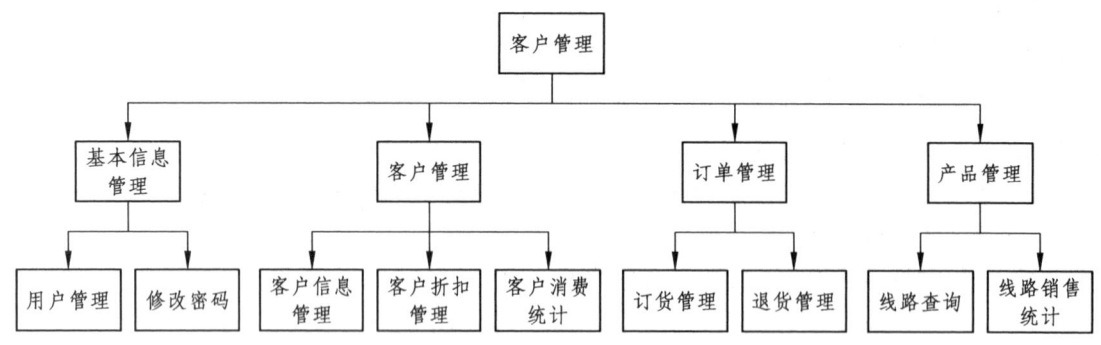

图5.25 旅行社客户管理系统基本结构

客户服务中心系统可以为旅行社提供强有力的管理保障工作，一个完善的客户关系可以为旅行社提供客户关系管理、业务记录、交互协作等功能，同时可以合理地将订购产品或对产品感兴趣的客户分配给客户经理，建立一对一的服务关系。而作为旅行社各种商业活动的后期支持，一个好的客户服务中心可以给公司带来最低成本的运营效果，不但以最有效率的方式向客户推送通知及商品信息，还可以有效统一的管理体制维系客户关系，定制客户服务。客户服务中心系统可以帮助企业树立良好的企业形象，提供完善的服务，降低客户流失率和扩大客户群体。所以在旅行社电子商务规划中，客户服务中心便成为旅行社电子商务化的核心体系之一。

一般以旅行社网站为基础的客户服务信息系统的主要功能如下:

1. 信息资料查询服务

(1) 查询到景点、风景区资料。

(2) 查询旅游线路、旅游日程细节、费用、服务特色等。

(3) 查询旅行社其他基本业务的服务及其流程(包括语音查询和传真索取模式)。

(4) 查询各营业部的电话号码。

(5) 其他疑难问题咨询。

2. 网站在线客服自动应答服务

(1) 为顾客提供网站在线客服自动应答服务,按业务方向转接对话。

(2) 为客户提供留言信箱,方便查询。

(3) 聊天记录、聊天查询、聊天监控功能。

3. 商务代订服务

(1) 订票:与民航/铁路票务系统联网,实现代订机票、汽车和火车票、出票等功能。

(2) 酒店推荐、服务介绍、住房标准价位、折扣等功能。

4. 旅游业务人工受理服务

设立一至数个业务代表人工坐席,作为自动对话服务的补充。

(1) 接受散客或团体对各种游种的报名和业务洽谈。

(2) 旅行确认。

(3) 订票业务受理团队订票业务、退订处理、直客订票业务、直客订房业务、国际机票处理、定制散拼团。

(4) 订房订餐受理。

5. 建议与投诉服务

客户可采用留言、人工坐席、Web 浏览、Email 或信函方式,对旅行社工作人员的服务态度、服务质量等进行投诉举报和批评建议。这实际上给予客户一条反馈意见的途径,以便于旅行社收集客户意见,更好地改善服务,加强对旅行社各项工作的监管力度,利于旅行社发现自身难以发现的各种问题,不断改进,不断完善各项工作,从而赢得客户。

对已受理的投诉举报或批评建议,由职能部门整理后,根据职责分工转对口部门处理。对本级部门无法处理的举报,可采用自动或手工方式移交上级部门处理。本系统可通过电话语音、传真、因特网浏览、Email 等方式将处理结果及时反馈给客户。

6. 业务统计报表功能

对服务的各方面情况、各种业务数据进行统计,以报表的形式输出或上报,为改进管理和制定市场策略提供更加科学的、量化的决策依据。

步骤2:完成旅行社客服体系建设。

【案例 5.11】

途牛旅游网采用在线客服的方式为客户解答网页浏览中所产生的问题,现如今的电子商务网站几乎都具备在线客户服务功能,拥有一个完备的在线客户服务系统。不但可以实时帮助客户解答问题,在网站与用户沟通上形成一个桥梁,还可以大大降低旅行社的运营成本。途牛旅游网的在线客服采取在线弹框对话形式,用户点击在线客服(见图 5.26)后客服以"乐牛牛"身份与客户对话,对话框设置自动欢迎语与部分自动应答,对用户体验有很大帮助。

图 5.26 途牛网在线客服

途牛旅游网采用手机或邮箱注册方式，用户注册后需要对手机号码或邮箱进行验证，集中收集了客户真实联络方式，便于网站活动推送，并有效地保证了推送通知的精准投放。

途牛旅游网的用户注册页面如图 5.27 所示。

图 5.27 途牛旅游网的用户注册页面

2. 旅行社业务管理

【案例 5.12】

公司的业务运作需要一个系统的管理，这就需要有专门的旅行社业务管理系统来进行统一操作。小牛发现，公司的业务部门都会利用一套旅行社业务管理系统来进行业务流程工作，业务部的同事帮小牛找到了一份公司用到的旅行社管理系统功能说明书。

旅行社业务管理系统是集产品管理、线路共享、订单制作、计调操作、导游报账、办公管理、财务审核、统计分析、客户管理的智能化旅游管理系统，并可自定义行程抬头，联系方式，自动排版及多种用户权限自由划分，是一套可解决组团社、同业社及门市收客的整体解决方案。创想旅行社业务管理系统依据用户需求、功能和使用范围不同、适用群体的差异，通过使用旅行社业务管理系统可为公司节省大量成本，同时提高员工的工作效率。

旅行社业务管理系统的基本功能见图 5.28。

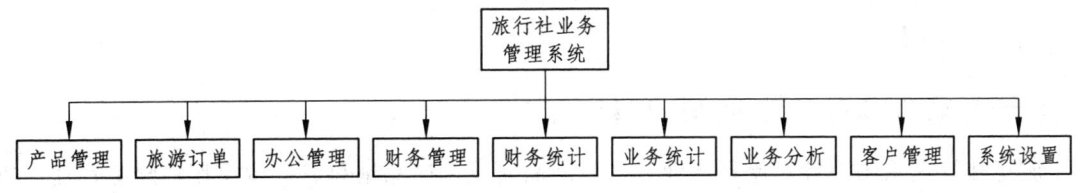

图 5.28　旅行社业务管理系统结构

产品管理：分类管理公司线路，实时查看供应商产品，智能化打印行程

旅游订单：系统化解决计调繁琐操作，精确审核导游报账。

办公管理：记录公司日常收入和支出，方便将来审查和统计。

财务管理：实时准确的公司财务状况，详细精确的财务收支流水，完善的财务审批流程。

财务统计：实时记录和统计公司所有收支款项的明细状况。

业务统计：统计公司前十项产品销售状况，并以柱状图、饼状图、曲线方式呈现。

业务分析：简洁明了的立体图形化四大分析模块（客户、业务、财务、利润），让管理者实时掌握公司整体状况、了解市场动态，为公司业绩提升助力。

客户管理：记录合作单位和个人游客资料，如姓名、证件号码、联系电话、QQ 等资料。可实时导出 EXCEL 进行存档，免于客户流失，也可用于邮件、短信、传真发送的基础信息库。

系统设置：管理公司的基本信息、部门、员工、银行账户、权限角色、公章合同章以及自定义行程和报表抬头。

3. 旅行社供应链管理

【案例 5.13】

小牛发现，单独的旅行社是无法独立向旅游者提供其所需要的产品和服务的，旅行社只能将其上游企业的产品根据旅游者的要求进行不同组合后出售给旅游者，这就形成了旅行社供应链。旅行社的供应链由旅行社协作企业（包括酒店、景点、交通运输公司、协作旅行社、保险公司、银行等）、旅行社、分销商和客户组成。旅行社进行供应链管理是为了使消费者在恰当的时间与地点，以适当的价格享受各旅游企业提供的服务，同时各旅游企业也能从所提供的服务中获取利润。旅行社供应链是旅行社电子商务的重要组成部分。旅行社内部信息系统框架见图 5.29。

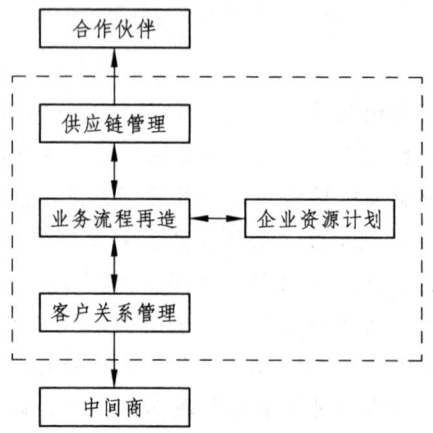

图 5.29 旅行社内部信息系统框架

二、知识要点

(一)旅行社管理系统的内涵

旅行社管理系统是针对旅行社业务,以产品研发、产品销售、计调操作、财务管理、决策分析为一体的全方位的旅游企业综合信息管理系统,可以帮助旅行社在客户信息、资源采购、业务操作、单团结算、账款收付等多方面进行综合管理,是旅行社企业的 ERP。

(二)旅行社管理系统功能模块

按照需求分析所得,旅行社业务管理系统有以下几个功能模块:

1. 添加录入信息模块

编写指针模板,定义路线编号,包括其各项类的成员,编号,路线名,预定日期,价格,旅行内容,旅行天数。

2. 修改旅行信息模块

读取保存的客房信息数据,根据客房编号查找所需修改的旅行信息,然后根据具体所需,修改成员参数,并保存。

3. 删除旅行信息模块

从保存中的文件中读取信息,删除需要删除的信息,完善旅行社的业务运作。

4. 查询旅行信息函数

分别按编号、路线名、价格查询,这样可以更具有人性化来选择要旅行的线路,从而进行日常安排。

5. 排序旅行线路模块

根据具体所需排序,可以是编号、价格或者路线名,本系统中根据旅行的天数来排序。

6. 输出旅行信息函数

输出根据系统所需排序后的旅行信息,本系统中根据旅客旅行的有效期即天数来及时了解空出的路线号。

（三）旅行社管理的流程

1．财务管理流程

相比传统的财务人员忙于簿记、内部转账和对账的工作，在经历了 BPR 之后，财务人员的工作重点发生了转移，主要放在了对组团社的客户催账、减少应收款，加强单团结算，用经济杠杆考核业务人员，增加销售收入等方面。

2．旅游资源的采购流程

旅行社对宾馆、餐厅、景点和民航等旅游资源统一采购、集中支付、降低采购成本，更大地获得了市场竞争优势。

3．线路销售流程

各营业部和零售店应用柜面销售系统和网络技术，通过网上销售，贴近最终客户，把握客户需求，使客户可以直接得到最丰富的旅游产品。

4．收银流程

独立的收银系统及时将资金信息汇总，并传递到总部，严格控制了现金流。同时，也使中国公民旅游业务的"先收后付"现金模式创造良好的经济效益。

5．旅游产品的设计流程

一别以往"产品同质化，价格市场化，成本社会化"的特点，当下的旅游产品设计，及时地把握了游客的需求，为客户提供了快捷的反应，设计的差异性和个性化突出，大幅度地提高了客户满意度。

6．入境游接待流程

相比以往的为外国游客先到零售商报名出游，再由批发商组团交给中国的中央社再转到地方接待旅行社的接待流程，当下的入境游接待流程与时俱进，各家旅行社都拥有了自家对外的互联网，以网上销售或多语种外联系统，直接面对客户，降低了销售成本且提高了接团效益。

（四）旅行社业务流程（见图 5.30）

1．报　价

根据对方询价编排线路，以"报价单"提供相应价格信息（报价）。

2．计划登录

接到组团社书面预报计划，将团号、人数、国籍、抵/离机（车）、时间等相关信息登录在当月团队动态表中。如遇对方口头预报，必须请求对方以书面方式补发计划，或在我方确认书上加盖对方业务专用章并由经手人签名，回传作为确认件。

3．编制团队动态表

编制接待计划，将人数、陪同数、抵/离航班（车）、时间、住宿酒店、餐厅、参观景点、地接旅行社、接团时间及地点、其他特殊要求等逐一登记在"团队动态表"中。

4．计划发送

向各有关单位发送计划书，逐一落实。

（1）用房：根据团队人数、要求，以传真方式向协议酒店或指定酒店发送"订房计划书"并要求对方书面确认。如遇人数变更，及时做出"更改件"，以传真方式向协议酒店或指定酒店发送，并要求对方书面确认；如遇酒店无法接待，应及时通知组团社，经同意后调整至同级酒店。

（2）用车：根据人数、要求安排用车，以传真方式向协议车队发送"订车计划书"并要求对方书面确认。如遇变更，及时做出"更改件"，以传真方式向协议车队发送，并要求对方书面确认。

（3）用餐：根据团队人数、要求，以传真或电话通知向协议餐厅发送"订餐计划书"。如遇变更，及时做出"更改件"，以传真方式向协议餐厅发送，并要求对方书面确认。

（4）地接社：以传真方式向协议地接社发送"团队接待通知书"并要求对方书面确认。如遇变更，及时做出"更改件"，以传真方式向协议地接社发送，并要求对方书面确认。

（5）返程交通：仔细落实并核对计划，向票务人员下达"订票通知单"，注明团号、人数、航班（车次）、用票时间、票别、票量，并由经手人签字。如遇变更，及时通知票务人员。

5. 计划确认

逐一落实完毕后（或同时），编制接待"确认书"，加盖确认章，以传真方式发送至组团社并确认组团社收到。

6. 编制概算

编制团队"概算单"。注明现付费用、用途。送财务部经理审核，填写"借款单"，与"概算单"一并交部门经理审核签字，报总经理签字后，凭"概算单""接待计划""借款单"向财务部领取借款。

7. 下达计划

编制"接待计划"及附件。由计调人员签字并加盖团队计划专用章。通知导游人员领取计划及附件。附件包括：名单表、向协议单位提供的加盖作业章的公司结算单、导游人员填写的"陪同报告书"、游客（全陪）填写的"质量反馈单"、需要现付的现金等，票款当面点清并由导游人员签收。

8. 编制结算

填制公司"团队结算单"，经审核后加盖公司财务专用章。于团队抵达前将结算单传真至组团社，催收。

9. 报 账

团队行程结束，通知导游员凭"接待计划""陪同报告书""质量反馈单"、原始票据等及时向部门计调人员报账。计调人员详细审核导游填写的"陪同报告书"，以此为据填制该"团费用小结单"及"决算单"，交部门经理审核签字后，交财务部并由财务部经理审核签字，总经理签字，向财务部报账。

10. 登 账

部门将涉及该团的协议单位的相关款项及时登录到"团队费用往来明细表"中，以便核对。

11. 归 档

整理该团的原始资料，每月底将该月团队资料登记存档，以备查询。

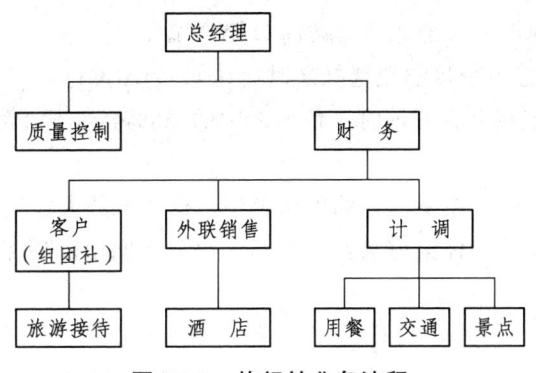

图 5.30　旅行社业务流程

（五）2013 年旅游行业中发生的变化

1．未能及时洞察社会环境和技术进步带来的旅游者消费行为变化

旅游业是非典型性三流行业：信息流、人流、资金流。交通运输与信息技术的变迁，从根本上改变了游客获取信息安排出行的方式。

按照山东省旅游局信息中心主任闫向军老师的旅游信息五段论：确定目的地、收集目的地信息、预定旅游产品、实际旅游过程、旅游后反馈。随着移动互联网的崛起和中国高铁和民航运输业的发展，这五个阶段又有了很多变化。大数据和云计算为移动互联网的普及奠定了基础。智能手机日趋强大而且个性化的功能，越来越快的无线互联网络为旅游者们提供了新的便利。

旅游者出行前无需做细致繁琐的行程规划，旅游者因为某个旅游灵感的获得，想出发时，只需拿起证件、手机、背包即刻动身，去机场途中定好机票。抵达目的地后用手机订购打折门票，区间交通使用打车 APP，按照手机中的旅游攻略指示一边品尝特色美味，一边使用手机根据位置、星级、价格、酒店风格查找、比价、预订酒店。

在大数据、云计算技术的支持下，旅游者们通过手机不仅接收到了景点景区、酒店餐厅、娱乐场所、火车航空公司的推广宣传和促销广告，同时通过手机移动支付功能完成了购买行为。旅游者们在手机上付款购买的同时，商家们通过电子钱包、支付宝、财付通等方式 24 小时收款，随后安排落实该旅游者购买的吃住行等相应的服务。

移动互联网带来的变化不是全部，在 Google Think Insight 针对美国消费者不久前进行的一项调查显示：

（1）网络仍旧是寻找旅游灵感和进行旅游计划的关键渠道。个人关系网络中的亲近之人，如家人、朋友和同事，他们对旅游灵感的影响最大（是不是腾讯网旅游最有机会？直接从 1 段开始玩？QQ 旅游相册是腾讯旅游的伏笔？）

68%的受访者开始在决定目的地前在线研究旅游，而 2012 年仅有 65%；

49%的受访者计划在明年更多地和家人一起旅游，2012 年这一比例为 46%；

42%的受访者在行程中更愿意使用智能手机或平板电脑来获得旅游相关信息，2012 年的数据是 33%。

（2）休闲旅客在旅游计划中依赖 OTA 渠道。

51%的休闲旅客在考虑几个目的地时会访问 OTA 网站；

43%的休闲旅客在确定了目的地后会访问 OTA 网站;

6%的休闲旅客在拥有多个目的地选择之时会访问 OTA 网站。

(3) 当休闲旅客位于某个目的地时,他们之中的 58%会依靠在线资源和移动互联网来研究目的地活动。

(4) 在使用智能手机进行旅游计划的受访者中,有 25%的人通过智能手机预订旅游产品。

(5) 75%的受访者通过多种渠道来预订产品,比如桌面电脑/平板电脑、电话直接预订或旅行代理。

在可预见的未来,云计算大数据技术支持的互联网可以为每个旅游者在旅游前自动找到所需旅游信息、自动安排路线行程、自动预订支付,旅游中提供自动导游翻译服务、自动帮助旅游者与其他旅游者、亲友交流互动。

旅行社经营策略的制定者们的丰富经历是其成功的原因,而与主流消费群体间日益加大的年龄差造成消费者洞察的失误则在所难免,没有几位能够像李嘉诚先生一样 80 多岁高龄依然每天坚持玩最潮的电子消费品。

2. 对国家产业政策的前瞻性把握不到位

(1) 国家旅游局明确提出旅行社业信息化和大数据化的趋势。2009 年,国务院出台了《关于加快发展旅游业的意见》,第五条提出:"建立健全旅游信息服务平台,促进旅游信息资源共享。"第十条提出:"以信息化为主要途径,提高旅游服务效率。积极开展旅游在线服务、网络营销、网络预订和网上支付,充分利用社会资源构建旅游数据中心、呼叫中心,全面提升旅游企业、景区和重点旅游城市的旅游信息化服务水平。"国家旅游局提出的"智慧旅游"体现在"旅游服务的智慧""旅游管理的智慧"和"旅游营销的智慧"三大方面,主要包括导航、导游、导览和导购(简称"四导")四个基本功能。五个示范工程:智慧旅游示范城市、IT 上市企业、数字景区示范工程、智慧酒店示范工程和智慧旅游购物示范点。22 家景区为"全国智慧旅游景区试点单位",信息化寓意不言而喻。

(2) 对于全国 2 万多家旅行社过度竞争的市场,通过政策开放引导一批具有品牌、产品、管理优势和前瞻性思维的大中型旅行社走向连锁经营模式。2010 年国家旅游局就发布过《关于旅行社设立分社有关事宜的通知》。

① 旅行社分社的设立不受地域限制。

② 对旅行社设立分社数量不做限制。

(3) 对分社类型不做限制,只需增存相应的质保金,但数额远低于独立旅行社的质保金金额。而后又在 2012 年下发了《关于降低旅行社质量保证金交存数额有关事项的通知》,即三年内未因侵害旅游者合法权益受到行政机关罚款以上处罚的,旅游行政管理部门应当将保证金的交存数额降低 50%。

(4) 引导旅行社以"透明团""纯玩团""自由行"等作为主打产品,在产品和服务品质上展开竞争,促进市场回归到良性竞争的轨道上来。这对旅游者和整个市场都是好事促使和引导旅行社业由单纯的价格战过渡到价格、产品、服务、品牌的综合竞争。《中华人民共和国旅游法》从进一步加强旅游者权益保护、加大治理"零负团费"力度,进一步规范导游和领队的行为、强化行业自律、完善促进旅游业发展措施等方面做出了明确的规定。通过立法来规范市场、打击违法行为,将加速优胜劣汰、市场洗牌的步伐。

(5) 对行业趋势的变化不敏感。

十年前兴起的零负团费、以自费项目进店购物补团费等旅游产品并不能博得消费者的好感；固定的散客游行程无法满足当前旅游者越发丰富的个性，旅游过程中受限于导游领队及同团团友，不能随兴趣爱好实时改变行程等局限性使旅游者在旅游时尽量选择自助游的形式，能避免参团就不参团。

有统计显示，2013 年"十一"黄金周，广州旅行社接待总人数和接团、组团总数，同比分别下降了 35.29%和 31.84%，营业收入总额也同比下降了 14.55%。与此同时，选择自由行的客人却大幅飙升。来自广东各大旅行社的统计数据显示，这个黄金周，选择自由行的客人高达 30 多万人，占总出游人数的 1/3，比去年同期翻了约一倍。从南湖国旅·西部假期也了解到，只要求订票订房的自助游客，比去年十一黄金周增长了 3 倍。

2013 年的统计数据显示，国内、出境、入境三大市场持续两升一降，国内旅游和出境旅游保持高速增长趋势，入境旅游进一步下降。中国面临经济转型升级，虽然经济增速放缓，但发展后劲依然很强。老百姓收入水平和人民币汇率的提高是中国旅游业稳定发展的宏观环境。

旅游行业的规模效应一直都有，通过规模化经营降低采购成本，通过模式革新降低营销成本，通过提升品牌价值提高营销效率，通过技术手段降低管理成本，尽管最终的收入和投入之间依然会趋向于一种线性关系，利润增长受到新的约束，也足以保证企业能够聚焦于低价策略。

传统旅行社，不改变服务方式、战略思路、经营模式，不善于产品创新、拒绝用数据管理和服务游客，只是保守经营，一味拼斗价格，很容易失败。

三、任务实训：旅行社综合管理系统实操

（一）实训目标

(1) 了解旅行社电子商务中旅行社管理系统的组成。
(2) 掌握旅行社客户管理系统的基本功能。
(3) 掌握旅行社业务管理系统的基本功能。
(4) 掌握旅行社供应链管理系统的基本功能。

（二）实操描述

为西安欢畅国际旅行社设计一套电子商务综合管理系统，要求能涵盖旅行社日常工作范围，满足旅行社工作流程，具备旅行社管理的基本功能。

要求学生以西安欢畅国际旅行社公司电子商务部新员工的身份，完成对西安欢畅国际旅行社电子商务综合管理系统的功能设计与规划。

(1) 分析旅行社综合管理系统的组成。
(2) 了解旅行社日常工作流与业务流。
(3) 通过虚拟环境对旅行社综合管理系统进行功能设计。

（三）考核标准

(1) 了解基本的旅行社业务流程与工作流程。

(2) 对旅行社综合管理系统有一个清楚的概念化认识。
(3) 对目标旅行社的综合管理系统设计合理，功能完善。
(4) 了解旅行社综合管理系统在旅行社日常运营流程中的应用。

（四）实训报告

本实训的方案即可作为实训报告。

实训报告

实训名称	旅行社电子商务综合管理系统应用
任务	了解旅行社综合管理系统
实训对象	西安欢畅国际旅行社
实训要素	旅行社日常工作流； 旅行社日常业务流； 旅行社综合管理系统的概念； 旅行社综合管理系统功能

【本章小结】

本章着重介绍电子商务在旅行社中的运用，涵盖旅行社电子商务信息化建设规划、旅行社电子商务网站及旅行社管理系统三方面内容。本章以北京途牛旅行社有限公司为案例，从途牛旅游网网站页面设计及布局分析、色彩搭配方向入手，对比旅行社电子商务对中国旅游行业的影响及旅行社管理系统对旅行社运营产生的巨大影响，帮助学生更深层次地理解旅游电子商务的基础知识。

本章需要重点掌握的知识点是旅行社网站功能规划及旅行社管理系统的功能应用。

【课后习题】

一、单选题

1.（　　）交易模式，即旅游企业与之有频繁业务联系，或为之提供商务旅行管理服务的非旅游类企业、机构、机关。
A. B2B　　　　B. B2C　　　　C. B2E　　　　D. C2B

2. 常见的旅行社电子商务网站为（　　）经营模式的电子商务平台。
A. B2B　　　　B. B2C　　　　C. B2E　　　　D. C2B

3. 以先进的计算机技术、互联网技术及通信技术为基础的在线旅行服务模式体系的最大特点是在线、即时的为旅游者服务，在时间上体现出快捷和便利，因此被称为（　　）。
A. 网络旅游模式　B. 在线旅游服务模式　C. 旅游网络体验模式　D. 网络旅游服务模式

4. 属于旅行社电子商务网站的是（　　）。
A. 携程网　　　B. 欣欣网　　　C. 艺龙网　　　D. 芒果网

二、填空题

1. 完善的旅行社综合管理平台需要涵盖____、____、____、____、____、____六个方面。

2. 旅行社网站的开发语言包括____、____、____、____。
3. 平台型旅游电子商务网站分为：_____、_____、_____。
4. 当今旅行社电子商务网站类型包括：_____、_____、_____。
5. 过渡色包括几种形式：_____、_____以及_____等。

三、简答题
1. 什么是旅行社电子商务？
2. 旅行社电子商务的特征。
3. 什么是旅行社管理系统？

【后续展望】

旅行社运营日益向电子商务化靠拢，无论是旅行社电子商务网站还是旅行社管理平台，都标志着旅行社运营走向电子化。这些变化不但悄悄地为旅行社的运营带来了本质上的改革，同时，借助互联网发展契机，旅行社电子商务化为旅行社运营成本节约、工作效率提高提供了新的保障。

通过本章对旅行社电子商务应用的学习，学生应对电子商务在旅行社运营与旅行社工作流程中的应用有新的认识，从而对旅游电子商务在生活中的应用有更加深刻的理解。

第三部分

会展行业电子商务应用

教材第三部分包含项目六电子商务在会展在组织方的应用、项目七电子商务在会展参与方的应用。会展电子商务应用部分在第一部分理论知识教学的基础上对会展行业电子商务进行阐述,分别以会展组织方、会展参展方的角度对专业知识进行分类梳理,采取成熟企业案例引导的方式引入课程理论知识,将会展专业知识融入企业案例中,引导学生学习思维。会展管理专业、市场营销专业教学应以第三部分为教学重点,分层为学生解析电子商务在会展管理中的应用,帮助学生直观简单的掌握电子商务在会展活动中的应用知识。其他相关专业可根据各自需要确定教材中的重点内容,教师可根据实际教学情况进行课程安排。

项目六　电子商务在会展组织方的应用

【学习目标】

一、知识目标

1. 了解会展的概述、特点。
2. 了解会展电子商务的概念及特性。
3. 熟悉会展电子商务实操流程及效果分析的方法。
4. 熟悉电子商务在会展中的应用。

二、能力目标

1. 能够掌握会展电子商务的策划和设计。
2. 能够对电子商务在会展中的运用进行分析和实施。

【项目情景】

小王是某电子商务专业毕业的应届毕业生，一直对电子商务抱着极高的兴趣和热情。大学期间良好的理论知识学习使小王更希望通过实际操作来提升自己的职业水平。在面试的时候，他就一直关注着有电子商务的公司。偶然的机会，小王通过朋友的介绍参加了西安家家户户网的面试。在面试中，小王知道，西安家家户户网是一家全国连锁的家具、建材交流互动平台，公司一直致力于打造全国范围的B2C电子商务网站，为广大消费者和商家提供一个开放式的互动交流平台。在了解了公司的情况和通过面试后，小王欣然决定在该公司发展，因为该公司与自己的专业吻合，而且有助于自己职业的发展。

进入公司后，小王被分配到了西安家家户户网的电子商务运营部，主要服务线上平台的活动策划、推广及执行。为了更好地将电子商务平台在公司会展中运营起来，公司决定在下届家具建材会展开始之前进行一段时间的上线活动和宣传，让线上平台吸引更多的参展商和消费者，为展会的举行提供更为全面的市场效果。

【项目分析】

一、了解会展电子商务

会展是会议、展览、大型活动等集体性的商业或非商业活动的简称。其内涵指在一定地域空间，许多人聚集在一起形成的、定期或不定期、制度或非制度的传递和交流信息的群众性社会活动。会议、展览、博览会、交易会、展销会、展示会等都是会展活动的基本形式，世界博览会为最典型的会展活动。目前，国内会展产业链已经相当完善，涌现出了一批以中国会展网等网站为代表的垂直门户平台。

1. 会展的特点

集中性、展览的新颖性、艺术性、综合性和节气性、信息化和科技化。

2. 会展的功能

（1）联系和交易功能：会展的联系沟通作用非常明显，联系量大、联系面广、联系效果好，因此会展可以向会展组织者、参展商、观众提供彼此联系和交流的机会。

（2）整合营销功能：会展作为企业之间一个有效的营销平台，为企业展示产品、收集信息、洽谈贸易、交流技术、拓展市场提供了桥梁和纽带作用，会展在企业市场营销战略的中地位日益重要。

（3）调节供需功能：展览会可以视为信息市场，信息得以交换，企业参展产品的信息实为市场信息，是市场经济的重要资源。

随着会展业生机勃勃的发展，逐渐形成了众多会展产业带。同时，电子商务服务在短短几年的高速发展过程中，积累了大量的客户资源，汲取了最多、最新的国内外行业资讯，以及最快、最新的产业技术，在行业专业性、企业号召力、资源整合力等方面具备诸多的"先天优势"。因此，会展与电子商务结合就成为真正实现线上线下相结合的最佳商业模式。其双方优势互补，将电子商务注入会展，电子商务提供会展最需要的人脉和资源，对会展业的发展有着极大的补充作用。

二、会展服务业项目策划与设计

会展项目的策划，主要离不开市场，策划者需要以市场为导向。首先，需要对选定的会展市场进行市场调查，根据市场调研的结果，分析评估后并利用各种关系和途径，建立起庞大的展会营销网络，进行广泛的市场推广和招展招商，最终吸引目标客户纷纷前来报名参加。

在具体策划过程中，需要策划者对会展进行调查与分析，做出会展决定，并根据选定的市场制定相应的媒体策略；同时，需要制定设计策略，包括对展位、展台设计及宣传册等的设计。良好的财政预算是会展成功的因素之一，因此在策划和设计阶段就需要考虑对预算的平衡，这样做不仅有益于控制预算，而且有增加收益、提高效益的作用。其次，就是撰写完整的系统方案，包括从构想、分析、归纳、判断，一直到拟定策划，方案的实施，事后的效果评估。

三、电子商务在会展应用中的优势

会展业是一个影响面广、关联度高的新兴服务业。目前，随着网络技术的快速发展，电子商务已经开始在会展业中得到初步应用。应用电子商务开展会展活动，能够打破时空界限，发挥其持续时间长、辐射范围广、信息内容丰富等优势，为更多的参展商参与展会提供了可能，扩大了会展业的市场空间，提高了会展活动的经济效益。

电子商务在会展中的运用，对于会展业来说不仅降低了企业营销成本、广泛获得消费者资源，而且在基础设施上改变了传统会展的体系，电子支付、物流配送及客户关系管理系统新兴的电子商务特征完美地体现在了会展业中，不断加速会展业对于信息技术的融合，促使会展业更快更好的发展。

【任务分解】

任务一：认知会展电子商务。
任务二：会展服务业项目策划与设计。
任务三：电子商务在会展策划实施中的应用。
下面，将分别对这些任务的目标进行确认，并对任务的实施给予理论与实际操作的指导。

任务一 认知会展电子商务

一、完成任务

为了完成本任务，主要有以下几个步骤：

1. 以会展电子商务案例出发，认知电子商务在会展中的应用

步骤1：找到会展电子商务案例。

【案例 6.1】

为了更快地熟悉和掌握电子商务专员一职，小王需要提高自己在会展业中应用电子商务的能力。

根据公司的经营类别及部署的会展进度，小王需要通过自己的学习尽快了解电子商务在会展业中的运用。小王以会展为重点，以电子商务为手段在同事的推荐下对以下网站和公司进行分析和对比：团装网（www.51tuanzhuang.com）、蓝装网（www.lanzhuang8.com），如图6.1所示。

图 6.1　小王分析的会展电子商务网站

步骤 2：归纳其特点，明确电子商务在该案例中的表现。

【案例 6.2】

根据专业知识的梳理和分析，小王发现他们之间的特点在于传统会展活动举行之前，都在各自网站平台上进行在线交易，包括在线报名参与团购、参与团购享受团购尊享价、线下选择款式颜色、物流派送、现场抽奖等形式。

团装网以团购的形式，设置了在线报名获得抽奖机会，消费者只要在线参与报名就可享受团购价格，而且有机会获得下单免费大奖及其他丰厚礼品。

蓝装网网站集成了在线选购、物流配送、支付及仓储一系列形式，多样化的商品，满足了不同消费者对于家装的需要。

相比较而言，家家户户网站更加多元化地采用电子商务模式，包括在线交易、物流配送、仓储、信用体系等，而且还设置了抢购专区，以多样化的商品价格刺激更多的消费者在线上平台互动和消费。

2. 总结会展服务业电子商务的特点

【案例 6.3】

结合上述两个网站与公司网站比较和分析，小王总结了会展服务业电子商务的特点。

（1）相比传统的商业流程，电子商务成本低、效率高及展期时间长。

（2）电子商务自身具备开放性和全球性，给会展带来了最新的资讯和技术，更为会展贸易交流创造了更多的机会。

（3）电子商务多元化的营销方式使会展信息资源成本降低，而且吸引了更多的参展商和消费者。

（4）电子商务在会展业中的运用，使行业管理得以优化，促进行业经济的发展。

同时，小王明白会展在电子商务中的运用，从客户在线报名参与团购、享受特价销售，到物流配送、支付再到形成信用体系的评价。整个过程不但改善了传统的客户关系，优化客户管理体系，而且在支付上极大地减少了时间和成本，对于行业的发展和电子信息的发展又进了一步。

二、知识要点

（一）会展的内涵

会展是会议、展览（Exhibition，Trade Show，Exposition，Trade Fair 或 Trade Events 等）、大型活动等集体性的商业或非商业活动的简称。其概念内涵指在一定地域空间，许多人聚集在一起形成的、定期或不定期、制度或非制度的传递和交流信息的群众性社会活动，其概念的外延包括各种类型的博览会、展销活动、大中小型会议、文化活动、节庆活动等。特定主题的会展指围绕特定主题集合多人在特定时空的集聚交流活动。狭义的会展仅指展览会和会议；广义的会展是会议、展览会、节事活动和各类产业/行业相关展览的统称。会议、展览会、博览会、交易会、展销会、展示会等都是会展活动的基本形式，世界博览会为最典型的会展活动。目前国内会展产业链已经相当完善，涌现出了一批以中国会展网（英文）和中国会展门户网等网站为代表的垂直门户平台。

（二）会展业国内外发展情况

1. 国内发展状况

我国的会展业直至 20 世纪 90 年代方才起步。近年来，我国会展业发展迅速，据不完全统计，20 世纪 90 年代以来，我国会展业每年以 20%左右的速度递增。根据 ICCA 统计，1999 年中国（包括香港）举办的国际会议在全球排名 15 位，接待国际会议占全年全球总会议的 1.68%。中国已成为亚洲的会展大国。现在全国共有展览场馆 160 多个，可供展览面积 280 多万平方米，全国每年举办各类展会及出国办展。各地经营会展的公司和一些旅游行政管理部门纷纷加入相关的国际会展组织。截止到 2002 年 5 月，我国有北京国际会议中心、中国会议及奖励旅游组织、浙江中国世贸中心、中旅国际会展公司、山东国际旅行社、上海国际会展中心等 14 家单位加入 ICCA 组织。会展旅游已经成为我国经济的新亮点。由于会展旅游对经济的巨大带动作用，各地政府非常重视会展旅游的发展，形成了政府主导会展旅游发展的局面。各地会展企业还在政府的主导下，开始组建行业自律性的会展协会。我国的一些大城市在发展国际会展旅游方面具有一定的优势，目前已经初步形成了以北京、上海、广州三大城市为核心的国际会展旅游中心城市。与会展发达国家相比，我国会展旅游业总体发展水平仍很低，尚不具有行业规模和产业特征。

2. 国外会展发展状况

会展旅游作为一种专门的经济活动已有 100 多年的历史，特别是在德国、美国等会议或展览业发达国家。全球每年国际性会展总开销达 2 800 多亿美元。德国的汉诺威、美国的纽约、法国的巴黎等都是世界著名的"展览城"，会展业为其带来了巨额的利润。1920 年美国成立国际会议局协会（IACB），后来为吸引消遣旅游者协会在其名字中加入"观光（visitor）"一词，变为国际会议与观光局协会（IACVB）并沿用至今。

会议局协会等组织为促进各国地方经济的发展做出了积极的努力，特别是世界各国各都市会议局协会扮演了"城市营销"中的"营销经理"的重要角色。1963年国际大会和会议协会（ICCA）的成立，在国际会展旅游市场化进程中产生了较大影响，标志着国际会展旅游发展历史中"拐点"的出现。从20世纪中后期开始，会议旅游与展览旅游相互融合，在全球迅猛发展，进入商业化阶段，在近半个世纪的大力发展中逐步形成了一个新兴产业，至21世纪初已臻于成熟。从理论与实践结合来看，当前国际会展旅游的发展水平与发展格局同世界经济发展总体状况是基本一致的。大多数发达国家旅游业发展水平高，办展经验丰富，品牌展会众多，竞争力强，拥有开展会展旅游活动的良好基础。如欧洲是世界会展旅游活动的发源地，经过一百多年的发展，其会展旅游的整体实力最强，规模最大。与其会展旅游开展实践相适应，国外会议与展览旅游的研究较成熟。

（三）会展业进入"电子商务时代"

1. 目前我国电子商务和会展的合作方式

网上会展指利用计算机和互联网络技术，在互联网上创建虚拟的展览会平台，提供让组展者、参展商、参观者实现在线展示、互动交流、商务合作等功能的电子化平台。网上会展突破现场会展时间、空间的局限性，被誉为"永不落幕的会展"。网上会展包括网上展览会（简称网展）、网上会议、视讯会议等。

2. 电子商务和会展合作的特点

会展的网络应用指导思想：以用户为核心，提供更好、更个性化的服务；充分利用资源，用最少的资源，实现最大化的收益，各业务环节的增值管理；提高效率，降低成本。网上会展利用网络技术为参展商、组织者、客户提供更全面更便捷的一系列的服务：实现整个行业供应链至上到下的贯穿，以整个产业上、中、下游的产品、技术、服务为参展内容的网络展览会。利用网站运行的技术优势，使信息流更集中、更丰富、更前沿。通过网络展台提供的各种功能深入市场一线，了解客户的实际需求，掌握一手资料。了解最新的行业技术发展趋势，为生产组织、市场销售提供参考。根据客户的需求开发新的产品，进一步扩大产品销售的市场份额。

3. 电子商务与会展合作的优势

会展中的网络应用归纳起来具有六大功能：

（1）搜索信息功能。

利用多种搜索方法获取有用的信息和商机，利用网站运行的技术优势，使信息流更集中、更丰富、更前沿。从此，寻找网络营销目标将成为一件易事。

（2）发布信息功能。

这是网络会展最基本的功能，面向所有展商。展商可以发布企业信息，树立企业网上形象，并建立展品陈列柜台，通过多种网络技术手段对展品进行在线宣传。

（3）商情调查功能。

参展商通过在线调查或者电子询问调查表等方式，可以迅速有效的实现对市场信息趋势的分析和掌握，有利于把握市场，开辟新的商机。

（4）市场营销功能。

许多组展者在网页上提供大量广告位，广告有FLASH、音视频、文字、图片等多种形式，从 banner（广告条）到全屏背投，展商可以自行选择，有效地吸引潜在客户。

（5）品牌营销功能。

不少网络组展者还为参展商量身定制，设计专门的代理专区，强势推介参展商的企业品牌，提升品牌的核心竞争力，打造品牌资产。

（6）即时通讯功能。

FAQ（常见问题解答）、BBS、聊天室等各种即时信息服务，能极大地提高顾客对产品的认知度和满意度，发掘潜在客户。

（7）顾客关系管理功能。

通过客户关系管理软件，参展商可以很方便地将客户资源管理、销售管理、市场管理、服务管理、决策管理于一体，使各自为战的销售、市场、售前和售后服务与业务统筹协调起来，提高服务质量。

三、任务实训：认知会展电子商务实操

（一）实训目标

1. 了解会展的内涵。
2. 熟知我国会展发展现状，并了解会展电子商务网站的表现形式。
3. 总结并掌握会展电子商务的特点。

（二）实操描述

团装网创立于2009年，是一个集建材、家具、装修于一体的专业消费导购平台，以"为业主提供便宜、方便、放心的服务"为宗旨，以打造国内最大、最专业的建材家居装修消费会展电子商务平台为使命。公司自成立以来，业务迅速覆盖北方大多数省会城市。与国内知名建材家居品牌均有合作，各地合作商家超过两千家。通过与各大厂商合作，定期举办各种大型建材展销会、品牌联盟、品牌专场及卖场营销活动，网站通过线上结合线下海陆空全方位宣传手段覆盖装修人群，拥有自主开发的用户管理体系——装修业主CRM系统。丰富的产品数据库，详细的品牌介绍，数以万计的装修案例等，成为备受青睐的专业消费导购平台。

通过会展电子商务网站团装网的平台，老师将全班同学分为若干团队（或个人完成），完成以下任务：

（1）掌握会展的概念及会展特点。
（2）充分了解会展电子商务网站的特征。

（三）考核标准

（1）详细了解会展在团装网中的表现。
（2）从会展角度出发，在团装网上查看会展与电子商务结合的表现形式，并总结其特点。

（四）实训报告

本实训的方案即可作为实训报告。

实训报告

实训名称	认识会展电子商务
任务	通过分析掌握会展电子商务的基本知识
分析对象	团装网
分析要素	会展电子商务在团装网中的表现； 会展电子商务的主要表现形式； 会展电子商务的特点

任务二 会展服务业项目策划与设计

一、完成任务

1. 会展主题策划

步骤1：通过多个实际案例，确定会展主题策划原则。

【案例6.4】

尽管小王加入公司的时间很短，但在初步的学习和工作中表现得十分认真、专业。于是为了更快地让小王融入团队和项目，公司领导安排他参与此次会展活动，希望他能够从中获取经验，融入其中。

从会展活动本身来说，家家户户公司已经具备多年的线下会展经验，其在渠道及营销上都较成熟，良好的客户基础及营销渠道使公司线下的活动举办起来游刃有余。在这种情况下，公司为了加快电子商务的布局及不断提升会展的影响力，希望通过电子商务平台的模式，让更多的消费者知晓品牌会展，以补充公司会展业的短板。与此同时，吸引大量的参展商及消费者，使会展活动的销量更上一层。

确定了营销目标之后，小王所在的部门需要对受众群体进行了解，公司一直致力于建材家居行业，作为行业内一家专业从事大型会展、网络商城交易为一体的综合性商务运营公司，公司的主要服务对象有新购房用户、房屋装修客户及大型企业采购家电用户。这些人群对于建材家居的需求及投入也有所不同，因此公司希望通过电子商务模式来吸引更多消费者的关注。

接下来小王及其项目组需要进行会展主题的策划。

就会展本身而言，其具有强大的聚集性、功能性，可以满足不同消费群体的需求，而且对于信息的交流及传递有着极大的作用。

就会展本身而言，团队需要通过对以往举行过的会展活动进行分析，取其精华去其糟粕，使会展主题的特色更加突出。

对于新形势之下的建材家居市场，更多的是提倡低碳、环保，和谐。公司在2011年举办的三次会展活动，分别以"倡导低碳生活，保护生态环境"及"家伴三月好春色"为主题，通过各种低碳建材材质、工艺的介绍与交流，向消费者诠释环保低碳家居生活理念，使消费者对低碳生活有较为充分的了解。同时，更加注重消费群体的关注，以"品味西安 品味生活"为主题，通过对于"家"的全新解释，向消费者推荐更为适宜本地化的装饰家居风格和理念，使消费者对本地人文生活有更加深入的了解。

通过对以往会展主题的分析及对比，团队逐渐明白会展主题策划的重要性。其原则无外乎有以下几点：

1. 以自身实力为依托

会展主题的策划是会展成功的前提与基础,一方面要追求主题的创新与独特性;另一方面由于会展的举办是一项系统工程,需要策划、组织、服务等各方面专门人才与设施的配合才能完成,投入大、耗时长,需要强大的物质保障,所以必须建立在强有力的基础设施与人才资源基础上,同时又要体现地方特色,突显亮点。总之,必须以自身力量为依托进行会展主题的策划。

2. 以主办它的资源为辅

在前一个原则的基础之上,我们还要考虑会展主题的特色之处,这就需要考虑它的资源特色。①旅游资源与人文优势;②政策环境资源;③地理位置的优势。

3. 以产业为基础

会展业是前瞻性产业,产业结构作为会展业发展的基础,是尝试培育会展品牌的先决条件。

步骤2:根据时间项目,完成会展主题策划。

【案例6.5】

结合会展活动主题策划原则,团队深切地明白主题策划的成功与否对于会展的重要性。接下来,他们需要对会展时间进行把握,使前期对于会展主题的策划拥有足够多的时间。

合理地安排项目时间,对于会展的成功是必不可少的一步。因此小王及其团队需要对会展整个环节所需要的时间进行管理,只有这样才能保证按时完成每一个环节的事情,合理分配人力及物力。具体安排如图6.2所示。

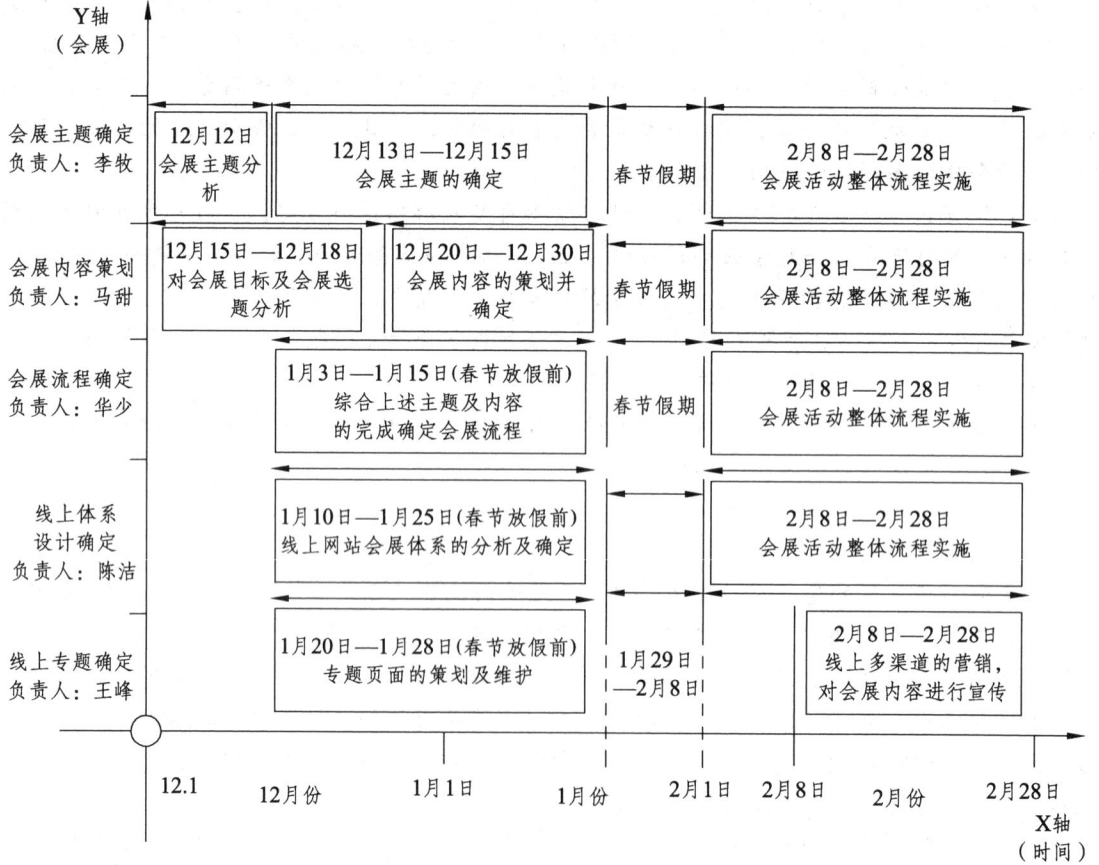

图6.2 会展活动时间管理导视图

在确定了时间关系后，小王及其团队在就历届会展主题的分析及会展主题策划原则的把握下，将本届会展主题定为"绿色生活·环保建材——建材与节能和谐共生"。之所以选择这样的主题在于：一方面，随着社会经济的不断发展，越来越多的人开始对绿色、健康的生活理念认可和支持，大自然与人类和谐共生的口号已深入人心；另一方面，随着生活方式的不断改善，人们在家装选择建材的时候不再只是满足装饰效果，而更看重建材本身的安全、健康、环保。因此选择这样的会展主题既可以体现会展的特色与创新，而且在很大程度上展现了企业与国际建材理念的接轨。

2. 会展目标与选题立项策划

步骤1：通过多个实际案例，确定会展目标与选题立项策划。

【案例6.6】

为了更好地完成公司交给的任务，小王及其团队需要准确地把握此次会展的目标。于是团队就公司历年来举办过的会展及行业内其他公司会展进行对比分析，并结合市场部市场调研进行分析。经过紧张缜密的分析和对比之后，小王及其团队发现，拥有准确的会展目标对于后续会展策划、展出等工作开展是一个方向，而基于会展目标而言，取决于企业自身对于市场的把握及刚性的需求。

作为企业一员，小王了解到公司作为一家以专业建材家居会展为主的企业，一直倾力于打造西部地区建材家居行业的领跑者，依托会展这种新兴产业模式来带动企业及区域经济的发展。根据公司2013年市场发展战略的部署及消费市场的调研分析，决定在2014年年初举办大型建材家居会展活动。旨在通过会展活动不断地提升品牌会展的知名度及会展产品的销量，树立行业会展的标杆，为消费者及商家传递行业最新理念及信息。

而针对会展目标的准确把控之外，小王及其团队更需要了解企业会展选题的重要性。在会展选题上，小孟通过查看公司历年来的选题案例，发现在确定选题时需要注意以下五个方面的问题：

1. 会展的种类和特性

会展种类的选择就是在特定市场、特定期间和特定行业里选择类似的展览会。因为展览会是一项极为复杂的系统工程，受制因素很多，从制订计划、市场调研、展位选择、客户邀请、展览布置、展览宣传、现场成交直至展会运输及后期服务等，形成一个互相影响、互相制约的有机整体。只有了解了这些特性，从而选择展会，才能达到预期的目标。

2. 会展的性质

每个展会都有自己不同的性质。按展会目的，可分为形象展和业务展；按行业设置可分为行业展和综合展；按观众构成可分为公众展和专业展；按贸易方式可分为零售展与订货展；按参展企业分又有综合展、贸易展、消费展等。

许多展会包括发达国家的展会在性质上往往都不容易区分，比如法国巴黎国际会展，历史悠久，规模庞大，但它却不是贸易性质的展会，而是消费性质的会展，不适合贸易企业参展。所以，在选择展会时，必须先对展览会的性质做出正确的评判。

3. 会展的时间和地点

对于会展时间的选择首先要考虑订货季节，大部分产品都有特定的订货季节，也就是订货高峰，在订货季节期间举办的会展，成交的可能性会大一些。

会展举办地点的选择一是从贸易角度考虑，即会展地点是否是生产或流通中心。在生产或流通中心城市举办的会展有着得天独厚的优势，展出效果会更好些。二是从参会者角度考虑，即会展地点吃住交通是否便利。

4. 会展方式

展出的方式可以分为集体展出和单独展出两类。

集体展出一般是政府部门、行业协会，甚至公司组织的有两个以上参展企业的展出形式；单独展出一般是参展企业独立完成的展出形式。

集体办展的形式多为综合单独展会，如2012年第三届陕西建材家居展销会等。参展企业应对集体展出项目做较全面的调查，以便有的放矢。

单独展出包括企业直接参加一个展出和企业独立组织展会。单独参展自主权比较大，企业可以设计出自己的特色，彰显实力。但需要花费很大的财力、物力。这种形式一般适合大中型企业。

5. 目标观众

会展上万头涌动，熙熙攘攘，但对某一参展商来说不一定都是目标观众。展会需要专业观众，他们是参展商的潜在客户。参展商希望见到有效观众，亦即目标观众。

专业展已成为会展发展的趋势，市场细分的结果是：参展商要进一步明确产品市场、客户定位，没有必要任何展会都参加；主办者要非常明确展会的主题，要知道应邀请哪些参展商及目标观众。

通过小孟总结的五个因素，小王及其团队需要针对企业自身及行业展会类型、展会目标群体、展会地点等因素进行一一分析，只有这样才能更切合实际地做出更适合企业自身的展会主题。

步骤2：根据时间项目，完成任务及选题立项策划。

【案例6.7】

根据会展项目的时间安排，小王及其团队需要在12月底将会展目标及会展主题确定，只要这样才能确保后续的展会宣传、客户邀请、展会布置等工作的顺利进行。

结合小王及其团队的最后分析，此次会展的目标，即不断地提升品牌会展活动的知名度和影响力，在稳健行业标杆之外，力图不断扩大品牌会展的市场占有率。从参展商来说，提供多元化的平台服务，为参展商选取最优质的客户资源，达成销售。从消费者来说，提供多样化的产品，梯度化的价格，为不同消费群体提供最具诱惑力的产品。而公司本身，在完成品牌展示和提升知名度之上，更需要团队及每个部门在销售业绩上有所突破。

企业展会目标锁定后，会展主题的选择就顺理成章。小王及其团队遵循小孟在题材选择上的五个要素，在多番论究之后，将此次会展的题材定为：立足于建材家居行业，以公司自身为主体举行的综合性消费展。展会以邀请参展商及消费者两个群体为主，主办时间定为来年的春季，地点以西安本地曲江国际会展中心为主，其地理位置为本地举办大型活动的必须之地，交通便利人群密集度高。希望以独具特色的会展主题及会展思想带动更多的参展商和消费者去关注绿色健康的家居生活理念。

3. 会展项目的实施流程

【案例6.8】

在确定了会展的目标、题材以及主题之后，就可以进行会展项目的立项策划，包括会展名称、地点、办展机构、会展范围、展会规模、展会定位、招展计划、宣传推广和招商计划、展会进度计划、现场管理等。

对于会展立项而言，需要就每个环节进行细密的划分，最后责任到每个部门。

就会展名称和时间而言，名称包括展会的性质，一般指展览会、博览会和交易会特性比较明确；其次就是展会时间和标识，展会时间说明会展是几届或是几季，标识是展示展会的题材和展品的范围。

办展机构是负责展会的组织方，办展机构一般有主办单位、承办单位、协办单位等。对于会展来说，主办单位和承办单位是最核心和最重要的机构。

展会定位则需要企业清晰地定位自身会展的优势和市场状况，建立自身会展的特色和优势，从而长久的形成一种战略营销手段。

招展策划是企业招展活动方案的重要环节，其涉及目标参展商数据分析和展位价格营销策略，到最后的招展方案的撰写、设计、划分展位、推广等。

把握会展立项的基本元素之后，就可以完整的确定会展项目。小王的团队根据会展项目的确定，将此次会展活动的具体分布制作成流程图。这样做有利于项目时间的管理，也有利于具体的实施，责任到人，从而更高效地完成会展任务，具体如图6.3所示。

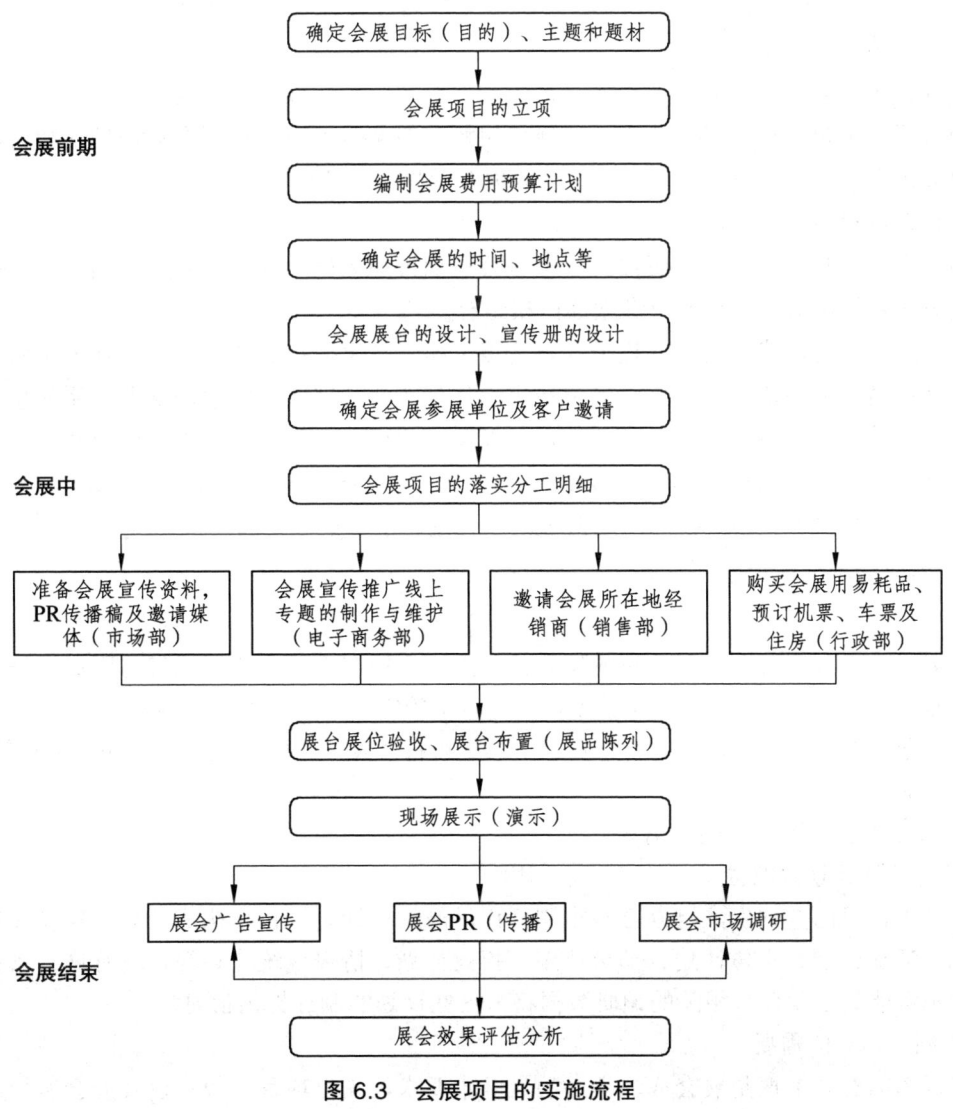

图 6.3　会展项目的实施流程

二、知识要点

（一）会展调查与分析

1. 会展调查的提供者

（1）会展行业的专门机构。

会展行业的专门机构包括会展咨询公司、会展策划公司、展会广告代理商以及现场服务公司。

由于国内的专业会展咨询公司才刚刚起步，因此大量为会展本身提供资讯的调研还是主要来自策划公司和展会广告代理商，现场服务公司的工作主要是收集数据，不进行调研设计也不进行分析。

随着全球广告业的发展和广告公司业务的拓展，越来越多的广告公司不仅代理展会的广告宣传业务，更是深入会展业的内部，参与展会招商、管理以及调研业务。

（2）市场调研行业。

市场调研行业所展开的会展调研多是为制造商和经销商服务，市场调研公司往往是将展会作为调研的平台，根据展会特点，选择使用特定的调研手段，将展会调研纳入相关的系统营销研究之中，同时也为参展商提供独立的展会效果评估等服务。

（3）企业营销调研部。

多数大公司都有自己的调研部门，一些公司把市场调研和战略计划部门结合在一起，而另一些公司则把市场调研与客户满意部门相结合。

商业展会的调研工作比较接近于竞争情报工作。竞争情报工作有助于企业分析对手和供应商，从而减少意外情况的发生。竞争情报工作使企业管理者能够预测商业关系的变化，把握市场机会，对抗威胁，预测对手的策略，发现新的或潜在的竞争对手，学习他人成功和失败的经验，洞悉对公司产生影响的技术动向，并了解政府政策对竞争产生的影响。约有 2/3 的美国大公司建立了竞争情报部门或系统，展会是竞争情报工作的圣地。

2. 会展调查的使用者

（1）当地政府。

会展举办地政府关注会展调研的结论，其主要目的在于研究会展经济与区域经济的发展战略与政策，通过建立并运用数学模型，进行科学的定量研究和中长期预测，提出对策建议，权衡各产业间的均衡发展，促进有序竞争，制定可持续发展策略，宣传推广城市文化等。

（2）会展组办方。

① 确定展会的各项策略的需要。

② 为具体计划做准备。

在基本构思的基础上，组办方必须制订详尽的执行计划，包括构成计划、建设计划、展示计划、活动计划、宣传计划、动员计划、招商计划、情报系统计划等，所有这一系列具体计划都不可能凭空制订，相关的调研数据将为这些计划的制订提供信息。

③ 制定预算的需要。

对预算的有效把握是展会成功举办的最基本要求，支出项目与数量以及展会所能产生的直接或间接经济效益都是组办方最为关注的内容，准确有效的调研结论能够科学指导预算的制定，因此也是会展组办方使用调研结论的一个重要原因。

④ 招商的需要。

在招商过程中最有说服力的就是各种各样真实可靠的数据，这些由专业机构或会展组办者提供的调研数据能够大大强化参展商对展会的信心和兴趣，从而推进组办方的招展工作。

（3）参展商。

商业展会的参展商在做出出展决策之前都希望对展会的各项指标有所了解，他们可以要求展会组办方提交相关数据资料，也有可能委托其广告代理商进行调研。随着会展咨询业的不断发展，参展商还将有可能直接向会展咨询公司购买数据用于指导决策。

（4）相关广告商。

相关广告商包括两类：一类是展会广告代理商，这类广告代理商主要负责展会本身的广告宣传工作；另一类是为企业服务的广告代理商。这类代理商对展会调研数据的需求相对较大，展会作为整合营销传播中必不可少的元素越来越多地被广告公司用于营销和传播组合中。因此，展会的实际效果、展会的性价比等成为广告代理商希望获得的重要信息。

（二）会展项目的策划要点

1. 充分体现高度

这里所说的"高度"专指符合政策。组织一个会展，组织者首先看到的是它的市场潜力，你所看见的"市场"，能不能开发，怎么能让它开发，就要靠"政策"来衡量和把握。这个时候，就需要组织者充分查阅相关国家文件规定，把国家对该会展涉及的产业发展态度和意见该引用的引用，该转述的转述，该进一步理解的进一步理解。通过"引用""转述""理解"等方式，让会展策划方案合法化、合理化、合情化。有高度的政策来源主要有：国家和地方五年发展规划纲要；国家和地方有关会展涉及的产业发展政策（如意见、办法、纲要、通知等）；国家和地方领导在重要专项会议上做出的工作部署和重要讲话精神；国家和地方"两会"等重要会议、专项会议上政府工作报告和领导讲话；国家和地方主要领导的有关指示和批示等。

2. 解决"市场"问题

这是一个会展成功策划的要害，是核心。参展商参加这个会展有何收益，有什么样的回报？专业观众到会又有什么样的收获和价值。会展策划方案并不好写，更不能轻易出手。因为参展商、专业观众了解会展的第一个"窗口"是它，因为参展商、专业观众能看到希望与商机的也是它，因为参展商、专业观众了解会展权威性、可信度高低、组织者水平高低的还是通过它……对一个会展来说，参展商关注的是市场，最核心的是有一定目标数量的专业观众（采购商、经销商、产品使用者等）与会。至于说这个会展有多大的客流量，他们并不关心。或许有人会问，为什么这么说？与会圈外人士多了，问的自然就多了，参展商不仅费口舌，而且还影响与真正有意向的专业人士交流、洽谈。参展商接触这样的人多了，自然十分劳累，万一此时再与专业人士交流，难免容易出现精神不济而影响工作。此外，如果参展商还带有手提袋、宣传册等赠予与会人员的物品，如果发给了圈外人士，手提袋可能留下了，参展商关心的宣传册便有可能被丢进垃圾桶。大量的非专业人士与会，造成如此不必要的浪费更大更多，参展商不仅不会有收益，还会大大增加参展成本。

针对这个问题，会展组织者要在策划方案中表明如下几个关键解决方案：对会展的宣传力度、影响力度、号召力度；会展的专业化程度。比如保证专业观众与会的组织手段、途径、方式，历届会展专业观众统计信息、购销信息等；会展的权威性。如组织者的地位与影响，该会展在业界的口碑与影响，与会专业人士、领导、专家的分量等。

对一个会展来说，与会专业人士（采购商、经销商、产品使用者等）关注的市场，最核心的是能有多少专业厂家与会参展，展出的是哪一类展品，有没有能满足他们需要的产品，怎样能采购到他们既需要、价格又有优惠、质量又有保障的产品。对于这些问题，会展组织者应围绕如下几个方面去解答：参展企业的数量与分量，如有多少家世界 500 强企业、有多少家大型跨国公司、有多少家国内业界龙头企业等与会；展品的先进性，如有什么样的世界先进技术水平产品、国内先进技术产品等技术含量较高的展品亮相；会展组织者如何保证以优质服务协助专业人士采购到他们所需的物美价廉的产品等；业内专业高峰会议组织情况，如有哪些有权威领导、专家发布权威报告等。

3．注意法律问题

在各种会展宣传资料和宣传活动推介中，虚夸会展规模、影响，虚报会展数字，虚列政府部门和机构等为会展支持单位，向参展商、与会观众等虚承诺其他服务项目等，这些都是不良事件的由头和导火索，十分容易引发双方纷争，激化矛盾。如果会展组织者对此类问题处理不当、不及时，就极有可能被诉诸法律。所以，做一个优秀的会展策划方案，文字表述非常重要，既要充分表达组织者的战略意图，又不能留下不良痕迹。

4．创新问题

现在各地的会展一个接一个，不同题材的会展还好说，如果说一个城市有两个以上的同题材会展要举办，那么这个会展要独领风骚，会展组织者就必须重点考虑这个会展的"出新"之处和"权威"程度。

（三）会展主题的概念与类型

会展主题是贯穿于整个会展所反映的社会生活内容的中心思想，也称为会展主题思想。按照会展所涵盖的范围，可以将其主题类型分为主题会议、主题展览和主题节事活动三大类。

1．主题会议

好的大会，必须要有一个中心思想，只有紧扣主题，才能将会议组织得有条不紊。

2．主题展览

一个好的主题对于展览活动来说犹如旗帜。以世博会为例，历史上成功的世博会都有各具特色的主题。世博会对于主题的要求非常高，既要符合国际展览局的要求，适合举办国国情，又要代表世界潮流，能引起大多数国家的兴趣。

3．主题节事活动

节事活动包括传统节日，法定节日，国际通用节日，民族节日以及各种节庆活动，如商业类的啤酒节、广告节、演艺类的电视节、戏剧节等。

主题是节事活动内容的高度概括，是举办节事活动的灵魂。节事活动策划要有明确的主题；同时，主题的确定要精炼、新颖、大众化，要能为广大公众所接收，避免雷同现象。

(四) 会展项目立项策划要素

1. 会展名称

会展名称是会展开展的第一步,主要由基本部分、限定部分和行业标识三个方面组成。基本部分一般指交代清楚这次会展的类型,如交易会、博览会;限定部分一般是指说明展会举办的时间、地点及展会的性质,如 2005 年、春季、第三届、大连、国际;行业标识指的是表明展览题材和展会范围。

2. 展品范围

办展机构的优劣势是选择和确定展品范围时需要考虑的一个重要因素。

3. 办展频率

办展频率要根据自身要求结合宣传力度来进行。

4. 会展规模

会展规模一般指展会的展览面积,参展单位的数量和参观展会的观众的数值。

5. 会展定位

会展定位是要告诉会展策划者要向参展者传达信息的方式,如这是一个什么样的展会?可以为参展者提供哪些与众不同的价值?不但如此,会展定位还要求明确展会的目标参展商,观众和办展目标与会展主题,展会项目立项策划。

6. 会展价格

为展会的展位出租制定一个合适的价格。

7. 会展初步预算

对举办展会所需要的各种费用和举办展会预期可获得的收入进行初步测算。

8. 项目立项策划书的内容

成功的会展需要完善的策划书。项目立项策划书的内容要包括详细的办展市场环境分析(宏观、微观,包括发展现状、发展趋势分析,同类展会竞争分析等),办展宗旨目的,会展的基本框架(名称、地点、办展机构、展品范围、时间、频率、规模和定位),会展的价格及初步预算方案等各方面的具体内容。

三、任务实训:会展项目立项实操

(一) 实训目标

了解会展项目的策划要素,掌握会展主题、选题等原则,并根据时间管理制作会展项目实施的流程。

(二) 实操描述

团装网作为一家集建材、家居为主的会展企业,在结合市场发展战略及公司营销计划的综合分析下,将在本季度开展秋季建材家居会展活动,对于会展前期的市场调查及项目的立项都需要细致缜密的把握，只有这样才能达到会展的预期效果和实现企业会展的目的。

通过会展活动的确定，教师就团队情况进行分配任务并完成以下任务：

（1）会展项目的市场调研和分析。

（2）会展主题和立项的确定要素。

（3）制定会展项目实施流程。

（三）考核标准

（1）掌握会展立项、选题原则。

（2）根据会展主题思想，明确会展项目实施流程的时间管理原则。

（四）实训报告

结合以上相关知识和应用情况，通过对会展项目的市场调研和分析等，完成工作任务，并填写实训工作单。

实训工作单

授课班级				授课教师		
小组成员						
项目名称						
工作任务						
任务理解和分工						
实施过程（可附页）	序号	主题		过程简要描述		备注
	1	会展项目市场调研				
	2	会展主题的分析				
	...					

任务三 电子商务在会展策划实施中的应用

一、完成任务

1. 电子商务在会展前的应用

作为举办方，电子商务在会展前的应用主要涉及的便是线上会展体系设计。

步骤1：通过会展案例，查看其线上会展体系结构。

【案例6.9】

根据会展流程，小王及其团队需要负责的是会展项目网上宣传与推广。本次会展扎根于建材家居行业，希望通过会展使最新的行业信息及生活理念传递到消费者中去。小王及其团队首先需要把握此次会展的主题及目标，然后根据分析会展在线上平台的运用体系，并根据分析确定合适于企业的宣传推广方式。

小孟是公司电子商务部的主管，一直以来负责公司网站的运营和策划，对于会展在电子商务中的运用也已经十分娴熟。他向小王及其团队介绍了这些年自己在工作中总结的会展体系结构。

第一类是以提供会展信息为主要功能，网站内容侧重以提供不同行业各地区的会展信息，如行业会展、会展咨询等。代表性的有中国会展网、中展网和中国会展在线。图6.4为中国会展网网站。

图6.4　中国会展网网站首页

第二类是会展公司近年来使用得比较多的，将会展信息及产品一并形成的会展网站，包括对会展产品的团购、产品的在线交易及会展线下活动的展览网站页面的制作。这类网站更趋向于综合性的门户网站,主要功能有产品信息发布、在线订购、物流派送、信息咨询等。这类网站以蓝装网、团装网为代表,图6.5为蓝装网网站。

图6.5 蓝装网网站首页

随着电子商务的多样化发展,基于第二类会展网站为主的企业越来越多,尽管就目前来说,都只是处于发展阶段。在人们追求电子信息的今天,这种简单快捷的交易方式,相信会很快在市场的发展中崭露先机。

经过小孟的总结和提示,小王细心地查看了以蓝装网为主的第二类会展网站,发现该网站功能强大,其具备了企业建站的信息发布需求,而且深入的结合了最新的电子商务模式,将产业链中原本基于线下的支付和物流配送环节全部植入线上,并顺势成立了基于B2C为主的产品商城。结合参展商与客户的双向需求,客户可以简单地在参展商开设的店铺里选购自己需要的产品,在线咨询、交流,最终提交订单,物流配送。它完美地提升了线下会展中的不足,打通了供应链实时消费。

其功能主要有以下几点:

(1)信息传播:资讯主页之下包括行业新闻、企业信息板块,装修频道,产品导读及品牌推荐四个板块。客户可以通过网站了解到最新的行业咨询和动态,网站管理员定时定期地更新、发布会展信息及企业会展信息等。

（2）在线订购：在商城里面有各种不同类型的产品，客户可以在线咨询、交流，最后下单。网站管理员根据客户的下单信息，即时与物流联系并配送。

（3）抢购秒杀：特价商品的限时抢购，汲取大量的人气而且对于产品的传播效果十分好。网站管理员根据商家提供的特价产品信息发布公告，客户通过简单的注册就可以参与秒杀抢购活动。

（4）注重互动：在论坛里分别设置了不同类目板块，注重与网友之间的互动，分享各种装修攻略等，以提升网站的活跃度。网站管理员在此发起各类有助于提升板块活跃度的活动、热门话题、各种会展抢购技巧等。

步骤2：根据案例分析，确定线上会展体系。

【案例6.10】

结合小孟对于会展线上平台结构的总结及团队对于公司网站功能的分析，小王及其团队初步确定此次会展线上平台的体系。

首先通过本地影响力大、覆盖面广的报社、电台和电视台以及展会协办单位的相关媒体，以新闻报道和产业信息报道相结合的形式，大力宣传展会，邀请各地观众参观展会。

在西安地面人群密集度高的地区，钟楼、小寨、大雁塔及公交、地铁上投放展会广告邀请各层次的消费者前来参加。

线上平台依据对蓝装网等网站的分析，小王明确会展电子商务网站以参展商和消费者为主要服务对象，参展商需要会展电子商务网站平台来宣传品牌产品，提升产品销量；消费者需求在多元化信息技术发展的今天，可以通过电子商务模式的普及来完成在线交易、物流配送等错综复杂的流程，减少线下采购的时间。因此，对于会展电子商务网站的建设就成为必然之趋。

小王开始制定适合于企业自身的会展电子商务网站。会展电子商务网站以参展商和产品为主，那么在功能上就要着重考虑这两个因素。参展商对于会展网站的功能需求就是发布品牌产品及展示企业形象，更好地导向客户服务。在紧扣参展商需求及消费者购买习惯之后，小王及其团队确定成立两者都具备的B2C商城运作，邀请商家进驻平台，根据商家自身的需求制定产品的价格、销售，消费者可以通过网站在线选择产品并杀价、支付，到最后的物流配送。

其次就客户而言，公司伫立于建材家居行业，主要客户以收房验房之后欲装修的业主为主，而在收房验房这类人群中很多客户无从把握收房验房的细节，因此平台功能上更应该着重于从客户出发，建设针对收房验房、装修为主的板块内容，集中解决客户的需求。

作为展览会企业需要通过其网站宣传会展内容、会展特点、会展实力等，基于传统营销的宣传之外，对于网上平台的建设和推广就显得尤为重要。因此在平台功能上也应注重对于展览会的推广和宣传的建设。作为网站，有了服务的对象和服务目标，那么如何长久地保持用户和商家在平台上的活跃性才是网站建设的根基。

在深耕细作之后，小王需要进一步将分析后的要素融入到会展电子商务网站的策划和建设中去，就策划而言需要考究网站的布局、色彩、栏目的设置等，而在这些方面的建设直接影响着网站后续的优化和推广，小王觉得自己在某些方面还比较欠缺，因此他希望主管小孟能给予他一定的支持和帮助。

步骤3：会展网站的策划。

【案例6.11】

在明确会展网站建设需求之后，小王开始就网站进行策划和建设。

首先小王对网站服务对象中的要素进行整理，并试图通过细分化的结点来归纳成一个栏目，因为这样可以最大限度地满足客户的搜索需求。通过整理和最终的决定，小王开设了学装修、找品牌、逛活动、看保障及来讨论五个栏目。在学装修栏目下集中对装修之前的收房验房细节、装修知识等内容进行分享与杂谈，畅所欲言；找品牌即家居商城，基于B2C为主的商城，商家发布产品，用户通过此窗口选择品牌并在线订购；逛活动则注重于宣传和推广展览会活动，用户可以在此报名参加会展；看保障主要以展示公司在展览会方面的实力和后勤保障为主，包括对于产品的投诉处理、优秀商家的表扬等；来讨论栏目的设置，注重考虑的是网站长久的活跃度和宣传推广，它的模式趋于论坛形式，注重用户之间的互动和交流。栏目的设置使后续的网站整体布局就变得更加得心应手，在布局上小王严格遵循用户浏览习惯，在logo和导航栏之下，以左侧为第一展示区，布局主要以展示建材家居口碑排行榜、企业会展信息、讨论及点评等以此类推从左到右来展示。之所以这样设计的原因在于对重点信息的提示和展示，对于用户来说吸引第一眼球，首屏的停留时间长短直接决定着客户在目标网站选购的可能。图6.6为西安家家户户网首页布局第一屏。

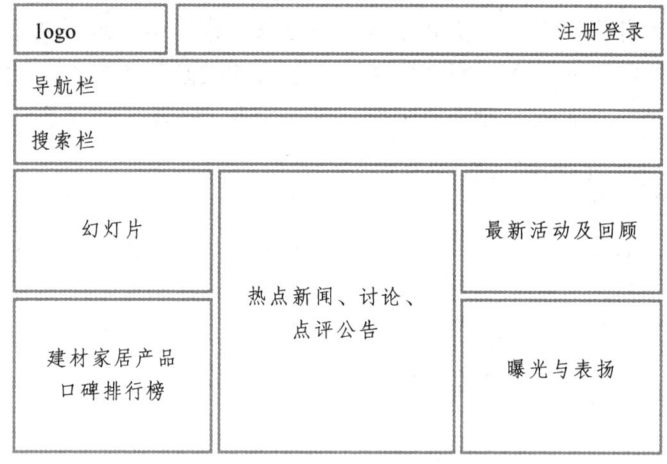

图6.6 西安家家户户网首页布局第一屏

西安家家户户网定位于以参展商和产品为主的会展网站，主推产品为建材家居和平台。平台对于参展商来说，主要是为了开拓市场渠道，增加产品的展示空间和销售方式，而产品是根基，是参展商和消费者最终在平台上产生交易的纽带。因此在第二屏布局上，小王核心展示的是产品多样化及企业实力，围绕客户需求进行设计，辐射产品服务的所有环节，既满足了客户对于产品多样化的需求，又以多样化的展示形式，来彰显参展商对于平台的需求。所以第二屏上主要安排的内容是对参展商及产品综合规划。图6.7为西安家家户户网首页布局第二屏。

会展网站页底栏目的安排以友情链接和联系方式为主，另外国内网站需要经过工信部备案，拥有备案号才可以上线运营，所以网站底部必须标明备案ICP证书号。

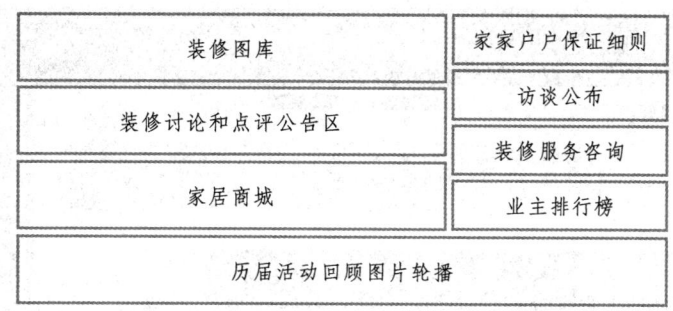

图 6.7　西安家家户户网首页布局第二屏

其次作为会展主办方小王在此安排放置了企业的联系方式，包括客服电话和企业邮箱，这样一方面方便参展商参展联系，另一方面可以极大地增加公司公信力。图 6.8 为西安家家户户网站底部友情链接及资质证书的设计。

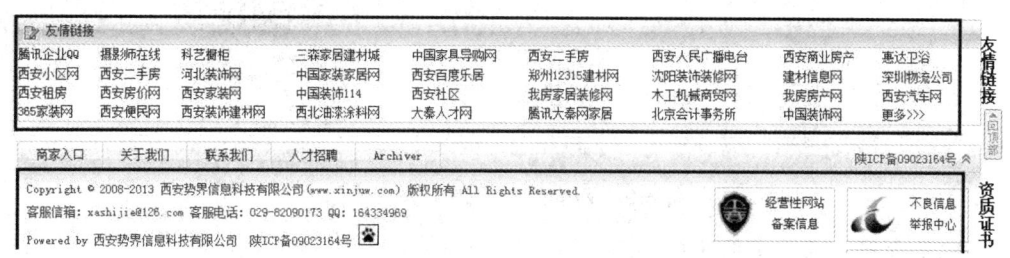

图 6.8　西安家家户户网站底部设计

步骤 4：根据策划，完成会展网站的建设。

【案例 6.12】

在会展网站建设上，小王首先着手于网站色彩，为了保持网站的整体统一性并具有行业标杆性，小王并没有对网站色彩进行改动，而是沿用了 logo 的颜色橙色。橙色具有华丽、温暖的寓意，而且是装饰的最佳色系，因此小王在网站整体色彩上都使用了橙色，其他颜色以白色为主，更适合于阅读、浏览。

颜色搭配好之后，小王开始对网站内容进行填充，在首页导航下，小王将前期策划好的学装修、找品牌、逛活动、看保障及来讨论五个主推栏目分别进行二级栏目的设置。学装修栏目下，接入论坛讨论和分享功能，主要内容以对收房验房细节、装修知识分享等为主。找品牌栏目点击进入二级页面直接接入家居商城，在这里广邀参展商在平台上发布产品并通过与客户交流、沟通、支付到最后产品的销售成功等环节，将电子商务模式的优势完美地显现出来。逛活动栏目二级页面下设置了以专题形式来报道展览会内容，客户可以在线参加报名，提升展览会线上宣传和传播途径。看保证栏目二级页面下接入了论坛模块，内容主要以表扬优秀企业、曝光产品及企业的一些投诉问题，在这里用户可以对线上或是线下购买的产品进行投诉和建议，来讨论栏目下直接接入论坛的整体。在这里使用论坛的模式的原因在于，一方面论坛本身能够聚集很高的人气，提升网站的知名度和长久活跃度；另一方面考虑到参展商和客户之间的交流，拉近彼此之间的距离，而且对于公司而言，论坛互动可以汲取更多有利于公司发展的信息，对于优化客户服务和客户关系十分有利。

导航栏目内容设置完成，接下来小王根据布局设计进行填充首页所有内容，内容中图文并茂，主次分明，体现出平台的特点和优势。图 6.9 为西安家家户户网网站最终成型首页截图。

图 6.9　西安家家户户网首页成型

2．电子商务在会展中的应用

步骤 1：通过多个实际案例分析，明确会展网站的维护原则及要点。

【案例 6.13】

网站已经建设完成，接下来的任务就是对于网站的维护和提升网站的访问量。根据小孟的建议，小王首先需要了解网站的维护原则及要点，只有这样才能制定出符合自身会展网站的维护办法。

小王开始就自己经常去的网站进行梳理，因为平时比较关注社会新闻，因此小王打开了腾讯大秦网及新浪网，在两个网站中查找相关的新闻内容，为了更好地捕捉到两家网站的维护原则及特点，他将两家网站收藏在自己的浏览器中，然后根据一段时间的定期查看并总结其中的特点，图 6.10 为大秦网网站。

经过一段时间的检测和分析，小王发现这两家网站在网站维护上主要有以下几个特点：

（1）定时定量更新。

搜索引擎抓取网络上所有网页有很大的负担和工作量，因此一定要培养搜索引擎来抓取我们网站页面的习惯，这就需要我们做好网站内容的定时更新工作。只有养成定时定量的更新习惯，尽可能地给网站更新安排在一个固定的时间段，让搜索引擎习惯抓取网站内容。

（2）锚文本链接布局。

很多网站对锚文本的作用了解不多。网站在内容更新上把握文章的关键点，针对核心关键词重点布局，其他的词尽可能每天一个。

（3）坚持与执行力。

坚持网站内容更新说起来是一个简单的工作，但能长期坚持下去的却很少，坚持要坚持的目的和技巧，让自己的坚持效率得到提高。执行力也是网站内容更新需要长期坚持的，只有不断坚持才能实现网站的不断提升，因此在做执行力的时候就一定要给自己一个明确的目标，让自己努力坚持下去。

图 6.10　大秦网首页

凭借对两家网站的总结和分析之后，小王发现，一个完整的网站展示给大家的不仅是页面效果，而且需要定时定量的内容更新，包括对内容关键字的布局，内容设计等工作。良好的更新习惯对于网站本身来说有利于搜索引擎的收取。

在巩固了内容之后，接下来还需要外部的推广来提升网站的访问量和网站的互动效果，包括增加外链、撰写针对网站内容的软文、在人气旺的论坛上发表文章和留言等营销工作，并结合每天的实时流量进行分析和改进。只有这样才能更大的发挥网站页面的作用。

步骤2：根据真实情况，制订会展网站维护计划并完成。

【案例6.14】

通过对两家网站维护特点的分析和把控，并根据会展网站建设的营销点，小王制定了针对公司网站维护的时间和内容，具体如表6.1所示

表 6.1

维护任务	具体内容	负责人	时间段
分析会展网站的维护要点	分析并确定会展网站维护要点，并制定合适自身的维护内容	小王	2014年1月20日至24日
内容的定时定期更新	针对会展网站页面进行定时定期更新文章，并设置关键字布局等内容	小王	2014年1月25日至28日
外部推广的分析和实施	在人气旺的论坛发布文章及留言，注册不同的马甲顶贴	小王	2014年2月8日至15日
企业微博及微信的内容制作和发布	利用企业微博针对会展内容制作图文并茂的内容进行发布	小王	2014年2月15日至24日
日常维护和跟踪	持续跟踪内容的更新和维护，并分析营销效果和策略的改变	小王	2014年2月24日至28日

根据任务的部署，小王开始就网站维护的细则实施：

（1）确定推广关键词：会展_装修会展_建材博览会_建材家居会展_2014年建材家居会展+西安家家户户网。

（2）整合网站文字内容，在网站内容中尽量使用"关键词+商品"，有可能的话加入网站名称，同时"关键词"和"网站名称"，以及"每个页面关键词"等相关关键字加粗倾斜。这样做一方面让访客可以直观地看到产品特点；另一方面当搜索引擎蜘蛛爬行时更容易留意到网页重点内容，即想要出现在搜索结果中的关键字，对这些关键字可以优先收录。

（3）在网站中将包含产品名称的图片及文字加反向链接，直接连接到产品介绍页面的使用标题格式，如产品名词或会展所包含的关键字"家居_建材网_建材家居博览会_找装修_西安家家户户网"，尽量在"标题"里加入所涉及关键字。

在巩固优化了网站的关键字和内容之后，小王需要结合自己所学专业及网站内容，针对站外做一系列的推广。小王分别在百度贴吧、知道、天涯等论坛注册不同的账号发帖及顶贴，利用企业微博与网友之间互动交流，并发布建材家居相关博文添加关键字链接等来布局网站反链接，以提升网站的流量和最终的销量。

步骤3：明确电子商务在网络会展中的其他表现。

【案例6.15】

网络会展在交易过程势必也会涉及电子商务模式运用，例如网上支付、物流配送等。

在家居商城上，参展商通过平台发布企业产品，客户进入网站，进行选购产品，在一番交流和沟通后，进行支付。客户需要登记姓名和联系方式等信息并提交，就可以成功购买产品；然后企业根据客户的登记信息，回复订单号，并通过货到付款的形式联系客户送货时间和地点。在物流配送上，则需要参展商选择好配送设备和最佳位置，使配送过程高效，准确送达。

作为会展电子商务网站，在支付环节上的运用，更多的是遵循快捷方便的宗旨，为客户提供一系列的购买服务，提升行业的发展步伐，使会展与电子商务互补的优势更加明显的展现出来，最终为企业的销售创造新的奇迹。

3. 客户关系管理在会展中的应用

步骤1：根据案例，明确电子商务在展会客户关系管理中的应用。

【案例6.16】

针对客户关系管理，小王发觉自己不知如何下手。这时小孟告诉小王，在客户关系上可以从呼叫中心、客户资料库建立、维护客户关系等方面着手。

小王开始在行业内搜索与客户关系相应的网站，在打开团装网查看时，其会展网站自动弹出在线咨询窗口，方式新颖，内容是企业会展实力和联系电话，在联系电话的右侧设有接受在线咨询，小王点击进去看到，在这里客户可以针对会展方面的问题及时与企业进行沟通。这种方式快捷方便，交互性很强，客户可以通过此方式与企业交流，企业根据客户的需求对接相应的工作人员，提升产品的销量和客户服务。图6.11为团装网自动弹出的在线咨询页面。

另外，小王仔细查看团装网的企业网站，在网站首页上小王还发现，为了满足不同用户群体的需求，他们还专门开设了针对不同用户的QQ群账号，来为客户解决问题。每个账号的名称依据不用类别进行设置，包括装修、家居、参展及业主等。其次小王了解到团装网在客户关系管理上引进了客户关系管理系统（CRM），该系统可以针对客户从源头上进行分析，主动出击了解客户需求，增加新客户的咨询数量，收集客户信息建立客户档案一系列优化客户关系管理的措施，而且对于网站搜索引擎的优化也十分有效。图 6.12 为团装网在线咨询窗口内容。

图 6.11 团装网自动浮窗页面

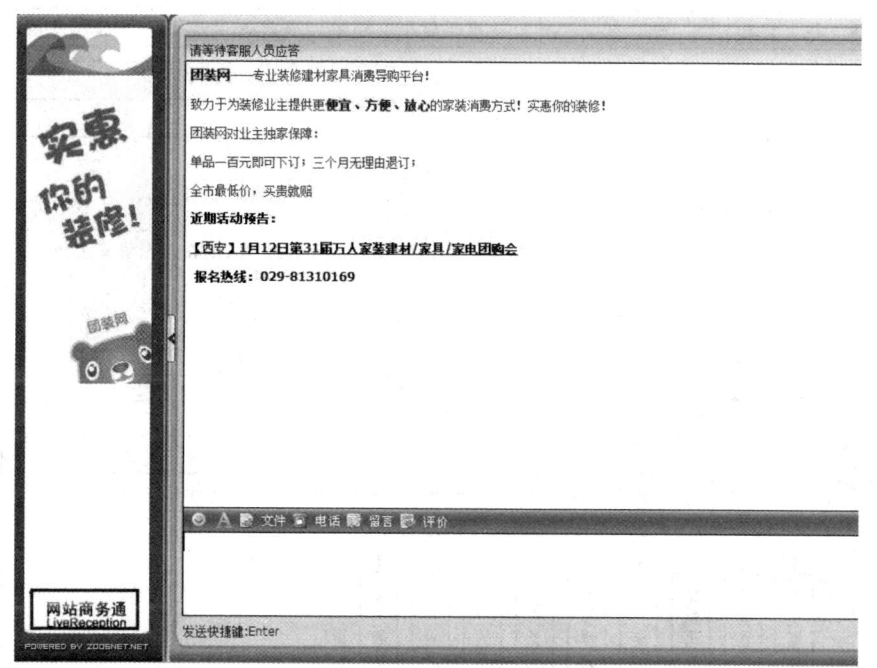

图 6.12 团装网在线咨询页面

结合对团装网线上咨询平台的了解和 CRM 系统的熟知，小王发现电子商务对于会展客户关系的应用主要有以下三个方面：

（1）呼叫中心方面。

呼叫中心，即客户服务中心，企业为了密切与用户之间的联系，利用电话作为交互联系的媒体，为用户提供及时的咨询和技术支持服务。在电子商务新兴模式的带动下，现阶段的呼叫中心主要基于 web 对客户请求进行及时回答，促进双向交流，提升客户服务质量。

（2）客户关系建立。

传统企业在客户关系管理中无法全局地去了解客户的需求，对客户需求进行分类管理，多元化的服务客户。而基于电子商务模式的管理，企业可以在后台中建立属于自身企业的客户关系资料库，进行分类管理，满足不同客户的定向需求，促进企业对于老客户的维护以提高产品的销售。

（3）信息安全管理。

在电子商务对于客户关系不断改变的过程中，企业与客户之间的关系更加密切，沟通更为顺畅，最大限度地实现了营销自动化。然而对于企业信息安全的管理就成为重中之重，因为它不仅是企业客户关系管理的基础，而且对于整个行业来说信息安全管理对于产业的发展也是十分重要的。

步骤2：根据实际情况，制定客户关系管理体系。

【案例6.17】

根据会展项目的安排，西安家家户户网需要结合会展活动的整体安排。加大对于线上平台的客户服务流程的管理，优化服务细节，强化客户为主的服务理念。于是公司结合多个部门制定了如图6.13所示的公司对于优化客户关系的细则。

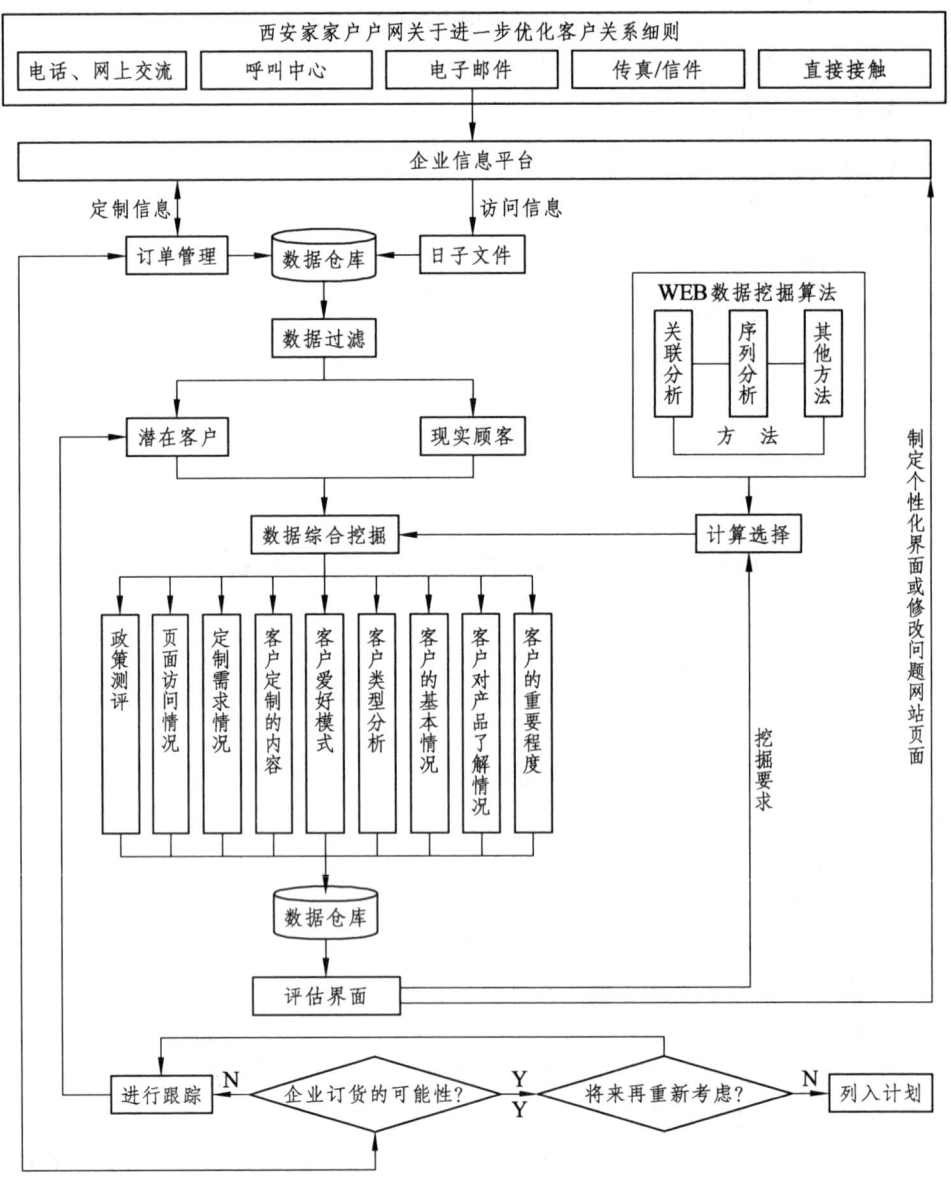

图6.13　西安家家户户网客户关系优化细则

首先从源头上出发，针对电话、网上交流、呼叫中心、电子邮件及直接接触客户的工作人员进行系统的培训，深入理解客户沟通的要素和细节，使客户在第一印象中对企业产生记忆，之后根据产品不同销售渠道细节化客户要素，包括针对潜在客户和已经购买客户。潜在客户应当如何深入挖掘其购买习惯，如何将潜在客户形成消费群。而已经购买客户，应当从哪些方面进行维护，从而使老客户不断壮大。两方面并行管理，久而久之将形成企业客户资料数据库，数据库的建立对于后续的产品优化和服务质量提升都十分有帮助，而且企业可以根据强大的数据管理，个性化定制每位客户的需求，提升品牌竞争力，为企业最终的效益增长提供帮助。（该案例来自百度文库）

二、知识要点

（一）会展项目基本流程

1. 成立策划工作小组

会展策划的首要条件是人员事务的编排，想要获得会展的成功，人员安排事项就要仔细周密，一般会展需要的人员有：

策划主管，主要负责协调、沟通整个小组各策划人员的工作，并全权负责策划方案的制订和修订。

策划人员，主要负责编拟会展项目计划。

文案撰写人员，主要负责撰写各类会展文案，包括会展常用文书、会展社交文书、会展推介文书、会展合同等。

美术设计人员，主要负责各类各种类型视觉形象设计，如广告设计、展示空间设计。

市场调查人员，主要负责进行市场调查并编写市场调查报告。

媒体联络人员，主要进行媒体宣传推广。

公关人员，主要负责为会展公司创造融洽、和谐的公众关系范围，获得各方面的支持帮助。

2. 进行市场调查与分析

会展市场调查与分析是会展策划的基础。其针对的内容也十分广泛，主要包括产业环境、目标市场、政策法规、同类会展和自身资源五个方面。

在执行市场调查时，不仅要考虑本区域的优势产业和主导产业，还要考虑重点发展中的行业，政府扶植的行业等。具体分析行业市场状况，要摸清市场的归属，即买方市场还是卖方市场等。

3. 制定会展项目的行动方案

制定一个统筹兼顾的方案是会展项目顺利开展的重要前提，选择合适的时间、合适的地点，并做到两者的合理搭配，是方案必须注意的内容。所以会展策划方案必须要具体化，以便形成一个可供操作的具体措施。其间需要明确以下内容：会展项目的目标、实现会展项目目标的环境、会展项目营销战略要素、会展相关活动的开展、会展策划方案的效果与评估、会展策划方案实施的附加条件。与此同时，设计行动日程表也是会展策划方案必不可缺少的一环，这是为了确保每个步骤的开始和结束都有应有的时间规定和限制，以保证方案的实施能够顺利进行，避免产生不必要的影响。

4．制定预算方案

会展策划需要注意的另一要点是明确各方面的资金问题，制定该会展项目的预算方案，良好的财务管理和预算控制是筹办会展最重要的因素之一，如果安排得当，不仅能增加收益，提高效益，而且能使管理者了解收入的来源及比列。一般的预算包括：

历史数据，回顾过去的工作，以便制定出相对精准的新预算；

行政管理费用，包括公司行政管理人员的工资和行政办公费用等；

收益，即预算带来的收入，包括拨款、预算、注册费、出售展品和纪念品的收入赞助等；

固定费用，如印刷和邮寄宣传资料所需的费用；

可变费用，如餐饮费等；

详细开列的项目，详细开列的项目列明预算中的各个项目；

调整控制，由于预算是根据估计而制定的，因此不一定准确，需要不断地进行调整。

5．撰写项目策划方案

撰写会展项目策划方案就是将策划的最终成果整理成书面材料，即策划书，也称企划案，其主体内容包括现状或背景介绍、分析、目标、战略、战术又或是行动方案、效益预测、控制和应急措施等，其各部分内容可以根据具体要求的不同而详细程度不一。其涵盖内容可以如：可行性研究报告、项目意向书、项目建议书以及广告策划书、宣传手册等策划文案。

6．评估与修正

评估与修正的内容主要包括项目评估、阶段考评、最终考评和反馈改进等。展会的效果是长期的。展出者在重视并投入很大力量进行展台设计、产品展示、展览宣传、展台接待和推销等工作的同时，也应当投入相当的力量做会展后续工作。如果说会展相当于"播种"，建立新的客户关系，那么会展的后续工作就相当于"耕耘"与"收获"，将新的关系发展为实际的客户关系。会展的后续工作有很多，实施效果评估是其中的重要一环。

会展的效果评估内容也很丰富，有展会工作评估和展会效果评估。展会效果评估需要由展出者自己安排或委托专业评估公司来做。展会效果的评估需要由展出者自己安排或委托专业评估公司来做。展会效果评估内容有定性的内容也有定量的内容，在条件许可的情况下，尽量用定量的评估内容，这样才能使评估的结果更客观，更具有价值。

（二）会展项目推广策划

会展项目推广策划包括以下几个步骤：

1．对推广资金进行预算

在实际操作中，会展宣传推广预算可以先按宣传推广渠道的不同来分别制定，然后再将各渠道的预算汇总成会展推广的总预算。而国际上普遍的做法是，会展活动举办方将会展预期收入的10%～20%拿出来作为会展推广的资金投入。

2．确定会展推广目标

确定会展推广对象，以明确目标受众为首位，如招展、招商或树立会展品牌形象等。为了不使会展的推广工作无的放矢，需要注意会展的推广目标具有一定的阶段性，而在会展筹备的不同阶段其主要任务也有所差别。在会展筹备前期宣传推广策划的目标偏重于招展，而后期则偏重于招商。

3. 完善的推广策划资料

随着同业竞争的日趋激烈和会展规格的不断提升,这就要求要完善需要推广的资料,做好充分地准备。推广资料的素材主要包括网站报道、展前预览、新产品报道、参观指南、展期新闻、展会回顾等。

4. 会展策划宣传需要推广的信息

推广信息策划的目的在于确定会展需要向外界传递怎样的信息,如会展的理念、优势和特点及VI形象等。所以会展策划宣传推广的重要渠道不但要提高宣传推广的效果,还需要在进行策划时考虑拓宽宣传推广渠道,比如通过电视、报纸、户外广告、网络、数据业务平台等各种渠道,及时发布真实和丰富的会展信息。最后,还要及时评估宣传推广的效果。

(三) 会展预算与效果评估

1. 会展预算

不同的会展公司,根据会展项目的不同会有差异,但通常会议预算都包括以下几个方面:

(1) 交通费用。

交通费用可以细分为:

出发地至会务地的交通费用——包括航班、铁路、公路、客轮,以及目的地车站、机场、码头至住宿地的交通。

会议期间交通费用——主要是会务地交通费用,包括住宿地至会所的交通、会所到餐饮地点的交通、会所到商务交际场地的交通、商务考察交通以及其他与会人员可能使用的预定交通。

欢送交通及返程交通——包括航班、铁路、公路、客轮及住宿地至机场、车站、港口交通费用。

(2) 会议室/厅费用。

会议室/厅费用具体可细分为:

会议场地租金——通常而言,场地的租赁已经包含某些常用设施,譬如激光指示笔、音响系统、桌椅、主席台、白板或者黑板、油性笔、粉笔等,但一些非常规设施并不涵盖在内,比如投影设备、临时性的装饰物、展架等,需要加装非主席台发言线路时也可能需要另外的预算。

会议设施租赁费用——此部分费用主要是租赁一些特殊设备,如投影仪、笔记本电脑、移动式同声翻译系统、会场展示系统、多媒体系统、摄录设备等,租赁时通常需要支付一定的使用保证金,租赁费用中包括设备的技术支持与维护费用。值得注意的是,在租赁时应对设备的各类功效参数做出具体要求(通常可向专业的会议服务公司咨询,以便获得最适宜的性价比),否则可能影响会议的进行。另外,由于会议设施品牌、产地及新旧不同,租赁的价格可能相差很大。

会场布置费用——如果不是特殊要求,此部分费用通常包含在会场租赁费用中。如果有特殊要求,可以与专业的会议服务商进行协商。

其他支持费用——这些支持通常包括广告及印刷、礼仪、秘书服务、运输与仓储、娱乐保健、媒介、公共关系等。基于这些支持均为临时性质,如果会议主办方分别寻找这些行业支持的话，其成本费用可能比市场行价要高，如果让专业会议服务商代理，将获得价格相对比较低廉且服务专业的支持。

对于这些单项服务支持，主办方应尽可能地细化各项要求，并单独签订服务协议。

（3）住宿费用。

住宿费用应该非常好理解，值得注意的只是住宿费里面有些价格是完全价格，而有些是需要另外加收政府税金的。对于会议而言，住宿费可能是主要的开支之一，找专业的会展服务商通常能获得较好的折扣。

正常的住宿费用除与酒店星级标准、房型等因素有关外，还与客房内开放的服务项目有关。譬如客房内的长途通讯、洗换、迷你吧酒水、一次性换洗衣物、互联网、水果提供等服务是否开放有关。会议主办方应明确酒店应当关闭或者开放的服务项目及范围。

（4）餐饮费用。

会议的餐饮费用可以很简单，也可以很复杂，这取决于会议议程需要及会议目的。

① 早餐。

早餐通常是自助餐，当然也可以采取围桌式就餐，费用按人数计算即可（但考虑到会议就餐的特殊性及原材料的预备，所以预计就餐人数不得与实际就餐人数相差到15%，否则餐馆有理由拒绝按实际就餐人数结算，而改为按预定人数收取费用）。

② 中餐及午餐。

中餐及午餐基本属于正餐，可以采取人数预算——自助餐形式，按桌预算——围桌式形式。如果主办方希望酒水消费自行采购而非由餐馆提供，餐馆可能会收取一定数量的服务费用。

③ 酒水及服务费。

通常，如果在高星级酒店餐厅就餐，餐厅会谢绝主办方自行外带酒水消费，如果可以外带酒水消费，餐厅通常需要加收服务费。在高星级酒店举办会议宴会，通常在基本消费水准的基础上加收15%左右的服务费。

④ 会场茶歇。

此项费用基本上是按人数预算的，预算时可提出不同时段茶歇的食物、饮料组合。承办者告知的茶歇价格通常包含服务人员费用，如果主办方需要非程序服务，可能需要增加预算。通常情况下，茶歇的种类可分为西式与中式两种，西式基本上以咖啡、红茶、西式点心、水果等为主，中式则以开水、绿茶或者花茶、果茶、水果、咖啡、水果及点心为主。

⑤ 联谊酒会/舞会。

事实上，联谊酒会/舞会的预算可能比单独的宴会复杂，宴会只要设定好餐标与规模，预算很容易计算。但酒会/舞会的预算设计到场地与节目，其预算可能需要比较长的时间确认。

（5）视听设备。

除非在室外进行，否则视听设备的费用通常可以忽略。如果为了公共关系效果而不得不在室外进行，视听设备的预算就比较复杂。

① 设备本身的租赁费用，通常按天计算。

② 设备的运输、安装调试及控制技术人员支持费用，可让会展服务商代理。

③ 音源，主要是背景音乐及娱乐音乐选择，主办者可自带，也可委托代理演员及节目。

④ 通常可以选定节目后按场次计算，预算金额通常与节目表演难度及参与人数正相关。

在适宜地点如果有固定的演出，那预算就很简单，与观看表演的人数正相关，专场或包场除外。

⑤其他，点心、水果及调制色酒。

（6）杂费。

杂费指会展过程中一些临时性安排产生的费用，包括打印、临时运输及装卸、纪念品、模特与礼仪服务、临时道具、传真及其他通讯、快递服务、临时保健、翻译与向导、临时商务用车、汇兑等。杂费的预算很难计划，通常可以在会务费用预算中增列不可预见费用作为机动处理。

2．会展效果评估

会展效果评估是对展览环境、工作效果等方面进行系统深入地考核评价，是一个有程序和步骤的动态过程。

（1）确立会展效果评估的目标。

主要是展会投入和展会效果（益）的比较，看是否达到预期目标。

（2）选择规范的评估标准，包括：

展会整体成效、宣传效果、接待成果和成交结果，要量化评估标准，排出主次。

（3）制订评估方案。

确定具体的评估内容和安排，评估的对象和抽样分布，问卷的设计、经费预算等。

（4）实施评估。

通过各类资料收集，安排记录，召集会议座谈，问卷调查等收集数据，整体分析数据。

（5）总结评估。

对整个展会各项活动在分析数据的基础上进行总结，形成总体评价报告。

（四）网上会展发展的策略和改变

1．网络会展发展应对策略

在技术方面，建立和实施严密的计算机网络安全制度与策略是真正实现网络安全和电子商务安全的基础。建立良好的账号管理制度，使用足够安全的口令，并正确设置用户访问权限。使用漏洞扫描和安全评估软件，对整个网络进行全面的扫描、分析和评估是必要的，以便及时发现漏洞并及时安装最新补丁。安装并配置防火墙和杀毒软件，使用加密算法对商务交易中的信息加密。利用"SSL+表单"模式来对包含购买者的订购信息和付款指令的表单进行数字签名，从而保证交易信息的不可否认性，以为电子商务提供较好的安全性保证。

在网络营销方面要做到如下几点：

（1）加快完善网上会展的信息服务网络，提供优质专业的会展服务。

采用先进的网络技术，与专业的网络开发公司合作设计、开发、经营网站来发展自己的网上会展业务，使客户能迅速有效的搜寻到最全面、最专业、最新的行业信息。同时，还要提供更多的附加服务，要线上线下相结合，售后服务与销售保持同步，才能赢得更多的客户。

（2）开展多种形式的广告宣传，增加网络会展的市场认知度。

在各大门户网站和行业网站上进行 FLASH、音频、图片、文字等多种形式的宣传来进行网上会展的推广，吸引客户的眼球，还可以在网络会展的平台上开办主题专栏来介绍本公司的产品特色，利用即时通讯工具、邮件营销、博客营销来留住老客户，开发新客户。

(3) 网络会展平台要建立网上信誉等级制度。

网络会展交易平台要利用网络技术建立网上交易的信誉评估数据库系统，按一定的标准对交易进行登记、评估和认证。给遵守诚信交易的企业加分，反之减分，最后累计分数评出等级，不诚信交易达到一定级别开始禁止网上交易，以此来保证诚信网上交易，剔除不合格的企业，促进网络营销业务的长远发展。

网络会展，线上会展和线下会展相结合是时代的需求。

网上会展迅速发展是未来的必然趋势。电子商务向来被认为是推进国民经济和社会信息化发展的必然，是增强综合国力、实现社会生产力跨越式发展的重要手段，电子商务甚至是将来实现买卖交易活动的主流渠道。网络展览是现代信息技术与展览业的有机结合，正是基于对互联网技术的充分利用，网络展览才具备了一些超越传统实物展览方式的优势，它能使更多的人用更低廉的成本，将自己的产品通过互联网带给大家。这种非传统渠道上的会展，势必给传统会展产业带来冲击，显示其强大的生命力，网上会展的迅速发展是未来的必然趋势。

2. 电子商务环境下经济运营模式的改变

电子商务提供企业虚拟的全球性贸易环境，大大提高了商务活动的水平和服务质量。新型的商务通信通道的优越性是显而易见的，包括：大大提高了通信速度，尤其是国际范围内的通信速度；节省了潜在开支，如电子邮件节省了通信邮费，而电子数据交换则大大节省了管理和人员环节的开销；增加了客户和供货方的联系。如电子商务系统网络站点使客户和供货方均能了解对方的最新数据，而电子数据交换（EDI）则意味着企业间的合作得到了加强；提高了服务质量，能以一种快捷方便的方式提供企业及其产品的信息及客户所需的服务；提供了交互式的销售渠道，使商家能及时得到市场反馈，改进本身的工作；提供全天候的服务，即每年365天，每天24小时的服务。

3. 电子商务转变了会展业的运营模式

网上会展以现代信息技术服务作为支撑体系，以电子虚拟市场为运作空间，以全球市场为市场范围，以全球消费者为服务范围，以迅速、互动的信息反馈方式为高效运营的保证，以新的商务规则为安全保证。提高了展览的市场覆盖率，具有展期长、地域广，可以24小时的全天候全世界的展览模式，易于开辟新的市场。同时还降低了展览的成本，一些大型的实体展览会虽然吸引了很多观众，可是受天气恶劣、交通不便、时间紧张、费用昂贵等诸多因素的影响，大大损失了市场覆盖率，但网络会展消除了这些不利因素，"线上""线下"相结合，降低了参展成本，提高了企业的经济效益。

三、任务实训：会展项目立项实操

（一）实训目标

了解线上会展体系，并根据分析制定线上会展网站，对会展电子商务网站进行建设并实施维护。

（二）实操描述

根据会展项目的确定，接下来需要团装网公司部门之间根据会展项目流程分工合作宣传和推广会展项目,而对于线上会展网站的建设已经成为必然的选择。团装网在稳固线下市场的优势,望眼行业发展的前瞻,电子商务模式的运用已经占据半边天,而且电子商务的特点对于会展来说正是优势互补,因此对于电子商务模式的运用就成为此次会展宣传的重头戏。

通过团装网会展线上体系的确定,教师需要针对此会展电子商务网站的建设和维护进行团队内分配任务,并完成以下任务:
(1)线上会展体系的分析并确定。
(2)会展电子商务网站的建设要点。
(3)针对网站进行计划性的维护并分析效果。

(三)考核标准

(1)把握会展电子商务网站的策划原则。
(2)从电子商务模式角度,针对会展电子商务网站进行栏目设计及内容维护。

(四)实训报告

结合以上相关知识和应用情况,通过对会展电子商务网站的建设和维护等,完成工作任务,并填写实训工作单。

实训工作单

文档编号:

授课班级		授课教师	
小组成员			
项目名称			
工作任务			
任务理解和分工			

	序号	主题	过程简要描述	备注
实施过程(可附页)	1	会展线上体系分析		
	2	会展电子商务网站策划		
	...			

【本章小结】

本章主要通过实际案例为大家讲解电子商务在会展组织方的运用，囊括会展项目立项策划、会展电子商务网站及会展客户关系管理三方面的内容。以西安家家户户网为案例，从会展项目分析、调研及立项着手，分析对比电子商务对会展业的影响及客户关系管理对会展运营产生的巨大影响，帮助学生更深入地去理解电子商务在会展组织方的基本知识。

本章节需要重点掌握的知识点为会展电子商务网站线上平台体系建设策划及会展客户关系管理系统。

【课后习题】

一、单选题

1.（　　）是会展活动中最普通、最活跃并且最具有典型性的部分。
   A. 会议　　　　　　B. 展览会　　　　C. 特殊活动　　　　D. 体育赛事
2. 展览会永恒的主题是（　　）。
   A. 新　　　　　　　B. 奇　　　　　　C. 快　　　　　　　D. 美
3. 会展营销主要局限在（　　）板块。
   A. 选题策划与招展　B. 展品运输　　　C. 展台搭建　　　　D. 现场管理与服务
4. 会展营销是以（　　）的需求为中心的服务营销活动。
   A. 政府与观众　　　B. 参展商与政府　C. 参展商与观众　　D. 以上说法均不正确
5. 会展客户关系管理的最终目的是（　　）。
   A. 与客户建立良好的关系　　　　　　B. 双赢
   C. 使自己企业利润最大　　　　　　　D. 满足顾客的需求

二、填空题

1. 会展策划是在会展活动开始的_____就要进行的，有时甚至要贯穿于会展活动始终的一种_____、_____、_____活动。
2. 会展策划的基本流程有_____、_____、_____、_____、_____、_____、_____。
3. 客户关系管理是一个不断加强与顾客交流，不断了解_____，并不断对产品及服务进行_____和_____以满足顾客的需求的_____的过程。

三、简答题

1. 简述展会类型。
2. 简述会展客户的类型。
3. 简述客户关系管理。

【后续展望】

本章主要从会展业主办方的角度出发，引入真实的会展企业案例，通过对真实案例讲解，引出电子商务在会展业中应用知识点，并通过电子商务在会展业项目实施中的不同阶段解读电子商务的应用。本章是会展电子商务的第一章，学生需对会展电子商务有一个初步认知，方便后续完成参展方在会展业中的电子商务应用的学习。

项目七　电子商务在会展参与方的应用

【学习目标】

一、知识目标

1. 了解会展参与方在信息发布和维护上的体系。
2. 了解会展客户沟通与维护。
3. 明确会展参与方网络营销的方法。

二、能力目标

1. 掌握会展参与方信息维护的方法。
2. 掌握会展客户沟通与维护的技巧。
3. 掌握会展服务网络营销的实施方法。

【项目情景】

小华是某高校会展电子商务专业的应届生,通过校园招聘成功地面试上了圣象地板陕西分公司网络营销部,成为圣象地板网络营销部的一名职员。上班的第一天,网络营销经理要求小华根据自身所学知识,了解建材家居行业的电子商务运用情况,并针对下一季度将要参展的会展从参展商的角度分析公司应该从哪些方面入手并提出可行性的建议和方案。

【项目分析】

1. 会展信息发布与维护

作为会展参与方根据企业自身发展的需要和市场环境,通过参加展览会预期达到的经营或销售目标,为企业总体经营目标服务。企业参加展览会的主要目的可以归纳为:产品和行业的市场调研、宣传企业的新产品和新技术、联系客户和销售网络、技术和业务交流、建立或增强企业商业形象、扩大贸易机会等几种,企业应按照总体经营目标根据不同的发展阶段和市场情况来确定展出目标。

针对参展目标的指导,企业需要在会展主办方的信息平台上发布参展信息,也可以通过主办方平台在线客服与其交谈参展需求。信息发布前需要企业在主办方网站上注册一个企业账户,并根据账户信息填写企业介绍、服务类别等内容,信息完善之后就可以发布企业参展的产品及联系方式等,这样做即方便主办方邀请参展,也可以从侧面宣传企业网站等内容。

信息发布完成之后，需要对其进行定期维护，如在中国会展网上有企业新闻动态的设置，可以在里面发布一些与企业相关的新闻或是商品促销信息，这样在很大程度上增加了品牌产品的曝光率和影响力。

2. 会展客户沟通与维护

从会展角度来说，有效的沟通就是营销人员在展会上与潜在客户保持联系，及时把企业的产品介绍给客户的一个有效方式。那么对于参展方来说，由于展会是针对目标客户及潜在客户的一次需求展出，对于不同客户关注重点不同，针对不同客户的咨询应派出适合的人员与其沟通，将能更好地解决客户提出的问题，增加他们的满意度。此外在与客户沟通时，需要企业自身准备好如报价表、产品宣传册等资源。良好的礼貌用语及沟通技巧是订单成功的首要前提，因此需要企业在与客户沟通时派出精良的销售人才，不仅要对产品有足够的认知，而且需要拥有良好的沟通能力。

客户维护仍是企业销售的一部分，除了会展现场的销售外，需要我们针对产品售后等问题及时与客户进行沟通，并针对产品细节整理。这样做既满足了企业客户关系管理的需求，又对于产品的研发和改进有很大的作用。

3. 会展服务网络营销

对于会展企业来说，随着电子商务的蓬勃发展和多样化营销方式的转变，冲击而来的是最新的国际行业资讯、最新的产业技术。在行业专业性、企业号召力、资源整合等方面具备得天独厚的优势。会展结合电子商务，以电子商务的模式推进会展业的发展，对于会展行业而言是一个极大的补充。会展企业抓住网络营销多样化的方式，全方位的宣传和推广其品牌产品和服务。两者相互补充，发挥整合所产生的巨大经济效益。

【任务分解】

任务一：信息发布与维护。
任务二：客户沟通与维护。
任务三：会展服务中的网络营销。
下面，将分别对这些任务的目标进行确认，并对任务的实施给予理论与实际操作的指导。

任务一　信息发布与维护

一、完成任务

【案例 7.1】

小华作为网络营销部的一名新员工，在上班第一天，领导安排他去了解电子商务在建材家居行业的运用，并通过对行业的了解综合公司情况欲参展，可以在那些平台上进行发布参展信息。

据小华了解，公司正式进驻淘宝商城是 2010 年年初，这时建材家居行业市场上已经拥有几家比较成熟的电子商务企业，如中国会展网、蓝装网和西安家家户户网。他们结合电子商务新兴的模式,开辟了适合于自身企业的网上平台,从传统的会展中汲取精华,并结合电子商务平台的特点,建立网上会展,在线交易,宣传推广展览会,使会展与电子商务双联合,优势互补,极大地提升了会展业的生命力。

就本地会展网站而言,小华发现西安家家户户网在网站建设及用户体验上做得比较全面,其网站覆盖内容丰富,布局重点突出,主次分明,图文并茂,极大地满足了不同客户对于房屋装修及购置家居等方面专业知识的需求。在参展商方面,率先成立基于电子商务模式的B2C家居商城,线上会展,参展商可以在平台上发布产品并在线销售,用户通过网站在线选购产品最终在线下单,完美地完成了传统会展线下销售的所有环节,而且可以吸引不同用户群体的关注。分析到这一点时,小华欣然发现西安家家户户网正是公司欲参展的主办方,在其会展网站上发布信息对于产品的宣传和推广就更为精确,因此小华决定将此分析汇报给领导,希望通过更精确的营销来提升品牌产品的销量。

企业参展是一项涉及面很广的系统工程项目,因而制定详细的参展就显得十分重要,一个好的参展计划是在一定的投入下取得最大参展效益的基础。根据公司部署参展计划流程,小华所在部门主要负责参展内容的发布和宣传推广工作。主管领导根据人员配置和个人特长开始分配工作,小华作为会展电子商务毕业的学生,在会展及电子商务方面都有专业系统的培训,因此选择小华来负责会展信息的发布和其他渠道的网络营销工作。

接下来,小华开始就企业作为参展方欲参加展览会搜寻相关平台。首先小华在西安家家户户网在线平台上,注册参展方账号,账号的注册可以通过QQ、微博及平台注册三种方式来完成。账号注册完成后,进入商家后台,在后台上根据企业属性不同选择自身类别,如图7.1所示。

图7.1 商家后台发布系统

在完成主体经营类别之后,接下来需要完善包括企业简介、官网网址、营业时间、公交路线等内容。企业简介的阐述在这里就显得尤为重要,它不仅展示的是企业的发展历史和实力彰显,而且很大程度上是产品、技术及企业理念的传播窗口。在这里,消费者可以直观地了解到企业的发展背景及经营产品,而且还可以从字里行间感受到企业正能量的经营理念。

这样就大大增加了消费者的信任感,对于产品的销售有着极大的推动作用。

其次针对官网网址的填写,在填写官网网址名的时候一定要正确的填写字母大小写,而且可以适当运用不用颜色来区分,这样既可以起到强调说明的作用,而且对于消费者来说直击视觉,对于点击的几率有所提升,图7.2为圣象地板商家信息填写的内容。

图7.2　圣象地板商家信息内容

在完成了上述基本信息之后,小华看到西安家家户户网还设置了产品促销区和网友订购、点评区。针对促销区的设置,让小华眼前一亮,他将此事与同属领导进行商议,根据商议后的结果,小华将同事提供给他的两款产品准备上架。小华看到,促销的产品内容编辑包括促销产品名称、市场价格、促销时间、地址和电话等内容。在这些内容之下,还包括对于产品的服务和物流的配送等信息。这些信息的设置极大地满足了企业对于多渠道营销的需求,而且对于增加品牌产品的曝光和销售有着得天独厚的优势。图7.3为公司针对促销区的设置而推出的特价产品,并通过后台产品信息的编辑成型的促销内容。

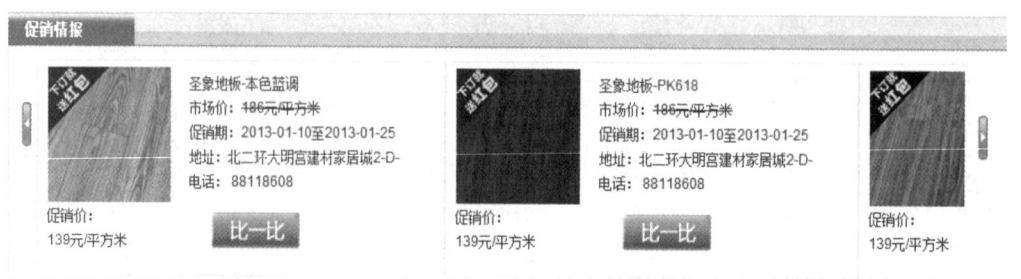

图7.3　商家促销信息发布成型

用户点评区,顾名思义就是用户针对促销区产品订购后,根据商家的服务及产品的质量做出的评价区域。小华看到,在这个板块里不需要自己发布什么内容,这部分内容主要侧重于用户点评和发表点评。用户点评则是已经购买过的用户做出的一些评论,而发表点评是用户根据自身购买过程中消费价格、特别推荐、点评等内容发表自身的感受,注重体现用户对产品的评价。而这里的内容主要由客户发表，小华需要在后期根据客户的点评等信息及时维护，以提升产品的服务质量。图7.4、7.5为用户点评之后和发表点评的内容。

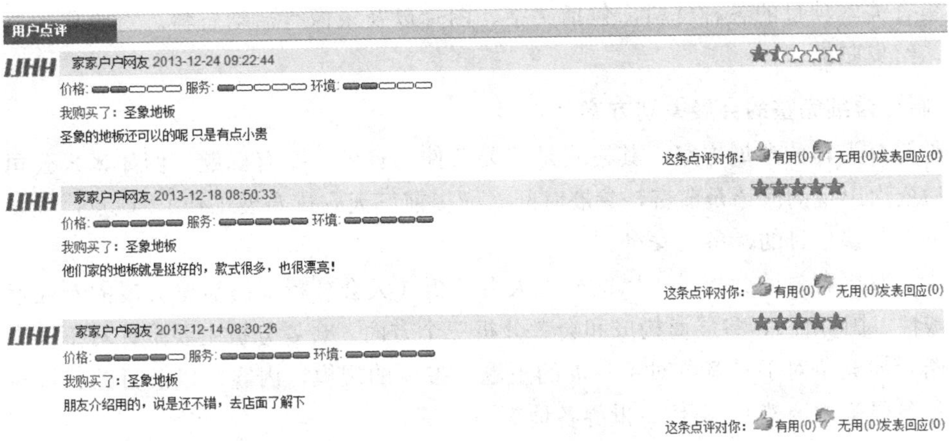

图7.4　用户点评区

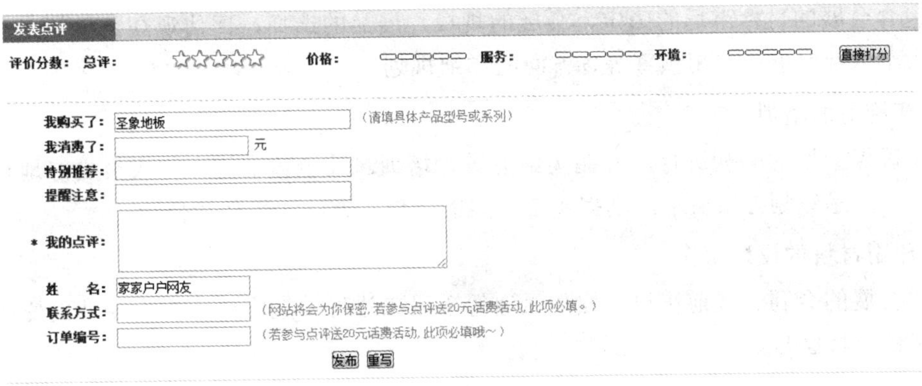

图7.5　发表点评区

参展信息的发布完成后，紧接着就是对内容的维护。内容的发布不应止于此，而在于后续的不断更新维护，只有这样才能发挥其内容的效果。小华根据参展计划的时间管理，将内容维护分为前期和后期。前期主要以宣传企业参加此次展览会为内容在企业简介处进行阶段性的内容发布；后期主要是以服务和互动为主，解决会展前夕促销产品的销售售后问题，及网友互动针对产品的客户服务、产品质量等技术问题，收集点评中的客户提问，整理并集中回复，不断提升产品的美誉度。

二、知识要点

（一）参展方计划方案的流程

参展计划一般包括：展出目标，确定参加展览会的目的、预期达到的目标三个方面。在参展方案中，除了相应的内容外，还应该包括主题、标志、色彩、文字、照片、图片、展品、布局等针对展览会的具体要求，以及对指定的展位设计和施工公司提出的要求。一般情况下，参展方计划方案的流程可细分为以下几方面：

1．对企业进行有针对性的市场调研

收集有关本项目的各种资料，包括文字、图片以及录像等活动资料。对收集的资料要分类编排，结集归档。

2．制订详细完整的会展策划方案

一份符合大体的参展方案，其格式是首要条件。首先，要有标题，例如××公司参展方案，然后依次出现的应该是前言，参展时间（应提前三天安排布展工作），地点，人员以及参展背景分析，参展目的，参展安排。

其中，参展背景的分析又可以细分为大会分析（大会分析要凸显出会展的专业性、品牌性、权威性、国际性）、参展商构成和会者分析三个方面。会者分析主要是针对不同人群做出不同判断，如竞争对手（竞争对手参展的主题，参展的规模，内容，以及目的。针对竞争对手，进行参展策划调整）、媒体、世界各地渠道商等。

参展目的一般体现在渠道拓展，公司品牌宣传，新产品推向市场的造势推广，终端客户拓展，对市场的信息动态、国家政策、市场需求的深度把握这五方面。同时，在会展内容方面还要包含会展的目标市场的确定，会展的规模，展品的选择，评估观众数量的多少和展览面积的大小以及参展的费用预算等各方面的详细规划。

3．实施前的培训

为了确保会展的顺利进行，应在实施前进行培训。让全体实施工作人员更好地理解策划方案精神，熟悉策划方案要求，掌握实施方案的工作、方法、步骤和技巧。

4．印刷材料的设计制作

利用会展的会刊、展前快讯、媒体报道等手段来进行前期宣传，扩大企业的影响力，以吸引更多的目标客户。

5．展台的布置及展示

展台的布置及展示主要在于设备的调试安装与展台的人员配备。

6．相关的会展服务

根据参加会议者的具体情况以及人数多少安排相应的车辆；根据参会人员的喜好，预定各种形式的餐会，推荐不同的用餐地点；根据参会人员的喜好，设计不同的休闲方式，设计专门的旅游线路，介绍下榻酒店附近的娱乐设施。

7．做好对活动的评估

开好总结会，做好善后公关工作。

（二）网站内容发布的流程

（1）确定所属网站信息管理员，并将名单和联系方式做好相关记录保存，如期间有人员变动，应及时告知。

（2）由信息管理员负责提供信息，撰写网站需要发布的稿件，并以电子文档的形式发送到指定的网络系统或邮箱。

(3) 宣传管理本部的编辑查收邮件,负责对稿件的审核和修改,并确定稿件的类型。

(4) 经过审核后的稿件发送给宣传管理本部的总监进行审批。

(5) 审批通过后,编辑部将文稿发给网站建设部指定的网站管理员,并告之所属栏目,更新网站信息。

(6) 各网站信息管理员(包括其他员工)之间相互检查网站发布的信息的格式和内容,发现问题并能处理的应及时通知网站管理员;若不能处理,应将相关意见上报给宣传管理本部的编辑部主编,由主编处理;若主编不能处理的,由主编上报集团宣传管理本部的总监处理。

(三)网站信息更新的方法

网站发布之后,随着企业的发展,经营项目、经营环境和竞争优势的变化,网站也应该随之更新,对于已建成的网站,企业主要有以下几种更新方式:

1. 内容完善

如果您还没有浏览更新的必要性分析,请先浏览。所谓"完善"是指检查自己网站中的不专业、不利宣传企业的地方,包括前面介绍的所有方面:设计、推广、营销、技术、维护等,通过完善网站给人一个专业的印象。

2. 更换内容

随着企业的发展,一定有一些新产品、新服务问世,或者网站的一些促销信息随着时间的流逝而失去效用,那么这时就要记得更换网站的内容。

3. 更换风格

一般来说,风格是一个网站或企业形象,风格最好不要频繁变动,但这并不意味着要永远不变,否则面对永远一致的网站浏览者可能会有厌烦的感觉,变换网站风格可以考虑半年一变或一年一变,最好是随着特别的节日或公司的项目变化。

4. 增添功能或内容

建网初期,中小企业可能投资不大,属于试探性质的尝试,但随着网站发布和网站项目的实施,企业确实看到了网站对于企业的作用,因此会考虑增添某些功能或添加更多的产品或服务信息。

5. 重新设计规划

有些企业在刚刚接触互联网时概念并不是很深,随着网站的建设、网络的发展、网站知识的丰富,往往觉得目前网站无论从规划、设计,还是内容方面都与企业的运作不相协调。为了让网站更好地为企业服务,有必要对网站重新规划设计,此时,最好请专业人士帮助策划,企业熟悉自身的经营特点、运作方式,专业人士会站在专业的角度和消费者的角度帮您分析策划:如何设置导航、如何运用色彩、如何设计网站风格等。这种更新方式较以上几种方式投资要大,项目周期长,需要企业认真筹划。

6. 项目重新规划

这是所有更新方式中投资最大的一种,因为企业在建网初期,往往是租用虚拟主机空间,这种方式投资小、见效快,但在空间大小、流量、稳定性等方面并不能完全保证。随着企业发展，可能会考虑拓展空间，增加功能，如 BBS 或 CHAT（聊天）系统，这些需要进行网络数据库读写的程序很耗费系统资源，往往需要单独一台服务器支撑。同时，为了给企业客户一个稳定访问需求，可能会从原来的租用空间转而租用服务器或服务器托管甚至自己架设专线等。这时，就需要与原来的 ISP 服务商或专业人士协商，如何有效地进行投资，取得希望的收益。

三、任务实训：信息发布与维护实操

（一）实训目标

了解什么是会展，熟知会展活动参与方信息发布的要素，并根据平台特点制定适合于自身的信息维护方法。

（二）实操描述

中国会展网创立于 2003 年，总部设在中国上海，公司已在北京、广州设立分支机构。作为中国领先的综合性会展服务公司，专注于国内外展会的信息搜索和一站式参展服务；公司已经向超过 60 000 名会员提供及时的行业资讯和会展服务，会员涉及参展商、展会主办方、展馆方、展会服务商及个人。

通过中国会展网的平台，老师将全班同学分为若干团队（或个人完成），完成以下任务：
（1）掌握信息发布平台分析。
（2）充分了解信息发布平台的特点。

（三）考核标准

（1）缜密的参展计划及信息发布平台的选择。
（2）从会展参与方的角度出发，在中国会展网上发布企业参展信息及维护。

（四）实训报告

结合以上相关知识和应用情况，通过中国会展网平台发布参展信息，完成工作任务，并填写实训工作单。

本实训的方案可作为实训报告。

实训报告

实训名称	会展信息发布与维护
任务	通过互联网寻找会展信息发布平台发布信息并维护
分析对象	会展信息发布平台
分析要素	在互联网中寻找会展信息发布平台； 发布会展信息； 对会展信息进行定期维护

任务二　客户沟通与维护

一、完成任务

【案例 7.2】

对于客户沟通，小华发觉从展览会角度而言，有效的沟通就是营销人员在展会上与潜在客户保持联系，及时把企业的产品介绍给客户的一个有效的方式。对于参展方来说，展览会云集了众多的产品和商家，要让自己的企业与产品在同行中脱颖而出，让客户牢记才是公司最应考虑的问题。

为了更好地把握会展现场的销售机会并挖掘新客户，公司针对会展现场的销售事宜要求部门领导选派出最优秀的人才，去面对不同需求的客户。小华所在的网络营销部决定由小华和小王两人去解决，在展览会现场对于网站平台的优势和实力等问题的回答，并针对参会前及会展中需要注意的沟通细节做了以下几点要求：

1. 与客户沟通之前做好充分的准备

企业参展的一个重要目的就是通过展会直接与客户进行面对面的交流。但即使是专业展会，前来参展的客户所涵盖的范围也相当广泛：有技术人员、采购人员，还有负责收集市场信息的情报人员。对于技术人员来说，最想了解的是最新产品的研发进度和价位；对采购人员来说，寻找产品供应商是他们的最大目的；而对情报人员说，目的则是收集最新的研发方案、产品性能等信息，在此之上做比较分析，帮助企业进行生产研发。

由于不同客户的关注重点不同，针对不同客户的咨询派出适合的人员与其沟通，能更好地解决客户提出的问题，增加他们的满意度。因此，企业必须事先做好充足的准备，比如产品资料、产品报价单、沟通者的名片等。

2. 要多问多听及时了解客户的需求

展览会上，观众来到每一个展位前未必一定是来谈业务，作为参展商一定要多问问来者需要什么帮助，多听听客户对展品提出的问题。作为参展商应做到以下几点：

其一，要知道这个客人对你的产品大概会有哪些要求？

其二，如果遇到对于不懂产品的客人，就要按照自己的思路去引导客人。当然，要是在展会之前已经预约好客户，在客户来观展之前，就要对客户所需要的产品做好详尽的了解，才可以给客户满意的答复。

"积极提问"并非什么新生事物。在寻求他人的理解之前，你得先理解他人。在对客户的话语做出回应之前，你要确保自己明白他的这些话，将如何影响他实现目标的能力。"积极提问"背后的基本策略是"安全地带"概念。它促使你去寻找可量化的特定信息，例如客户的目标是什么，他的选择标准是什么，他希望获得哪些可量化的收益，他使用什么样的评估系统。这样一来，客户会把你当成一个真正的专家。

3. 与客户沟通注意语言

作为销售人员最重要的口头沟通是开场白和结束语。因为人们在沟通时易于记住刚开始和最后发生的事情。所以销售人员与客户沟通时，要特别注意开始时的礼貌寒暄和最后的结束语。在展会上,除了企业来展之前预约了一部分客户到场交流,还有一部分散客光顾。销售人员往往与提前预约的客户很熟悉,在交流时较随意。但在面对新客户时,却有些不知所措。礼貌待客讲究即时应对,如主动打招呼以便让客户感受到您的热情接待;对客户提出的问题要做出准确而迅速的回答。

在会展活动中,开发新客户与保持老客户应该并重,甚至于可以这样认为,真正的销售始于售后,成交后还应花更多的时间增进与客户的关系。在客户维护中需要做好以下几点:

(1)建立客户资料库

①客户数据的收集平台:客户资料的建设,对于企业来说尤为重要。无论采用的是电子表格的形式整理还是电脑数据库的建立,有一个好的信息源头就可以做好管理。

②客户数据的收集过程:客户数据的收集过程,也是企业管理的过程,在整个过程需要企业针对不同客户设定不同类别和要素,强化重点。

③客户数据的分析平台:有了良好的客户基础对于企业实施市场营销都是核心竞争力。图7.6为圣象地板陕西分公司客户关系资料数据库。

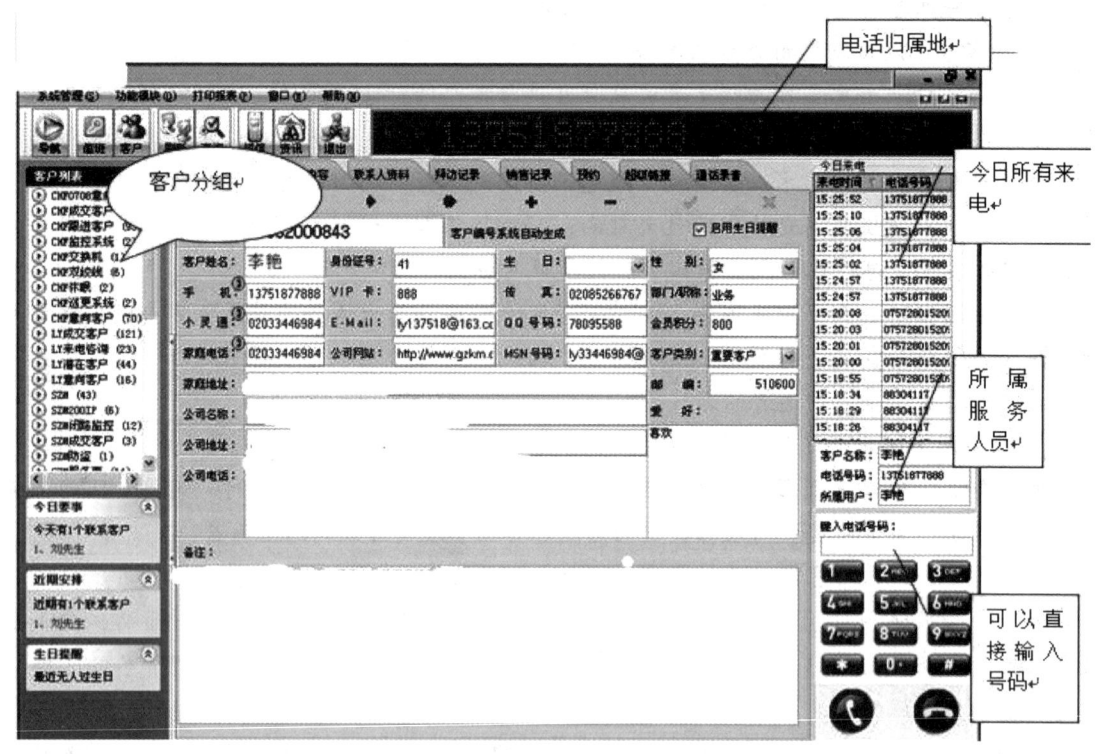

图 7.6 公司客户资料数据库

(2)客户关系维护。

在客户关系维护中,首先应当注意接待客户,注意培养与客户之间的关系,让客户形成一种习惯,习惯于依赖企业寻找诉求;其次服务态度十分重要,良好的服务态度和诚恳的语音可以赢得客户。之后,在与客户交谈中应多听少说,多听取客户的意见和建议,即使是说家常也应细心地去听,老客户对于公司所创造的价值是无可限量的。因此客户维护对于企业而言是最大的竞争力。

二、知识要点

（一）企业客户沟通要素

对销售人员来说，不管是开发客户还是管理客户，都得想办法与客户进行有效沟通。与客户有效沟通的方法有很多，下面仅提供其中最主要的几种方法。

1. 给客户留下良好印象

销售人员的一举一动都会在客户心目中形成一个印象，这种印象最终会影响客户对公司产品以及对公司整体形象的看法。

2. 设计一个吸引人的开场白

在与客户沟通的过程中，一段好的开场白的作用不仅仅是成功地向客户介绍自己以及自己要推销的产品，而且还能为后来的良好沟通奠定坚实的基础。

3. 注意表达方式

在开口与客户谈话之前先组织好语言，尽可能地用最清晰、简明的语言使客户获得想要知道的相关信息。

4. 为客户提供良好的产品和服务

和客户最有效沟通的方法即是为客户提供良好的产品和服务。

5. 竖起耳朵来听

有人说营销不是卖东西，而是买进意见——意思是根据客户的意见不断改进，让客户满意，最后才能买到客户的忠诚。

6. 有效地帮助你的客户

对客户仅仅做到洗耳恭听是不够的。你需要确定客户到底遇到了什么问题，需要什么样的帮助，将客户遇到的问题和客户的抱怨当成与客户改善关系的契机，最后真正为客户提供增值服务。

7. 经常拜访你的客户

不要通过"冰冷"的电话和大量的宣传广告去赢得客户。拜访客户要讲究方式方法，切不可盲目登门，以免打扰客户，引起不必要的麻烦。

8. 让客户参与

让客户参与有助于以客户为中心，从客户的角度考虑问题。我们必须以一种互动的方式不断地与客户进行沟通，寻求问题的解决方案，而不是关起门来自己解决，而解决问题的关键就是站在客户的角度上考虑问题。

（二）客户维护的意义

1. 客户维护可以使成本大幅度降低

据相关数据表明，发展一位新客户的投入是巩固一位老客户的 5 倍。在许多情况下，即使争取到一位新客户，也要在一年后才能真正赚到利润。对一个新顾客进行营销所需费用较高的主要原因是，进行一次个人推销访问的费用，远远高于一般性顾客服务的相对低廉的费用。因此，确保老顾客的再次消费，是降低销售成本和节省时间的最好方法。

2. 客户维护可获取更多的客户份额

由于企业着眼于与客户发展长期的互惠互利的合作关系，从而提高了相当一部分现有客户对企业的忠诚度。忠诚的客户愿意更多地购买企业的产品和服务，忠诚客户消费，其支出是随意消费支出的两到四倍。而且随着忠诚客户年龄的增长、经济收入的提高或客户企业本身业务的增长，其需求量也会有进一步增长。

3. 客户维护可以有利于发展新客户

在商品琳琅满目、品种繁多的情况下，老客户的推销是不可低估的。因为对于一个有购买意向的消费者来说，通常情况下，会在购买产品前进行大量的信息资料收集。其中，听取亲友、同事或其他人亲身经历后的推荐往往比企业做出的介绍要更加为购买者信任。客户的口碑效应在于：1个满意的客户会引发8笔潜在的生意，其中至少有1笔成交；1个不满意的客户会影响25个人的购买意向。

三、任务实训：客户沟通与维护实操

（一）实训目标

明确企业客户沟通的要点，熟知客户资料库建立的重要性，并根据客户关系维护原则深入透彻的掌握其特点。

（二）实操描述

作为销售型企业，客户沟通和维护已经逐渐被推上越来越重要的位置，不再停留于销售订单的成交，而更多地在于销售之后的环节，老客户的维护、客户数据库的建立等内容。这些内容的建立日益为企业后续的营销战略及市场分析提供了有力的竞争力和市场份额，因此更有甚者认为真正的销售始于售后。

通过客户沟通与维护内容，教师将全班同学分为若干团队（或个人完成），完成以下任务：
(1) 掌握客户沟通的技巧。
(2) 明确客户资料库建立和客户维护的原则。

（三）考核标准

(1) 详细了解客户沟通的技巧。
(2) 从客户沟通与维护中明白客户关系管理的重要性，并掌握客户数据库建立和客户维护的方法。

（四）实训报告

结合以上相关知识和应用情况，通过客户关系的沟通与维护，完成工作任务，并填写实训工作单。

实训工作单

授课班级		授课教师	
小组成员			
项目名称			
工作任务			
任务理解和分工			

实施过程（可附页）	序号	主题	过程简要描述	备注
	1	客户沟通的要素分析		
	2	客户关系资料库建立的方法		
	…			

任务三 会展服务中的网络营销

一、完成任务

为了完成本任务，主要有以下几个步骤：

1. 会展品牌推广的实施

【案例 7.3】

会展业作为一个新兴朝阳产业，随着时代发展，传统的营销手段日益消退，接替而来的是互联网应用的广泛传播，越来越多的企业开始注重推广营销手段的与时俱进。而会展企业并没有触及任何的网络推广工作。圣象地板陕西分公司一直关注着互联网行业的发展，自公司成立以来，积累了大量的经验与数据，这都是更好地服务客户的前提基础。小华根据品牌产品的特性及公司现阶段网站平台的情况，制定了以下营销方法：

1. 内部优化

互联网信息的载体是网站，网站的建设只是解决了一个最基本的问题——信息源。但网站建设的目的是通过网站良好的展示形式来告诉用户企业所展示的产品与服务，进而达到能够更好地将访客转化为企业最终的潜在消费者。小华看到，目前公司网站的主要形式是展示企业的产品，但在用户体验和搜索引擎优化方面还很欠缺。在网站内容上，除了单调的图片内容和少许的文章，看不到任何内容优化的迹象，而且对于关键字的设置也没有关联性；此外，小华在百度进行品牌产品搜索，排名情况也不尽如人意。图7.7为圣象地板陕西分公司网站首页。

图7.7　圣象地板陕西分公司网站首页

小华发现，公司网站在内容上十分欠缺。网站内容是吸引客户进入网站的第一要素，而内容的欠缺直接导致客户的流失。网站内容是一个网站的根基，有了良好的内容才会留住客户，而且从搜索引擎角度来说，巩固好网站内容对于搜索的培养是十分重要的。因此，小华决定先从网站内容做起，之后在进行站外一系列的反链接推广，以提升网站的排名。

首先，小华从内容着手，公司网站信息分为五大部分：企业简介、产品展示、促销信息、企业动态及服务中心等。在内容展示方面，尽量考虑现代网络简洁、短小的特点，能简则简，减少因为内容繁杂而造成的访问者的阅读负担。在内容建设上，则需要撰写各种软性的文章，定期定时更新，这样可以培养搜索引擎的习惯，逐渐提升网站的流量和权重。在网站风格上，尽量体现公司的官方、大气、独具风格等。

在网站结构、布局和用户体验上，不断地优化因为关键词堆积、代码冗长、入口复杂等问题，提升各大搜索引擎对于网站的整体收录，迅速获得网站访问量和回报，从而提升品牌产品的销售量和知名度。

2. 外部推广

网站的优化完成之后，接下来小华通过以下几种方式来提升品牌的知名度和销售量。

（1）软文发布。

（2）问答营销：对网站宣传和问答进行好评和推荐，以人性化高质量问答，形成良好口碑。问答途径如百度知道、爱问知识人、天涯问答等，图7.8为小华在百度知道里所做的问题形式的帖子。

图 7.8　百度知道问答形式的帖子

（3）博客/微博营销：对官网微博和博客进行定期内容更新和维护，与网友之间形成持久的互动，增加品牌的影响力，图 7.9 为圣象地板陕西分公司企业微博视频宣传内容。

图 7.9　企业微博视频短片宣传

（4）论坛营销：精品论坛推广（业内知名论坛、大众论坛转帖与互动），网站活动也可以在行业论坛中发布进行推广，图7.10为天涯论坛里客户角度问答顶贴内容。

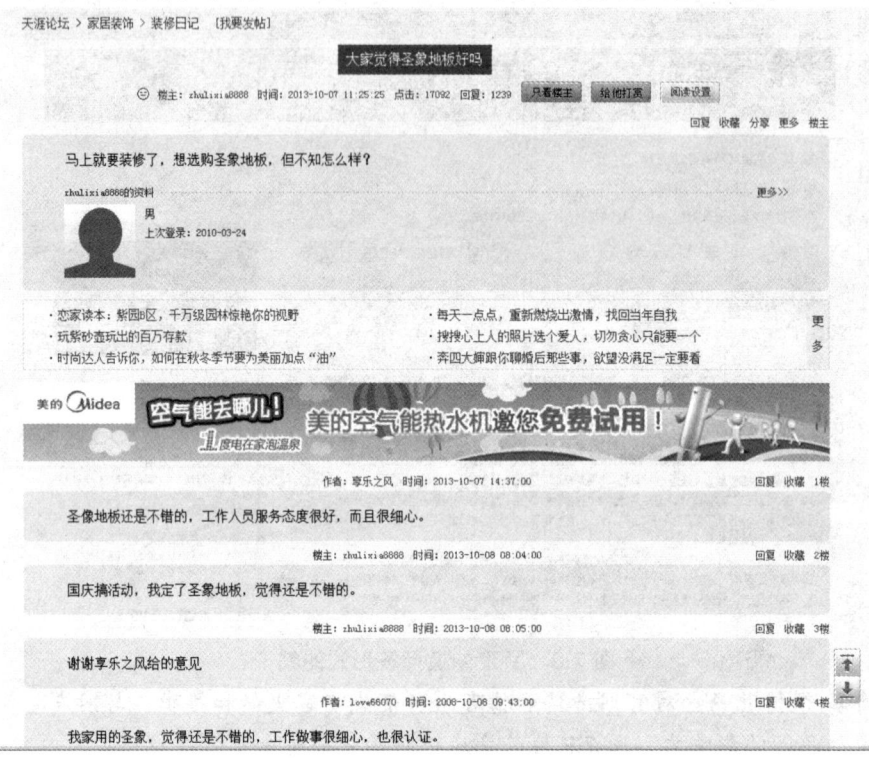

图7.10 天涯论坛帖子回复内容

（5）IM营销：注册及管理多个马甲账户，通过不同账户在QQ群内发布促销打折信息及会展活动。

（6）EDM营销：利用网站注册会员邮件库进行邮件营销。由于网站注册时需要会员进行邮件认证，所以网站中会员邮件地址具有真实性和可靠性，网站推广中可以适时利用邮件推送方式将网站的最新资讯与活动信息推送给网站注册会员。

（7）百度平台推广：百度贴吧、百度知道、百度百科、百度相册、百度文库5种方式帮助网站进行广告投放，扩大影响力。

（8）数据分析：针对客户关系资料进行分析，做出动态分析报告，结合网络提供的潜在用户群体、在线点评、竞争对手等相关分析。

2．会展品牌推广的效果分析

步骤1：根据实施的结果数据进行整理。

【案例7.4】

网络营销的优势就在于可追踪、可评估，能更进一步的促进营销效益的最大化。于是小华需要做的就是每天关注数据的变化，及时掌握数据的最新动态。根据一段时间的检测，小华通过站长之家的工具搜索SEO效果可以看到，数据明显有所提升。图7.11为站长工具搜索一段时间来的数据结果。

而这些数据都是小华作为调整会展品牌推广策略必要的条件之一，他需要根据这些数据调整对应站内文章的发布次数，关键字的布局情况及针对站外反链接内容的发布情况等。当然，最关键的还在于，这些推广能为公司带来多少利润比值。除了每日查看数据报告外，小华还要积极与营销中心对接，咨询每日电话量，从中提取出相关的信息，如在这些电话咨询中有多少为意向客户，有多少为洽谈阶段，继而以线下的方式结合线上，形成效果评价。

日期	百度收录	Google收录	360收录	搜搜收录	搜狗收录	百度反链
2013-12-24	1762	768	1035	531	467	1万6000
2013-12-23	1780	695	962	567	520	1万4500
2013-12-21	1638	539	892	436	325	1万2100
2013-12-20	1634	637	510	573	384	1万8700
2013-12-19	1671	743	692	543	350	1万3500

图7.11 推广营销数据

步骤2：根据数据结果进行分析。

【案例7.5】

通过一段时间的分析和实施之后，小华发现，在优化网站内容方面，需要继续编写针对企业实时新闻、促销信息等软性内容进行定时定期更新，并加以关键字，这样长久持续的去培养搜索引擎对于内容的收录；此外在内容上图文并茂，展现多样化的展示形式，使消费者耳目一新。

在站外方面，对于已经拥高人气的论坛帖子需要定时更新，不断提升人气和排名。在企业微博与网友互动中，要善于利用微博工具，可以发起互动活动。这样不仅可以提升企业与网友之间的距离，而且对于增长粉丝也是相当有利的。相信只要坚持并实时根据数据调整营销策略，公司网站的访问量和最终的产品销量一定会有所提升。（该案例来自百度文库）

二、知识要点

（一）会展效果分析的因素

1. 展示设计的基本原则

展示是现代社会传达与交流信息的重要手段。随着参展规模的不断扩大，企业注入的商业信息也在成倍增长，大型展示除可显示竞争实力外，其宣传效果往往令顾客难以忘怀。其设计方法绝非是拼拼凑凑所能见效的，为了保持其功能设计的完整性和连续性、形式的多样化与风格的统一性，在会展设计初期就必须事先确立会展的主题和风格。

此外，要划分出补充大主题的小主题，还有相关的各种项目。这些内容既要服从整体风格，又要有独特的构思，能够成为一个个精彩的局域点。展示设计应该注意到它的商业特性。它的商业性远远大于其他的特性，从某种意义上说，它是企业商品的扩展延伸。展示设计中所注入商业信息的多少、质量的高低，直接影响组办单位和企业参展的成功与否。

2. 形式为功能服务

在考虑展位设计前，首先必须明确展台所需要实现的功能，如需要展示哪些展品，期望吸引多少观众，是否需要设置咨询台，演示区，休闲区或办公区或需要多大的储存空间等都要考虑到位。会展的对象是为参展商，所以作为主办者，其形式应为功能服务。

3. 设计应符合公司形象

展位设计是公司形象的具体表现，因此应该仔细考虑所需要表达的信息，并向设计师明确传达。需要进行展台装饰的参展商需要特别注意图样设计。

4. 避免心理障碍

展位越开阔，越可能吸引观众。台式设计往往容易形成心理障碍，应尽量避免。

5. 不要刻意引导人流

走动自由是优秀展位设计的基本原则之一。如果过分刻意控制展位周围的人流，很可能会忽略与客户交流的重要的目的。

6. 运用动态激发兴趣

动态展品比静态展品更能吸引眼球。如果公司的产品或服务本身无法进行现场演示，应设法为展台创造其他形式的动态效果（如运用灯光，影音效果，或旋转式的标牌和展示架等）。

7. 高度增加可见度

高位展台能从远处吸引观众的注意力，要增加展台高度并不一定非常昂贵。同时，高位展台的某些位置也可能使观众从高处俯视。总之，应运用一切设计元素尽量增加展台的吸引力。

8. 明确表述公司业务范围

宣传利益而非技术指标，要与客户做好详细的沟通，并且宣传资料要确保文字易读易懂，才能发挥出会展的作用。

（二）会展品牌的基本特征

1. 规模性

规模效应是会展品牌的明显特征。在短短几天的展览期间，展览会几乎将整个参展相关行业浓缩于展厅之内。如，在德国，每年举办的国际贸易展览有 130 多个，展出面积 690 万平方米，参展商 17 万，参观商逾千万，仅成立于 1947 年的汉诺威博览会展出面积就达 310 000 平方米。在我国，虽然会展品牌还较少，而且品牌知名度还较弱，但世博会、汽车展等已为大众熟知，其中很重要的原因就是展会的规模效应所产生的宣传效果和影响力。

2. 专业性

以往综合性的博览会已逐渐被代表一个或几个经济部门的专业博览会所取代，会展品牌一般都有明确的目标市场和目标客户。一方面，会展品牌的专业性表现为会展内容的主题化；另一方面，会展品牌的专业性还表现为配套服务的专业化。会展品牌不仅要求现场的服务内容全面、运作高效，还要求会展公司从市场营销、展会形式、项目组织到人员安排等整个运作过程都要针对会展的主题来完成。

3. 权威性

会展品牌一般都得到了业内权威协会或代表企业的大力支持。如德国于 1907 年成立的"德国经济展览和博览委员会"（AUMA），它是由参展商、购买者和博览会组织者三方力量结合而成的联合体，以伙伴身份塑造市场；而法国则由主要的展览公司共同组织了法国国际专业展促进会，它是一个商会和政府牵头组织的民间团体，任何一家展览公司都可申请加入，但对于同一个专题的展会只接纳一个会员，而且优先接纳质量最好的展会。会展品牌的运作大多取决于这些行业协会和业内主要企业的合作，无形中使自身的知名度和可信度得到了增强。

4．前瞻性

会展品牌的前瞻性主要表现为：它始终走在参展行业发展的最前沿，它不仅能够提供几乎涵盖参展行业市场的所有专业信息，而且能代表行业的发展趋势，引导行业的发展方向。这不仅大大提高了观众在展会中获得信息的数量和质量，更扩充了信息的价值含量，使观展者不仅对行业的发展现状，更对行业未来的发展方向有较大程度的把握，由此提高了展会自身的影响力。

5．互动性

为了更好地宣传品牌，强化品牌，城市会展品牌非常注意与旅游、文化、媒体等相关行业和部门的合作，以形成良好的互动式发展。如 1992 年西班牙塞维利亚世博会，一开始就注重旅游业的全程参与，采用整体营销的战略，仅针对游客就做了八次市场调研。

（三）网络营销信息的传播特点

网络营销（on-line marketing 或 e-marketing）就是以国际互联网络为基础，利用数字化的信息和网络媒体的交互性来辅助营销目标实现的一种新型的市场营销方式。简单地说，网络营销就是以互联网为主要手段进行的，为达到一定营销目的的营销活动。

市场营销中最重要也最本质的是组织和个人之间进行信息传播和交换，如果没有信息交换，交易就是无本之源。互联网具有营销所要求的某些特性，从而使网络营销呈现以下特点：

（1）跨时空。营销的最终目的是占有市场份额。互联网具有的超载时间约束和空间限制进行信息交换的特点，使脱离时空限制达成交易成为可能，企业能有更多的时间和更多的空间进行营销，可每周 7 天，每天 24 小时随时随地提供进行全球营销服务。

（2）多媒体。互联网被设计成可以传输多种媒体的信息，如文字、声音、图像等信息，使为达成交易而进行的信息交换可以多种形式进行，可以充分发挥营销人员的创造性和能动性。

（3）交互式。互联网络可以展示商品目录，联结资料库，提供有关商品信息的查询，可以与顾客做互动双向沟通，可以收集市场情报，可以进行产品测试与消费者满意调查等，是产品、设计、商品信息提供以及服务的最佳工具。

（四）会展实施网络营销的意义

会展在传统营销理论中只是市场推广的几种手段之一，是行业生产商、经销商和贸易商等进行交流、沟通和商业促进的平台。通过展会，企业可以展示自己的品牌，并且是企业进行市场调查的好机会。通过吸引媒体的关注，来提升企业的形象。随着时间的延长，会展营销的成本越来越高，可效果却越来越低。这时候，也由于科技的发展，网络成为人们的首要媒介，因此会展的网络营销应运而生。相比"展销"，网络营销可以不受时间、空间的限制，面向全球各地的潜在客户推荐及展示产品、介绍企业的服务。展会上与客户的交流是短暂的，粗略的。而网络却可以为客户提供详细的介绍，提供更具互动的咨询和交流，展会上所难以说清的内容，在网上都可以与客户仔细交流。

展会只是双方认识的开始，要真正产生合作，业务人员与客户还需要多次的沟通交流。借助网站，业务人员可以更好地向客户推介产品，提高与客户的沟通效率。而不必再通过多次的 email 电话往返。并且在展会上得到的客户资料是零散的,是需要业务人员后期再重新整理的,在这时间就是金钱的年代,这无疑是一种奢侈的浪费。但是如果进行会展网络营销,那由网站而来的客户就都会有统一的记录,即使业务人员离职,网站上的客户信息也可以保留。不但如此,利用网站的邮件订阅等功能,还可以定期与潜在客户保持联系,提高企业与客户维系的效率。同时,在展会中的客户是集中的,但是竞争者也非常集中,一个客户有多个竞争者争夺,竞争激烈。而会展网络营销可以使不同的客户根据不同的关键词、不同的渠道找到企业网站,可以避免竞争过于集中而造成的惨烈伤亡。在展会过后,业务人员通常只能根据客户留下来的名片,再与客户进行联系。但如果本次展会的客户不多,展会的效果也会大打折扣。而网站却可以让客户主动找上门来,通过网站的优化和推广,让客户在搜索相关产品的时候,可以找到企业网站,主动与客户联系。这样不仅降低了开拓客户的成本,也避免了客户源的局限性,变被动为主动。

当网站成为了企业对外沟通与交流的桥梁,即使素未谋面的客户,也可以通过网站来了解企业,与企业沟通交流,展开合作。企业还可以通过网站对于经销商、供应商进行管理,将网站作为企业供应链管理的平台。曾经为企业带来巨大回报的展会营销,随着互联网时代的到来也在悄然发生着改变。展会营销与网络营销正在相互转化交融,如众多的 B2B 网站开始打造"永不落幕的博览会",试图瓜分展会公司的一杯羹;而有远见的展会公司也开始尝试自建 B2B 网站或与 B2B 平台展开合作,将展会的资源移植到互联网中。

三、任务实训:会展品牌网络营销实操

(一)实训目标

了解什么是网络营销,熟知会展品牌推广的分析,并掌握网络营销实施及效果分析。

(二)实操描述

针对会展品牌而言,在以会展服务为主的平台上进行信息发布,并进行内容维护只能够更好地宣传参会的产品及小范围的传播品牌影响力。对于企业来说,网络营销手段的实施,则更加突出的是全局的营销,宣传推广品牌网站使产品及品牌在原有的基础之上不断提升,最终形成经济效益。

通过对企业会展品牌的推广,使团队了解更多的营销方式和手段,并完成以下任务:
(1)掌握品牌推广分析的要点。
(2)充分了解网络营销手段和效果分析的特点。

(三)考核标准

(1)明确会展品牌推广的方法。
(2)从推广效果数据出发,在企业网络营销中调整营销方式和重点内容。

(四)实训报告

结合以上相关知识和应用情况,通过会展品牌推广的实施,完成工作任务,并填写实训工作单。

实训工作单

授课班级		授课教师	
小组成员			
项目名称			
工作任务			
任务理解和分工			

实施过程（可附页）	序号	主题	过程简要描述	备注
	1	会展品牌推广的分析		
	2	网络营销手段的选择		
	...			

【本章小结】

本章主要从参与方的角度来讲解电子商务在会展中的应用，包括参展信息发布与维护、客户沟通要素及会展品牌推广实施三个方面的内容。以圣象地板陕西分公司为案例，从参与方信息发布平台分析入手，到确定平台进行内容发布，再到最后的会展服务品牌推广的分析和实施，来帮助学生深入地理解和学习电子商务在会展参与方的应用。

本章需要重点掌握的知识点为会展参与方信息发布平台的分析及会展品牌推广实施。

【课后习题】

一、单选题

1. 展览会的办展机构是（   ）。
   A. 主办单位　　　　　B. 政府单位　　　C. 私营企业　　　D. 协会

2. 会展业具有（   ）和社会效益。
   A. 生态效益　　　　　B. 集聚效益　　　C. 文化效益　　　D. 经济效益

3. （   ）是维持会展网站与参展商、观众联系的黄金纽带。
   A. 网页界面　　　　　B. 技术维护　　　C. 网上内容的更新　　D. 浏览速度

4. 企业在选择展览会时应考虑（　　）因素。
A. 展会性质　　　　　　　　　B. 展会范围
C. 展会人群　　　　　　　　　D. 以上说法均不正确
5. 客户维护的最终目的是（　　）。
A. 与客户建立良好的关系　　　B. 实现公司收益
C. 取得客户的信任　　　　　　D. 促成销售

二、填空题

1. 从本质上讲，展览会是为_____而服务的。
2. 参展商参展计划方案的流程有_____、_____、_____、_____、_____、_____、_____。
3. 会展品牌的基本特征有_____、_____、_____、_____。

三、简答题

1. 什么是目标参展商？如何收集目标展商的信息？
2. 会展宣传推广是什么？
3. 会展评估主要从哪几个方面入手？

参 考 文 献

[1] 李建忠. 电子商务网站建设与管理[M]. 北京：清华大学出版社，2012.
[2] 范智军. 旅游电子商务[M]. 2版. 北京：清华大学出版社，2012.
[3] 俞立平，李建忠. 电子商务概论[M]. 3版. 北京：清华大学出版社，2012.
[4] 杜文才. 旅游电子商务[M]. 2版. 北京：清华大学出版社，2009.
[5] 杨路明. 旅游电子商务[M]. 2版. 北京：科学出版社，2012.
[6] 胡平. 会展旅游概论[M]. 上海：立信会计出版社，2003.
[7] 许传宏. 会展策划[M]. 2版，上海：复旦大学出版社，2009.
[8] 华谦生. 会展策划与营销[M]. 广州：广东经济出版社，2004.